图书在版编目（CIP）数据

读者信任视角下的出版品牌管理研究：以图书类出版企业为例／
王鹏涛著．—北京：中国社会科学出版社，2018.5
ISBN 978 - 7 - 5203 - 2496 - 0

Ⅰ.①读…　Ⅱ.①王…　Ⅲ.①出版物—品牌—企业管理
Ⅳ.①G239.2

中国版本图书馆 CIP 数据核字（2018）第 103408 号

出 版 人	赵剑英
责任编辑	张　潜
责任校对	胡新芳
责任印制	王　超

出　　版	中国社会科学出版社
社　　址	北京鼓楼西大街甲 158 号
邮　　编	100720
网　　址	http://www.csspw.cn
发 行 部	010 - 84083685
门 市 部	010 - 84029450
经　　销	新华书店及其他书店

印　　刷	北京明恒达印务有限公司
装　　订	廊坊市广阳区广增装订厂
版　　次	2018 年 5 月第 1 版
印　　次	2018 年 5 月第 1 次印刷

开　　本	710×1000　1/16
印　　张	17.5
字　　数	269 千字
定　　价	75.00 元

目　　录

绪　　论

第一节　研究背景及意义

一　研究背景及缘起

品牌管理是一个全球性的热点学术话题，如何通过品牌管理的创新提升营销活动的整体绩效一直吸引并困惑着众多研究者。随着文化体制改革的深度推进，我国出版机构实现了由事业单位向企业单位的身份转变，加上数字出版技术革命和其他因素的影响，我国出版企业面对着复杂多变的产业环境，为提升出版企业的经营绩效，出版品牌管理受到空前重视。但是，出版企业在塑造和维护品牌的实践中常常会出现着力点偏差的现象，结果往往是出力较多而收效甚微。因此，如何以读者关系为支点提升出版营销整体绩效，成为一个极富挑战性的学术课题。具体分析，本书的背景主要包括以下几个方面：

第一，出版业的国际化竞争格局初步形成，中国出版企业不得不面对来自国际大型出版集团的挑战。"入世"之后，我国出版企业与国际同行合作交流的机会明显增多，这让我们能在近距离观察对方，熟悉"国际惯例"的同时，也不得不面对来自强势对手的竞争威胁。中国出版业的国际化征程，一方面需要内容资源的进一步集成优化，比如要设法清除语言文字的障碍、实现中国元素与当地文化的融合、解决数字传播技术的运用等问题；另一方面则需要出版机构在品牌打造方面进行创新，凭借强势的出版品牌走出国门，影响更多的海内外读者，在更大范围内开展业务。由于品牌之间的博弈属于高端竞争，依靠品牌制胜比其他竞争手段更有效、更经济。因此，出版营销的国际化发展要求我们重新考虑出版品牌管理问题，出版企业的高层管理者必须重新审视和思考自身品牌的国际化以及当地化等更为复杂的问题。

第二，转企改制要求出版企业必须在出版品牌管理方面有所突破。文化体制改革的实质是产业化发展模式的确立。改革开放以来，出版业不断进行经营模式创新，民营工作室、民营书商、民营书店等新生力量的涌现和参与，一直是助推出版生产力释放、改善知识和信息服务质量的重要因素。文化体制改革就是要将这些民间实践探索成功的出版经济模式从政策规制层面予以肯定、规范和推广。其中，产业化的关键在于经济主体的独立性和平等性，市场竞争进入高级阶段后，价格等交易要素的地位不断下降，而品牌在营销中的重要性则不断攀升，最终出版企业之间的竞争将演变成出版品牌之间的角力。因此，全方位、多角度地考察出版业的可持续发展问题，出版品牌管理如何创新将是不可回避的课题之一。

第三，为适应读者市场地位和利益诉求的演变，出版企业需要调整品牌管理理念和策略。随着出版生产力的持续增长，我国书业在20世纪90年代初期进入买方市场阶段，图书商品长期处于供过于求的状态，读者的市场地位明显提高，读者的选择权越来越大，理解和尊重读者需求成为出版经营制胜的"王牌法则"。同时，读者利益诉求发生剧烈的变化。这表现在阅读需求日益多元化、个性化，读者希望参与内容创造，希望能够阅读更为小众、更加精准的内容。读者通过阅读彰显社会地位、获取身份认同，乃至张扬个性、获得特殊体验、从事社交等成为出版业发展的新趋势。这些变化尤其是读者选择权的不断扩大，挑战着既有的出版品牌管理模式，要求出版企业重新审视已有管理理念和管理措施方面的不足。在理论探索方面，上述变化要求研究者转换分析角度，聚焦读者利益和双方关系，探讨品牌管理的新思路和新策略。

第四，技术革新对传统出版品牌管理模式的冲击和挑战。印刷媒体裂变为数字媒体，多种媒介的渗透交融，电子书、手机平台、数据库、学术视频等新型媒体形式的出现，给出版业带来前所未有的契机和挑战。如何在复杂交错、穿插综合的传播网络中脱颖而出是出版企业必须面对的紧迫问题。虽然应对策略林林总总，然而不论是严守畛域之分在专业领域实现精深发展，还是通过多种媒体联盟获得协同效应和集成效应，成功的前提都在于读者的认同和信任，否则出版企业的一切营销努力都是徒劳。那么，战略重心调整为读者价值诉求之后，经营者如何维持读者对出版品牌的信任？老化的出版品牌如何设法激活？多元化经营之后衍生的子品牌如何与母品牌形成协同效应？解答这些问题需要对传统出版品牌管理理论进行批判性反思和创造性重构。

综上所述，当前我国出版业正面临着一系列新变化，诸如跨国经营、多媒体融合、组建大型传媒集团、数字出版技术创新等多种新生力量从不同面向深刻地改变着出版业的面貌，这些新趋势要求出版企业必须对原有的经营模式进行大幅度的修正和调整。在新的产业环境下，上述诸多因素都会在一定程度上加强竞争的激烈程度，对出版企业的适应能力提出更高要求。为了应对日益复杂的挑战，出版企业必须抓住营销活动的中心，这样才能有效地提升核心能力，在竞争中获胜。顺着这条思路，我们发现出版品牌管理的价值优先次序必须放在经营活动的首位，以出版品牌管理为主线可以实现营销管理的彻底创新。因此，系统地探讨如何通过出版品牌管理创新来获得竞争优势就显得非常必要了。

研究缘起：品牌管理成功是多种因素综合作用的结果，其中既有经营者核心技术、资源实力等方面的原因，也有消费者心理和情感的作用，因此，品牌管理研究创新的关键在于寻找合理的切入点。在将出版品牌管理确定为研究方向之后，笔者一直在寻找独特的分析角度，但却没有满意答案。直至2008年春节寒假期间，在老家陕西农村看到的一个现象，让笔者受到了启发。

具体情况如下：在笔者居住的村子及附近村子，大约70%的7到15岁的中小学生都穿一种被称为"背靠背"牌的服装，它们实际上是假冒产品，价格远远低于专卖店的正品，而且标志"KAPA"与"KAPPA"拼写不同，但是这种"山寨版"的服装却特别流行，家长们在讨论给孩子买什么衣服时，常常互相推荐"背靠背"这个品牌，而且许多家长对这种衣服的评价比较高。分析其畅销的原因，不难发现，这种仿制品虽然质量不是特别高，但却明显优于同等价格的其他服装，此外，其款式由于仿照正版，所以比较大方时尚，而且其设计符合学生经常进行体育运动的需要，相对耐穿而且容易清洗。销售这些衣服的商户在出现明显质量问题时履行包换的承诺。这样，对于收入有限的农村家长而言这种服装就显得非常实惠。这个事件本身涉及商标保护等法律问题，但是如果换个角度去分析这种非常规的流行性消费现象，就会发现其中蕴含着值得重视的深层机理。即虽然这种服装本身是"山寨版"的，但是它的质量是有保证的，牌子是借来的，但是足以履行识别和导购的功能。这就告诉我们，品牌名称本身不是决定市场博弈结果的最终力量，品牌符号只是外表"皮相"，最根本的"幕后力量"是消费者的认同和信任。在上述案例中，消费者固然由于信息闭塞，不能辨认品牌的真假，但是"背靠背"产品的相对优势还是很明显的，它符合当地消费者的利益诉求，质量和价格合理、稳定，消费者可以从中获得比较高的价值，所以该"品牌"能够赢得信任，市场占有率很高。这才是它创造市场奇迹的关键。切身体验让笔者获得了深刻启示：出版品牌管理研究应该由读者关系入手，从读者信任获取和维系的角度入手，这样才能切中肯綮，有效解决相关问题。

二 研究意义

（一）研究的理论意义

理解品牌研究的重要性，不仅要从该领域文献数量增长方面进行统计分析，而且需要 20 世纪初营销学诞生以来的知识谱系做参照。还原营销学发展的历史图景，可以清晰地看到，品牌在营销学研究中一直占有重要地位，这是由其实践重要性决定的。同样，出版品牌研究也是出版学的研究重点。尽管如此，既有研究仍显不足。虽然学者普遍承认"出版企业生产的是图书，而销售的是出版品牌"，但是在具体问题上仍存在分歧和争议。比如，有人片面强调促销宣传，主张投入大量广告费刺激购买，却忽略策划编辑以及履行承诺。另一种观念片面认为品牌会给企业带来利润，却忽视品牌对于读者的价值。上述偏差扎根于"以我为主"的经营哲学，在买方市场下显然行不通。品牌成功固然有赖于出版企业的营销努力，但是读者的参与、互动其实更为关键，因为从纯逻辑角度分析，没有人能比读者更了解自身需求，所以一厢情愿的设计以及品质追求不见得能得到读者认同。此外，通过信任来简化程序、降低交易成本等重要问题更少有人论及。在笔者看来，读者信任的最大功能是简化经营和消费的复杂性，一方面读者信任可以降低环境的风险性和易变性，对于图书营销意义重大；另一方面信任既降低了读者决策的难度，同时也能让读者有更丰富的感性体验。遗憾的是这些问题至今没有受到应有的重视。简要分析，本书主要有以下几点学术价值：

首先，读者信任视角下的出版品牌研究可以为改善出版品牌管理绩效提供新思路。在改革开放初期，为快速扭转资金、技术等方面的劣势，我国选择了外资依赖型的发展策略，这在一定时期确实发挥了积极的作用，但是随着市场化的逐步深入，其弊端逐渐显露出来，人们发现单纯依靠低端加工制造而忽视高端品牌经营无法让经济长期健康发展。目前，中国自有国际知名品牌非常稀缺，这导致我国在国际竞争中处于下风。"中国 GDP 位居世界第四，外贸全球第三，外汇储备在全球第一，但中国已经连续 12 年没有进入全球 100 个最好的品牌榜。"① 出版业也存在类似问题，知名出版品牌的国际影响力非常有限，甚至可以被忽略。历史上我国曾经出现过一些成熟的出版品牌，如创始于民国时期的商务印书馆、中华书局、三联书店等"老字号"出版社就在广大读者中享有良好口碑。然而，近年来许多出版企业由于定位不明、投入不足、不讲诚信而逐渐丧失读者信任，许多出版企业在进入市场化阶段之后，由于缺乏营销管理经验的积累，面对变幻无常的市场显得非常被动，只能简单地模仿一些畅销主题，甚至靠买卖书号生存，这些现象的存在说明，我国出版企业的品牌管理工作无论是理念还是策略都存在严重的问题。这就要求我们从理论上进行系统的探讨，剖析问题的产生机制和深层原因，提出对策建议。从读者信任角度切入可以避免已有研究仅仅关注经营者利益的缺陷，进而站在更大的格局中彻底反思传统出版品牌管理理念和策略，这样更

---

① 张文清、余明阳：《用"小故事"讲透"大品牌"》（2007 年 6 月 21 日），2009 年 12 月 13 日（http：//space. univs. cn/? 7592/viewspace－44901. html）。

容易触及问题要害，以求得最优解。

其次，本书开辟了新的研究领域，可以丰富出版学理论体系。出版品牌管理属于图书营销学的研究范畴，是出版学的重要分支之一。目前，研究者对于品牌管理的关注虽然不少，但是研究思路大多因袭一般商业品牌管理的分析框架，缺乏对出版行业具体情况的观照和研究视角的创新。本书正是为弥补这种不足而做出的尝试。笔者将目光聚焦于出版企业对于读者的承诺和读者对于出版企业的信赖，这种视角转换可以避免既有研究将品牌管理等同于战略的一部分或者将其简化为营销策略的认识误区。单纯强调出版企业的利益诉求和发展需要，既不符合买方市场读者权力日益强势、竞争逐步加剧的现实情境，又和出版企业应该担当的文化使命与社会责任相违背。因此，以读者信任为出发点和落脚点去分析出版品牌的构建、维护、延伸或更新，对于出版企业的可持续发展有重要意义。总之，本书超越了既有的分析框架，重新设计思路、综合多种方法来系统性地解决读者信任和出版品牌的关系问题，尤其是心理学、社会学和经济学等相关视角的引入，真正实现从"人"的角度切入主题并贯彻始终，这种主题和方法的创新无疑能为未来研究的走向提供新的可能，同时也完善了出版学的理论体系，为化解和超越出版学的学科"合法性危机"做出贡献。

再次，从读者信任角度分析出版品牌管理问题可以解决先前研究中读者利益的"边缘化"问题，使得出版营销学回归"读者为本"的宗旨。所谓读者利益"边缘化"是指由于研究者以出版企业的盈利为核心来讨论营销管理问题，导致读者利益被忽视和敷衍，丧失应有的中心地位。目前，主张"设法说服读者去购买出版企业认可的图书产品"的思路具有自身基因所决定的先天不足，致使由此推衍出的结论无法从根本上解决读者利益诉求与出版企业盈利兼顾的问题，故而必须对之进行深入的批判反思。同时，研究者应转变分析思路，从读者心理和行为入手，构筑更富解释力的理论框架。这种转变的实践依据是，部分出版企业以不当方式过度追求利润，如通过浮夸虚假宣传诱导购买，或者以低俗、色情、暴力、恐怖、灵异等主题刺激销量，这将导致两种后果：一方面出版企业提供的出版物产品不是读者需要的，出版企业因此浪费了大量宝贵的资源；另一方面读者需要的产品却没有相应的供给，读者的需求无法得到有效的满足。这种尖锐的供求结构矛盾的根源在于出版企业单纯从自身获取看得见的利益的基点出发，没有让读者利益"出席"并通过沟通就双方利益达成一致，这种以自身利益侵蚀读者利益的做法导致供求结构失衡，对出版业的长远发展不利。因此，出版品牌管理研究的思路应该从出版企业"自我中心"回归到"读者为本"。本书将分析的切入点放在了读者对出版品牌信任的获取和维系之上，坚持以读者的需求及其变化为根据调整营销组合和品牌管理策略，因此能对弥补上述缺陷有所助益。

最后，综合运用多种方法探究读者信任和出版品牌之间的复杂关系，揭示被遮蔽在出版品牌表层之下的本质力量，为传统出版业强调的"为读者服务"理念提供新的理论依据。为读者的精神文化需求服务是出版人熟知的观念，文化体制改革以来，部分出版人渐渐被利益冲昏头脑，做出许多违背"服务读者"和文化建设原则的事情。这些现象令人不得不反思：在出版企业作为独立经济主体的条件下，经济效益和文化追求到底应该如何统一？读者服务理念由来已久，但是实际效果却不能尽如人意，深层原因究竟何在？读者服务效果的衡量标准是什么？上述问题的解答需要彻底厘清读者和出版企业的关系。长期以来读者信任和出版品牌被作为两个独立对象来进行探讨，两者之间的关联一直被忽视。考虑到出版品牌培养中读者信任的枢纽地位，笔者试图运用多种方法并参照多个学科的分析框架来回答上述问题，以便为出版机构顺利推行转企改制、兼顾经济利益和文化使命、落实读者服务理念提供指导。

总之，本书旨在从理论层面厘清读者信任和出版品牌之间的关系，建构新的理论框架，通过视角切换和方法集成系统地探讨出版品牌管理绩效提升的问题，力争为出版学理论大厦添砖加瓦。

（二）研究的实用意义

出版学属于应用型社会科学，其视野一直没有脱离鲜活的出版实践，这种"学以致用"的范式重视结论对产业实践的解释和预测功能。也就是说单纯的逻辑自洽、自成体系是不够的，研究结论必须能够经受实践检验并指导实践。笔者选择读者信任视角下的出版品牌管理作为研究对象主要考虑到它有以下几点应用价值：

第一，本书密切联系文化体制改革的实际，为出版机构深化改革、改善经营绩效提供了一系列可执行的对策建议。出版业文化体制改革的目标是要清晰界定产权，重塑真正意义上的、独立自主的市场主体，将事业单位彻底转变为现代化企业，使其遵守市场规律，充分参与竞争，培养独特的核心能力，更好地履行服务读者、支持国民经济发展的社会功能。转制之后如何利用品牌杠杆来提升效率，是出版企业必须着力解决的核心议题。这是因为出版品牌管理是一个复杂的系统工程，其中出版品牌的塑造、维护、延伸是营销战略的主线，一切出版经营活动都应该围绕着出版品牌的塑造和维护来开展。而且出版品牌定位一旦确定，就需要经营者长期投入大量人力、物力资源去兑现品牌承诺、改善出版物产品、培育读者关系等，可见出版品牌管理研究必然涉及出版发行整体流程，每个细节的改善都是必不可少的。就此而论，出版品牌研究可以为出版企业改善产销流程提供可资参考的"路线图"，因此本书提出的改进出版品牌管理乃至出版营销管理绩效的若干策略，具有独特的社会价值和经济价值，能为改善我国出版企业的经营效率起到一定的现实指导作用。

第二，引导出版企业形成理性、科学的品牌管理观，避免认识上的偏差带来的行为失当。出版品牌的内涵非常丰富，包括出版物品牌、作家品牌、编辑品牌、发行品牌和企业品牌等，出版企业应该突出重点同时兼顾平衡。比如，作家品牌虽然主要属于作者个人，与作者本身的形象、气质、媒体活跃程度等有关，但由于作家和出版物不可分割，所以出版企业需要争取作者配合，塑造符合出版品牌整体风格的作者品牌。同样，出版物品牌的传播不能与整体品牌风格相违背。由于出版企业品牌代表综合影响力，不受产品生命周期缩短和产品同质化的影响，而且传播成本相对低廉，[①] 所以出版企业品牌的培养优先于产品品牌与作家品牌，但是从整体最优的角度考虑，出版企业又不能忽视作家品牌、产品品牌和其他品牌的培养，在投资倾向和

---

① 武红霞：《品牌管理学科的前沿动态》，《太原大学学报》2008 年第 1 期，第 57—59 页。

比例方面要适当兼顾。以上分析说明，出版品牌是一个系统概念，随意简化理解就会导致"见木不见林"的失误。科学的品牌观是出版企业持续发展的必需，缺乏正确品牌理念的出版企业，在激烈的竞争中难以立足。本书提出了一系列新的思路，通过问题链的彻底解构，指出出版企业应该以读者关系的妥善处理为主线，系统地解决出版品牌管理绩效不高的问题，这对出版企业树立正确的品牌观有积极意义。

　　第三，从读者信任角度分析品牌管理，对于真正地改进读者服务具有现实意义。虽然马克斯·韦伯曾提出"价值无涉"的科研原则，但是社会科学研究不可能完全不顾立场。在出版学领域，对于读者利益的关注和重视需要一以贯之，这正是笔者的价值立场。市场营销的关键在于创造客户价值，哪家企业能够艺术地捕捉客户的价值追求和内心感受，它就具有成功的潜质，而理解读者的关键在于双方之间互相信任。此外，市场环境复杂多变，难以预测和控制，因此，出版企业必须永远以读者为中心，从读者需求及其变化出发，站在读者的立场开展出版营销和品牌管理工作。当读者需求变化时，出版品牌管理如何创新？每年出版大量新书对原有出版品牌有何影响？出版品牌成熟与否怎样衡量？以上问题看似复杂，但是只要抓住读者信任都不成问题。一方面，锁定面向信任的读者关系管理才能提出可操作的管理建议以改善读者服务，避免出版企业将其口号化、形式化；另一方面，读者信任是检验读者服务成功与否的试金石。这是因为在日益增强的竞争环境下，出版企业的售后支持和服务创新如果不能令读者满意，那么信任关系是无从产生的，出版企业的市场占有率也会大幅下降，所以此时可以断定读者服务是不成功的。反之，如果读者高度信任某个出版品牌，也可以反证该出版企业的产品和服务能够让读者长期感到满意。因此，从读者信任的角度切入，探究出版品牌管理创新的理念和策略，对于改善读者服务质量、提升读者的福利无疑是有利的。

　　综上所述，本书以读者信任为出发点，系统分析和阐释读者信任在出版品牌形成和演变过程中的作用，矫正了现有研究过分强调品牌盈利功能的偏颇，进而有针对性地提出营销策略方面的建议，本书符合我国出版行业发展的需要，对出版企业顺利完成改革、提升整体竞争力具有现实意义。同时，将出版品牌管理与读者信任相结合，从战略全局上对错综复杂的品牌问题进行综合式研究，避免了不断细分研究领域造成的"碎片化"倾向。

第二节　国内外研究现状综述

人们在日常生活中天天接触品牌，借助品牌选购商品是一种常见的消费行为。而信任则是个体、组织之间合作的基石和媒介，缺乏信任的社会必然是无序而低效的。品牌管理和信任之间的关系问题是近年来学界的热点，这两个课题渗透到多个学科，吸引了大批学者的关注，产生了大量富有价值的研究成果，它们既为本书提供了宝贵的思想资源，又是无可回避的逻辑基点。现梳理其发展脉络与主要成果，按主题和方法分类综述如下：

一　出版品牌研究现状述评

梳理市场营销学的学术史可以看出，品牌和渠道一直是该学科的两大支柱，其中品牌研究更是长盛不衰。从语义学角度穷源探本，"品牌"的英文是 brand，指商标、牌子、烙印等，主要有从法律上保护所有者的私产、代表经营者的承诺以及方便消费者辨识等作用。就出版品牌而言，国内外学者虽然有所涉及，但是直接对准的研究不多。考虑到许多国外出版机构隶属于大型传媒集团，与国内出版和一般传媒机构分设的情况不同，因此关于传媒机构品牌管理的成果也可以视作本书的文献基础。现择要概述如下：

罗伯特·M. 摩根（Robert M. Morgan）和谢尔比·D. 亨特（Shelby D. Hunt）从承诺——信任理论（the commitment – trust theory）的角度探讨了关系营销的问题，认为关系营销涉及建立、发展和维持成功交易等全过程，成功的关系营销需要关系的承诺和信任，认为双方就发展彼此关系做出承诺以及对此信任是关系营销的关键变量。[①] 该观点

---

① Robert M. Morgan, Shelby D. Hunt, "The Commitment – Trust Theory of Relationship Marketing", *The Journal of Marketing*, Vol. 58, No. 3（Jul. , 1994）, pp. 20 – 38.

对本书有重要的启发意义，因为出版品牌的本质是出版企业和读者之间就关系做出承诺并相信对方会履约等一系列态度和行为的总和。彼得·D. 贝内特（Peter D. Bennett）和吉尔伯特·D. 哈瑞尔（Gilbert D. Harrell）较早对信任在合作中的积极作用进行了研究，分析了信任在消费者态度和购买意图形成中的作用，论证了消费者信任对于购买品牌产品具有正面关联的假设，同时调查了消费者对自己判断品牌特征能力的信心，认为对于新产品或新品牌，信任有利于积极态度的形成和稳定。① 在出版领域，读者信任有类似作用，特别是在产品延伸或者品牌延伸过程中，信任的作用尤其重要。米歇尔·拉洛克（Michel Laroche），成昆·金（Chankon Kim）和周连喜（Lianxi Zhou）对多元品牌环境下，品牌熟悉度、品牌评估中的信任、品牌态度和购买意图之间的关系进行了实证分析。结果显示，品牌熟悉度影响品牌信任度，反过来，影响购买同一品牌的意图。此外，品牌态度受到对品牌熟悉度的影响。② 一般地，交易双方信任关系的建立和强化，取决于完备信息（perfect information）的掌握和法律合约（legal contracts）的保障，除了强有力的证据之外，信任还与熟悉度有关，越是熟悉的品牌给消费者带来正面情绪的概率越大，认同和信赖的可能性也越大，同时失望的可能性会越小。该结论在图书营销领域同样成立，读者信任在促成和打破合作关系中起着重要作用，甚至可以激发超越理性的忠诚。罗纳尔德·E. 戈德思密斯（Ronald E. Goldsmith），巴巴拉·A. 拉夫尔提（Barbara A. Lafferty）和史蒂芬·J. 纽维尔（Stephen J. Newell）研究了企业可信性（credibility）与名人可信性如何影响消费者对广告、品牌的反应。分析认为广告主频繁使用背书人（endorsers）或代言人来作为可靠性来源以影响消费者的态度和购买意向。企业可信性主要指企业在诚信（honesty）和专业能力方面的社

---

① Peter D. Bennett, Gilbert D. Harrell, "The Role of Confidence in Understanding and Predicting Buyers' Attitudes and Purchase Intentions", *The Journal of Consumer Research*, Vol. 2, No. 2 (Sep. , 1975), pp. 110 – 117.

② Michel Laroche, Chankon Kim, Lianxi Zhou, "Brand Familiarity and Confidence as Determinants of Purchase Intention: An Empirical Test in a Multiple Brand Context", *Journal of Business Research*, Volume 37, Issue 2, October 1996, pp. 115 – 120.

会声誉，它可以影响消费者对广告的反应，辅助形成品牌态度。该研究认为代言人的可信性对广告态度影响最大，而公司的可信性对于品牌态度影响最大。公司的可信性在消费者对于广告和品牌的态度中有重要影响，它与代言人的可信性的作用是相互独立的。① 研究读者态度和行为离不开心理学分析思路，上述研究给出了范例。图书营销的代言人一般是书评专家或者著名学者等，同时出版社声誉在获取读者信任方面也发挥着重要作用。道格拉斯·波曼（Douglas Bowman）和达斯·纳拉扬达斯（Das Narayandas）研究了企业如何通过有效管理客户首次接触（Customer – Initiated Contacts，建成 CIC）来对类别占有份额（Share of category）和口碑行为（word – of – mouth）施加积极影响。建议企业通过控制 CIC 过程中各种变量的反应，从而改进生产、创造竞争优势。在 CIC 过程中，企业不能对客户提供千人一面式的应答，而应该根据 CIC 的类型差异进行针对性反馈，同时通过营销努力改善企业的 CIC 管理绩效。② 该研究分析了企业在接触客户过程中应该根据环境、客户等的差异选择策略改进企业形象，这种尽力营造良好"第一印象"以打动客户、建立信任的思路，对本书有启发意义。维尼塔·斯瓦米斯坦（Vanitha Swaminathan），理查德·J. 福克斯（Richard J. Fox）和斯瑞尼维斯·K. 雷迪（Srinivas K. Reddy）研究了品牌延伸介绍对于消费选择的影响，指出成功的品牌延伸试验对加强母品牌的影响力有促进作用，尤其是对先前不使用母品牌的消费者有正面影响，将提高企业的市场份额；相反，不成功的品牌延伸试验则会给母品牌带来负面影响。此外，购买母品牌的消费体验对品牌延伸试验有重要影响，而对延伸重复（extension repeat）却无明显

---

① Ronald E. Goldsmith, Barbara A. Lafferty and Stephen J. Newell, "The Impact of Corporate Credibility and Celebrity Credibility on Consumer Reaction to Advertisements and Brands", *Journal of Advertising*, Vol. 29, No. 3 (Autumn, 2000), pp. 43 – 54. Published by: M. E. Sharpe, Inc.

② Douglas Bowman and Das Narayandas, "Managing Customer – Initiated Contacts with Manufacturers: The Impact on Share of Category Requirement and Word – of – Mouth Behavior", *Ournal of Marketing Research*, Vol. 38, No. 3 (Aug. , 2001), pp. 281 – 297. Published by: American Marketing Association.

影响。① 母品牌即支持性品牌，在本书中指出版企业品牌，上述关于母品牌和延伸品牌②关系的分析同样适用于出版领域，出版企业进军新领域需要注重子品牌推介，尽力将它和企业品牌联系起来，使读者产生正面的记忆和联想。米歇尔·L. 勒姆（Michelle L. Roehm），艾伦·波曼·普林斯（Ellen Bolman Pullins）和哈伯·A. 勒姆（Harper A. Roehm）认为客户忠诚计划中提供的动机联想决定了计划能否成功。研究者提出"与广告提示相容的激励"（cue‐compatible incentives）的概念，认为这种激励可以促使消费者产生对企业有利的正面品牌联想。这有助于激发客户忠诚。此外，具体有形的激励将会对客户忠诚产生破坏作用。③ 究其底里，这种激励是一种有效的营销沟通，在图书营销领域同样适用。有形、具体的激励可能无效甚至有反面效应的观点，提醒经营者不能简单通过赠品、礼物等有形刺激来促销，而要用别出心裁的创意获取信任。克力桑索斯·戴拉罗克斯（Chrysanthos Dellarocas）探讨了在线反馈机制的前景及挑战。在线反馈机制利用网络的双向沟通功能设计了大规模的口碑传播平台，可以借此扩大品牌影响。此外，在线反馈机制在管理方面还具有广泛意义，它能提升品牌建设、客户的获取和保留、产品研发以及质量控制等经营活动的效率。④ 在数字出版时代，该研究主张利用双向沟通改善口碑和内部管理的见解，对于提高读者信任度等问题颇具启发意义。营销学大师菲利普·科特勒在《营销管理》中多次提及书刊营销，但是却没有专门就出版品牌进行探讨。在品牌管理方面，科特勒主张全方位营销，认为品牌是"全部利益相关者的价值整合"，是企业给所有利

---

① Vanitha Swaminathan, Richard J. Fox, Srinivas K. Reddy, "The Impact of Brand Extension Introduction on Choice", *The Journal of Marketing*, Published by: American Marketing Association, Vol. 65, No. 4 (Oct., 2001), pp. 1 – 15.

② 注：与母品牌（Parent Brand）相对应的是背书品牌（Endorsed Brand）或者子品牌（Son Brand），指的是从母品牌中衍生出来，受母品牌支持的品牌。

③ Michelle L. Roehm, Ellen Bolman Pullins and Harper A. Roehm, "Designing Loyalty‐Building Programs for Packaged Goods Brands", *Journal of Marketing Research*, Vol. 39, No. 2 (May, 2002), pp. 202 – 213. Published by: American Marketing Association.

④ Chrysanthos Dellarocas, "The Digitization of Word of Mouth: Promise and Challenges of Online Feedback Mechanisms", *Management Science*, Vol. 49, No. 10, Special Issue on E‐Business and Management Science (Oct., 2003), pp. 1407 – 1424.

益相关者的价值指示器。在演讲《迈向品牌与全球化之路》中，科特勒提出新营销模型 CCDVTP，即创新（Create）、沟通（Communicate）、价值传递（Deliver Value）、目标市场（Target）和获利（Profit），其含义是：针对目标市场，通过创新、沟通和价值传递，实现赢利。与原来的 4P 模型相比，该模型突出品牌的价值主张，认为品牌管理应该通过定义市场，创造价值、传递给主要客户以引起心灵共鸣来实现。① 科特勒的高明之处在于将品牌管理嵌入相关利益关系网络中予以考察，认为单纯从赢利出发无法成功，因此他强调价值主张、价值创造和价值传递的积极作用。这一洞见的启示是：出版品牌管理不能离开相关利益关系的系统分析、整体平衡，其中读者利益占核心地位。

由以上梳理可以看出，国外研究主要有以下特点：第一，研究范围边界明确，问题界定清晰，重视实证方法，通过调查获取详细资料，利用统计学等定量方法挖掘规律性，因此得出的结论具体、细致、深刻；第二，研究视角逾越单纯某个学科的范畴，分析框架涉及心理学、行为学、经济学、营销学等多个领域，这种综合分析使得结论具有一定的普适性，对各个行业乃至非营利性组织都有借鉴价值；第三，信任关系的建立和维系依赖双方的良性互动，从而促成正向的知行递变，这是信任研究最基本的理论预设。尽管学者都承认这个预设，但是有关读者在品牌管理方面作用机理的研究依然欠缺，因此应该在后续研究中重点关注。

国内学术界关注品牌管理是在出版物产业化发展到一定阶段的产物。在产业化的初级阶段，出版学研究主要关注编辑的市场意识、发行渠道重组、打击盗版、图书质量控制等比较紧迫的问题，当产业化发展比较成熟时，出版品牌管理研究等问题才被提上日程。现将主要成果概述如下：

曾果伟较早提出出版品牌管理问题。他认为随着改革深入，出版社应该直面品牌竞争。锻造优质出版品牌要从出版社整体形象出发，从出版社声望、信誉和图书质量等方面共同努力。具体而言，要树立

---

① 《科特勒的品牌观》，《中国电子商务周刊》2007 年第 11 期，第 110 页。

四种意识：强化自我否定意识，适应市场变化；强化突围意识，不盲目跟风；强化拓荒意识，实施"冷点开发"；强化创新意识，注重技术、信息等的运用。① 曾果伟是实务工作者，他的认识建立在对环境演变的敏感和管理经验总结的基础上，他提出的出版品牌管理应该视为全方位营销的一部分、注重整体流程优化等洞见非常深刻。

刘征认为近年来品牌在我国出版经营中的地位日益凸显，经营者的品牌竞争意识日益明朗，这带动出版业进入了更生期。因此，品牌经营已经成为出版企业发展的必由之路。操作方面应从品牌定位、战略决策和日常管理三个方面入手。② 张隽指出从竞争格局看，出版品牌战略可以分为一社一牌、一社多牌、数社共牌和社会力量参与等。③ 刘征和张隽的研究都将出版品牌和出版业改革联系起来进行考察，这种考察方法值得提倡。

2002 年 4 月 9 日，华中师范大学编辑学研究中心举办了一届出版品牌学术研讨会，会议就出版品牌的打造、维护和延伸问题进行深入探讨，产生的一系列成果，述评如下：范军认为出版社品牌由低到高表现为：单本（或单套）书品牌—丛书品牌—类别书品牌—出版社整体品牌。④⑤ 出版社与图书应该追求良性互动。成熟的出版品牌要进行延伸，品牌延伸的效应主要包含家族品牌效应；活力创新效应；投资集约效应等，出版品牌的打造、维护与延伸非常重要，需要深入探索。⑥ 董中锋认为出版品牌应该处理好以下五方面关系：出版品牌与品牌战略；出版品牌与品牌效益；出版品牌与品牌营销；出版品牌与品牌样式；出版品牌与品牌作者等。⑦ 刘英探讨了明星作者与出版品

---

① 曾果伟：《锻造出版品牌刻不容缓》，《出版广角》2000 年第 6 期，第 14—15 页。

② 刘征：《试论出版品牌管理》，《出版发行研究》2001 年第 6 期，第 27—29 页。

③ 张隽：《出版品牌改朝换代》，2009 年 4 月 27 日（http://news.brandcn.com/hypp/cb/200602/1574.html）。

④ 范军：《试论出版品牌》，《出版经济》2002 年第 1 期，第 4—7 页。

⑤ 范军：《浅论书刊品牌延伸的良性效应》，《出版经济》2002 年第 4 期，第 10—12 页。

⑥ 范军：《关于出版品牌的研讨——出版品牌与品牌延伸》，《出版科学》2002 年第 3 期，第 51—52 页。

⑦ 董中锋：《关于出版品牌的研讨——出版品牌处理好几方面的关系》，《出版科学》2002 年第 3 期，第 52—53 页。

牌培养的关系，认为明星作者拥有巨大市场号召力，可以连续创作满足市场需求。明星作者对于迅速打造出版品牌形成出版商、作者、读者三赢局面有利，但从长期看不利于新作者成长，而且明星作者稿酬要求高，存在投资风险。① 高娟指出对于品牌书，可以通过以下途径提高读者忠诚度：不断提升品质；提高知名度；提供优质服务；建立读者资料库，与读者沟通互动。② 研讨会的成果就出版品牌管理涉及的领域进行了全面的探讨，许多成果具有一定的前瞻性和独创性。

盖署光认为出版品牌决策应该考虑出版社品牌与图书品牌互动经营、重印书的品牌效应及品牌延伸和品牌合作等问题。③ 彭彪指出我国出版品牌建设存在意识薄弱、缺乏系统性、片面追求知名度、缺乏准确整体定位，没有个性和特色，缺乏产权保护等问题，对此要从出版品牌经营法则的确认、出版品牌战略的落实和出版品牌的维护等方面去突破。④ 朱胜龙认为出版竞争发展至今，要获得制高点非依靠品牌博弈不可。具体则要实施差异化策略；充分利用有效载体大力进行宣传，加大对于终端读者信息刺激的频度；提高出版中营销策划的含量等。⑤ 刘锦东将出版物产品分为低投入的同质产品、中投入的特色产品和高投入的拳头产品，根据这种分类探讨了出版品牌的定位与塑造、延伸与合作、维护与更新等问题。⑥ 这一时期的分析视角从重要性阐述，品牌管理内涵界定等宏观问题过渡到微观操作层面，尽管有些分析仍显浮泛和抽象，但是研究明显更加深入、精密、细致。

符本清总结了打造出版品牌的七个策略，即专一性、长期性策略；独占性策略；文化沙龙策略；设置期刊策略；质量策略；营销策

---

① 刘英：《关于出版品牌的研讨——明星作者与出版品牌》，《出版科学》2002 年第 3 期，第 53—54 页。

② 高娟：《关于出版品牌的研讨——品牌战略中的读者意识》，《出版科学》2002 年第 3 期，第 55 页。

③ 盖署光：《试论出版品牌策划》，《新闻出版交流》2002 年第 1 期，第 58—60 页。

④ 彭彪：《出版品牌的创建与维护》，《编辑之友》2002 年第 3 期，第 22—23 页。

⑤ 朱胜龙：《品牌竞争——出版竞争的制高点》，《新闻出版导刊》2002 年第 6 期，第 41—42 页。

⑥ 刘锦东：《从出版社三类产品谈品牌战略》，《科技与出版》2002 年第 6 期，第 9—12 页。

略；诚信策略。① 该研究重在归纳，有些策略纯属经验总结，而且存
在逻辑矛盾，如营销策略的提法就欠妥，因为营销的概念大于品牌。
陈刚认为出版品牌具有定位属性、质量属性、特色属性和群体属性，
实施品牌战略必须：走向市场，适应需求；勇于探索，大胆创新，重
视原创；强化优势，重视修订，进行二次开发；重点扶植，加大投
入，强化宣传；提高图书质量；注意人才的培养和引进。② 徐丽芳认
为由于网络出版物是一种经验产品，必须经过尝试才能做出评价，因
此必须利用品牌来超越读者信赖方面的障碍，同时品牌可以增加市场
份额，所以创建网络出版品牌意义重大。具体策略主要有：将知名度
高的印刷出版物品牌直接移植到网络出版领域；创建独立的网络出版
品牌；运用网上网下或者不同参与者之间的交叉策略；利用读者参与
策略。③ 该研究对准发展迅猛的数字出版，有一定的前瞻性。张曼玲
认为出版品牌运营包含品牌定位、设计、传播、扩展、更新、保护和
管理等，出版品牌运营具有综合性、系统开放性和资本积累性。④ 出
版品牌是在营销或者传播过程中形成的，具有特定名称和标志，用于
将产品或服务与读者等关系利益团体联系起来，并能为出版企业带来
新价值的出版媒介，⑤ 它包括作者品牌、编辑品牌、装帧印制品牌、
图书品牌、出版社品牌、发行品牌等，打造出版品牌有三级运作模
式，分别是单一品牌策略、综合品牌策略和成熟品牌策略。⑥ 出版品
牌体现读者对出版企业及其产品的忠诚度。出版品牌通过个性特色和
形象定位指向明确的具有一定文化层次、阅读趣味和文化品位的潜在
读者群，可以引起不同的品牌联想和认同，在无形中发挥了界定社会

① 符本清：《略谈打造出版品牌的7个策略》，《中国出版》2003年第1期，第29—
30页。
② 陈刚：《对出版社实施品牌战略的几点思考》，《新闻出版导刊》2003年第8期，第
38页。
③ 徐丽芳：《网络出版的品牌策略》，《电子出版》2003年第10期，第55—56页。
④ 张曼玲：《出版品牌运营初探》，《嘉应大学学报》2003年第4期，第86—89页。
⑤ 张曼玲：《承诺与忠诚：出版品牌的内涵分析》，《北京印刷学院学报》2005年第4
期，第46—48页。
⑥ 张曼玲：《出版品牌的类型及运作模式探析》，《嘉应学院学报》2005年第5期，第
118—123页。

层次和赋予社会地位的功能。承诺和忠诚是理解出版品牌内涵的关键，品牌承诺是取得读者忠诚的最佳法宝。品牌忠诚度是品牌资产的核心，它可以降低营销成本，提高销量，吸引新读者，让经营者自如地应对竞争。[①] 张曼玲将出版品牌的实质归结为出版企业的承诺以及读者的忠诚，这种视角独特、新颖，具有前瞻性和深刻性。读者是拥有自由意志的主体，品牌忠诚是读者反复权衡、长期体验的结果，所以出版品牌管理的核心应该是谨慎承诺严格兑现进而获得和保持信任。此外，出版品牌担负构建读者身份、地位等功能的观点，对品牌定位具有参考价值。该研究的不足在于对如何通过信任提高品牌成熟度等深层次问题没有涉足。

拜网络技术迅猛发展所赐，网络出版日益引起学界重视。陈梅和侯丽萍对网络出版品牌管理问题进行了探讨，认为网络出版品牌定位要注意避免追求大而全，避免主观臆断，要将网上和网下定位结合起来，定位切忌过死。在维护管理方面，不同发展阶段则应实施不同策略，在创业期要注重质量和读者依赖感，发展期则要有效控制成本，稳定期则需培养核心竞争力。[②] 网络出版尚处在起步阶段，许多特征还不甚明朗，所以有关研究多限于理论思辨，而且多集中在发展领先的网络书店的品牌方面。此外，如何通过网络鼓励读者参与互动、引发读者美好回忆等问题没有得到应有重视。顾爱彬认为图书品牌是读者听到出版社名称时所能联想到的含出版物、编辑素质、读者服务、出版社网站等在内的任何事物。打造品牌要注意：品牌定位要找准核心价值；打造品牌的过程永不停止，不断更新拓展；保持品牌的更新和连续性是维护和拓展图书品牌的重要原则；锁定读者才是品牌经营的关键和目的。[③] 周建新认为在激烈竞争中创建和延续名优传统品牌至关重要，他将出版品牌创新的特征归纳为无形资产、不断改进、标

---

① 张曼玲：《承诺与忠诚：出版品牌的内涵分析》，《北京印刷学院学报》2005 年第 4 期，第 46—48 页。

② 陈梅、侯丽萍：《网络出版品牌建设中的关键问题》，《中国出版》2004 年第 5 期，第 53—54 页。

③ 顾爱彬：《品牌打造：出版社"魅力"运营》，《出版广角》2004 年第 8 期，第 44 页。

新立异和嫁接延伸等。通过贝塔斯曼集团、新闻集团、皮尔森集团等国际大型出版集团与商务印书馆、上海译文出版社、外语教学与研究出版社等对比分析，指出中国出版企业的品牌创新能力落后于国外同行。根本原因在于：没有形成稳定、明晰、高效的产权机制；条块分割的行政管理体制；国家垄断政策过度保护滋生了惰性；缺乏国际竞争，由于转嫁效应削弱了我国出版行业的品牌创新能力。[①] 周建新将出版品牌放在一个较长的时间维度中去考察，同时强调与国外同行进行对比，寻找差异，力图补足，这种思路非常可贵。童晓彦、杨虓认为我国出版品牌管理存在以下问题：品牌意识初步确立，但缺乏全面的品牌经营观；缺少强势品牌，名牌与杂牌混战；运作层次低，营销能力薄弱，推广不力；市场秩序混乱，但潜力巨大。鉴于此，中国出版业品牌化运作首先应该确定品牌策略，其次以核心竞争力开拓图书市场，继而辅之以品牌营销与推广、品牌管理与维护，其间不断地对市场与品牌进行调研与评估，从而不断地为旧品牌战略的调整与新品牌战略的确立寻找依据。[②]

张辉冠从人文理念的角度剖析了出版品牌的内涵，指出出版品牌的创制有赖于以下几种资源的优化整合：选题资源、作者资源、媒体资源、读者资源和渠道资源。[③] 王松主张将品牌战略和集团战略结合起来，在出版社品牌和集团品牌之间主张以发展集团品牌为主。此外，还提出注重建立品牌形象识别系统；充分整合现有资源，优胜劣汰，有所为有所不为；制定机制、推广品牌、建立品牌忠诚度；建立品牌经营和参与决策的专业机构，推进品牌管理和发展的科学化、规范化。[④] 出版品牌管理创新和集团化、产业化等改革趋势结合起来，通过经营范式的通盘改善来提升品牌价值，使之符合我国出版业发展实际，有利于整体绩效的最优化。

吴书杰认为努力经营好出版社品牌是出版品牌管理的首要策略，

---

① 周建新：《中外出版品牌创新比较》，《出版经济》2004 年第 11 期，第 34—39 页。

② 童晓彦、杨虓：《中国图书出版业品牌化运作的理想模式》，《编辑之友》2004 年第 2 期，第 7—10 页。

③ 张辉冠：《解读出版品牌》，《出版广角》2005 年第 10 期，第 26—28 页。

④ 王松：《论出版集团的品牌化生存》，《中国出版》2005 年第 7 期，第 12—15 页。

图书品牌竞争实际上是出版社的品牌竞争，哪个出版社的品牌影响力更大，其图书的市场竞争力就更强。[①] 吴书杰的贡献在于指出了企业品牌在整个出版品牌系列中处于核心地位，其他品牌的塑造必须依附和支持企业品牌。林君的注意力集中在出版品牌文化内涵的注入方面，认为出版品牌的消费是概念的消费、文化的消费，所以出版企业要通过塑造品牌个性来在读者心中形成无可替代的情结、记忆与联想。此外，还应该通过制造品牌联想来塑造出版品牌。[②] 林君的研究建立在对简单地将出版品牌管理视为商业化操作的做法进行理论反思的基础之上。随着阅读需求的演变，理性优先逐渐让位于感性优先，重视读者感情诉求的满足是出版品牌成功的必需。李蓉认为出版企业可以借鉴商业品牌运作策略进行品牌管理，但出版业属于内容产业，这才是决定图书能否形成品牌的最重要因素。[③] 李蓉的洞见在于指出读者信任得以建立的根基在于内容资源的优化，这是由产业属性决定的，这对避免研究者简单移植和改用一般品牌管理理论具有警戒意义。姜欣认为读者是否接受和认同是出版品牌成功与否的试金石，出版品牌的本质是出版社组织文化的重要载体和外部表征，读者对出版社品牌的认同本质上是一种文化认同。为推动读者认同，品牌文化意义应与企业形象契合，品牌意义要具体、个性、简单、明了，易于辨识和记忆。[④] 该研究重视通过情感诉求的满足来取得读者认同，其缺点是文化认同的概念过于庞大，用于经济组织和个体消费者之间显然不妥，理论研究是为追寻隐藏在现象背后的真实原因，所以在构筑解释系统时应避免选用那些可能会遮蔽本质、引起误解的术语。杨红卫认为出版品牌除了排他性和区别功能等共性特征之外，还有统领性、延伸性不强，个性化非常突出；辐射性、转移性较差；生命周期相对较短等特征，这决定了出版品牌管理与一般品牌管理存在较大差异。出版品牌的类型包括社名品牌、图书品牌、品类品牌、作者品牌、编

---

① 吴书杰：《出版社品牌策略新论》，《编辑之友》2006 年第 5 期，第 32—34 页。
② 林君：《出版社应努力提升出版品牌的文化内涵》，《编辑之友》2006 年第 1 期，第 18—20 页。
③ 李蓉：《浅析品牌图书的运作策略》，《出版科学》2006 年第 2 期，第 124—127 页。
④ 姜欣：《浅析出版社品牌的读者认同》，《编辑学刊》2006 年第 3 期，第 22—25 页。

辑品牌、影视图书品牌、文化工程图书品牌等，根据定位不同，出版社可以也应该拥有多层次和多种类型的品牌。① 出版品牌的构成包括形象和实力两个层面，出版品牌塑造应该按照品牌规划、品牌建立、品牌推广、品牌管理等步骤去实施。至于出版品牌的战略，则认为一方面要有高品质的出版物产品，另一方面取决于读者对出版物的心理投射，具体战略包括：专业化成长；精品战略；人才资源和员工忠诚战略；通过员工和渠道终端来感染读者。② 杨红卫强调塑造外在形象和内在实力并重的观点值得借鉴。胡全胜和潘正安分析了品牌化与专业化的关系，指出了专业化对于提升竞争力和突出品牌定位的重要性。③ 专业化有利于集中资源打造精品，积累专业优势，从而获得读者信任，而品牌的成熟反过来能促进出版企业在某方面做精做深，成为该领域的领头羊。朱巧燕将出版运营模式分为品种模式（以品种多而全求胜）、畅销书模式和品牌模式三种，分析了畅销书模式和品牌模式的异同以及联系，认为畅销书模式和品牌模式的共同点在于具有巨大的经济利益、立足读者需求、依靠营销决胜、强调创新等。不同点则表现在定位、营销方式和内容运营机制等方面存在差异。两种模式之间存在着相辅相成、互相促进、互为补充的关系，出版社应该合理安排两者的比例，实现健康和谐发展。④ 畅销书追求销量和利润最大化，而品牌管理旨在培养长久的信任和忠诚，畅销书经营主要关注最大多数读者的接受情况，而品牌塑造则可以选择经营畅销书，也可以选择专业书或常销经典。总之，畅销书追求短期传播效果和经济利润最大化，出版品牌管理追求长期信任，两者侧重点不同，对之加以区分是必要的。

徐蕾认为可以从以下几个方面着手进行出版品牌管理：充分开发

---

① 杨红卫：《出版品牌及其构建（一）：品牌的特点与类型》，2009 年 4 月 27 日（http：//www. shoudubook. com/Article/Article－6876. html）。

② 杨红卫：《出版品牌及其构建（二）：出版品牌应该具有个性》，2009 年 4 月 27 日（http：//www. shoudubook. com/Article/Article－6905. html）。

③ 胡全胜、潘正安：《图书品牌化出版的优势与专业化——浅谈图书品牌出版》，《出版发行研究》2006 年第 10 期，第 38—39 页。

④ 朱巧燕：《畅销书模式和品牌模式的比较分析》，《出版发行研究》2006 年第 8 期，第 33—35 页。

人力资源；设计特色化、差异化、系列化、规模化的创新型选题；对编印发等诸多环节实施统筹管理、整体协调联运；建立有效的评价和激励机制；等等。① 黄开欣、张志华、江津和张慧彬分析了出版品牌的整体构成，将出版品牌分为个人品牌、出版产品品牌、出版企业品牌三类，认为不同类别之间相互关联、相互影响构成出版品牌大系统。出版品牌蕴含了多年出版物所积累和沉淀下来的出版文化，因此每种出版品牌都能传播特定的出版信息和品牌文化。② 万方认为虽然中小出版社在作者资源、规模和资金等方面缺乏优势，但若能从专业特色优势出发创造品牌，则可以赢得较大的发展空间。具体建议：以不断创新的精神做好选题开发；强化图书品质，打好创造品牌的基础；加强营销网络和发行渠道建设。③ 万方的观点对于专业分工高度发达、读者需求不断趋异的出版业具有现实指导意义。出版商路金波断定图书品牌是为缺少判断力的读者群降低交易成本服务的，它可以降低购书决策的复杂性。品牌打造要进行市场细分，然后根据不同消费族群的需求来进行定位和运作。出版业品牌分为两大类：单纯的作家品牌和内容生产线品牌。品牌运作比产品运作和资本运作更高级。出版品牌经营需要深度细分，比如可以分为机构品牌、作者品牌、作品品牌。机构品牌包括出版商品牌、策划机构品牌。作者品牌则包括单独作者品牌、创作团队品牌。作品品牌包含单一作品品牌、批量品牌，甚至作品中灵魂人物的品牌，例如哈利·波特等。④ 在品牌管理实践中，路金波将娱乐业及其他行业的营销经验引入出版业，例如"天价"稿酬、"封闭中盘"（即自建分销渠道）、出口贸易，以及娱乐业中炒作、作秀等宣传造势方式，此外在内容细节上对作品内容提出了严格要求，引导作者按照书商判断创作"类型化小说"，上述做

---

① 徐蕾：《出版品牌经营的实施路径》，《编辑之友》2007 年第 5 期，第 28—30 页。
② 黄开欣、张志华、江津、张慧彬：《出版品牌的构建与解读》，《中山大学学报论丛》2007 年第 3 期，第 199—202 页。
③ 万方：《靠专业特色创品牌求发展——中小型出版社发展之路探讨》，《出版发行研究》2007 年第 2 期，第 33—34 页。
④ 彭致：《路金波谈策划：品牌落实靠技术细节》（2007 年 8 月 6 日），2009 年 5 月 27 日（http：//www.chinabookinternational.cn/cn/info/infodetail.jsp? ID = 1847）。

法虽然存在争议，但确实获得了商业上的成功。① 路金波的某些观点虽然值得商榷，但是关于出版商应该高度注意信誉、诚信，知名作家应该获得高额稿酬，作家品牌、图书品牌定位必须高度精细化，内容运作必须如同工业生产流水线一样严格控制质量，宣传推广可以大胆借鉴影视娱乐业的经验，出版商应该直面"非理性"阅读需求等观点确实深具启发意义。毛润政分析了我国出版业存在的泡沫化、产品同质化、发展不均衡和缺乏国际竞争力等问题，认为应从出版品牌培养着手破解。具体方法有：策划与时代相符的主题，善于进行图书包装；争取名牌作者，积极发现有潜力的新作者；保持个性，塑造出版社品牌；对于品牌定位的专注和坚持等。② 这种将出版品牌看成产业化改革和增强国际竞争力的驱动的观点切中要害，我国出版业每年出版图书的数量已经非常可观，集约化发展是产业升级的必由之路，这就要求经营者优化出版流程以提高品牌影响力，通过品牌吸引并留住读者。上述研究突破了"利润挂帅"的思维定势，认识到读者感受在品牌管理中的重要性，但对如何与读者互动以建立信任关系却缺乏探讨。

袁晓兵认为出版品牌应被视作出版产业核心竞争力的重要构成因素，出版产业已经由产品竞争阶段、资本竞争阶段上升到品牌竞争阶段，以品牌为核心构建核心竞争力是出版企业发展的必需。③ 这种将出版品牌看成核心竞争力构成要素的观点颇具新意。薛可、余明阳认为在高度同质化竞争的环境中，实施出版社品牌战略成为出版社发展和产业突围的必然选择。通过对品牌理念、品牌性格、出版社物化品牌、出版社人化品牌和品牌表征五大要素的分析，建构了系统的出版社品牌体系，并建议通过系统盘点、理性规划和执行力强化来打造出版社品牌。④ 这种将品牌管理视为系统工程的观点，避免了单纯强调

---

① 宇翔：《路金波：穿着畅销外衣的出版商》（2007 年 4 月 14 日），2009 年 5 月 27 日（http：//www. 8tops. com/113_ hljtlyx_ 985DB62ABEE04D8C856AB7800A9B6F5D. htm）。

② 毛润政：《专注个性与特色——论图书出版品牌化发展》，《中国出版》2007 年第 7 期，第 46—47 页。

③ 袁晓兵：《出版产业的核心竞争要素研究——基于出版品牌视角的探讨》，《经济经纬》2008 年第 6 期，第 37—39 页。

④ 薛可、余明阳：《出版社品牌力的五大构成》，《科技与出版》2008 年第 1 期，第 24—26 页。

宣传促销，忽略策划创新、售后服务等环节带来的负面影响，对后续研究具有借鉴价值。周善认为编辑品牌建设将在出版业引发颠覆性变革。编辑品牌是以编辑为核心的出版品牌，是在读者心目中已经建立起品牌形象的编辑个人或者编辑群体。编辑品牌的创立和培养需要做好以下工作：建立"名编辑"制度，注重名编辑的培养；借用各界名流的知名度，聘用他们担任编辑；将作者品牌与编辑品牌结合起来，使两者合二为一；创造良好工作平台，吸引品牌编辑加盟。[①] 内容资源的优化集成除了作者努力之外，优秀的编辑也功不可没，周善的研究对于深入认识出版品牌构成具有参考价值。

分析国内研究状况可以看出，大部分研究者的注意力集中在出版品牌重要性的理论思辨上，或是站在经营者立场上结合营销流程探讨出版品牌形成和巩固的机理。虽然从宏观观照到微观考察的过渡显示了探索的深入，但是从读者信任角度切入的研究却不多见。张曼玲等人虽论及读者忠诚，分析思路颇富新意，但却缺乏深入的后续研究。从促使出版品牌成熟的优先等级的角度分析，读者信任是最关键的驱动要素，尤其是在读者日益重视感性需求的前提下，建基于互动体验的读者信任在营销中的地位就更为重要了。然而这个课题却一直没有受到应有重视，这不能不说是一个遗憾。

二 信任问题研究现状述评

在分工高度细化、人人各司其职的现代公民社会中，信任是个人、组织之间合作的基础，因为没有信任就没有契约的履行，或者更准确地说没有长期协作。长期、动态的利益博弈的结果，决定了企业和消费者，甚至生产企业和渠道成员的关系应当是一种持续的（Ongoing）、友善的（Friendly）、良性互动的（Positive interacted）合作关系（Cooperation relationship），否则交易效率将得不到保证。换言之，不论环境如何变化、竞争对手如何出招，企业都应以消费者为本，言行一致地为其提供与承诺相符的产品和服务，从消费者利益出

---

① 周善：《一场颠覆性变革：出版编辑品牌建设》，《编辑学刊》2008 年第 5 期，第 30—33 页。

发确定营销努力的方向和制定营销策略，同时要言出必行、持久诚信、善始善终，保持一贯性才能让消费者获得稳定的心理认知，继而产生信任、依赖和忠诚。消费者信任是企业借以长期发展的基石。如果消费者与企业之间互不信任，那么合作与创新就无从谈起。

　　信任研究是一个新兴的研究领域，信任问题的复杂性和重要性决定它日益成为知识界关注度越来越高的学术"富矿"。信任研究横跨心理学、法学、伦理学、经济学、营销学等领域，如政治学领域的合法性理论，经济学、社会学中的社会资本（social capital）理论，法学和金融领域中的"授信"理论，甚至生物学也涉及信任问题，等等，究其本质都属于信任研究的范畴，这些思想资源为本书提供了参照系。现对其主要成果综述如下：

　　人类对于信任的关注历史悠久，其源头可追溯至古希腊时代，比如亚里士多德在《修辞学》中曾指出信任是说服力的核心。起源久远证明信任问题跨越时空，带有普遍性，是一个古老而常新的话题。轴心时代（约公元前 800 至公元前 200 年之间，尤其是公元前 600 至前 300 年间）的中国思想家对信任也有过深入思考，孔子主张"民无信不立""人而无信，不知其可也"，墨子说过"言不信者，行不果""诚信者，天下之结也"，韩非子倡导"小信诚则大信立"，这些观点虽然针对人际伦理或者政治合法性，但是由于其具有深刻、辩证、丰富的内涵可资挖掘，因此都是本书可以参考的思想素材。从语言学角度看，信任的英语是 trust 或 confidence，虽然两者词义存在区别，但都与相信、委托有关。信任涉及至少两方参与者，既有可能是一种相信而托付的行为，也有可能是一种积极情绪，其中既有理性的利害得失的权衡，又有心理感情因素的驱动。

　　郑也夫追溯信任研究的历史渊源后认为，西方最早明确提出信任问题的是齐美尔（G. Simmel），齐美尔认为信任是"社会中最重要的综合力量之一"，[①]"没有人们相互间享有的普遍的信任，社会本身就将瓦解，几乎没有一种关系是完全建立在对他人确切的了解之上的。

---

① G. Simmel, *The Philosophy of Money*, London：Routledge, pp. 178 – 179，转引自郑也夫《信任：溯源与定义》，《北京社会科学》1999 年第 4 期。

如果信任不能像理性证据或亲自观察这样，或更为强有力，几乎一切关系都不能持久"。凭借信任，"个体的、起伏不定的内在生活现实地采取了固定的、牢靠之特征的关系方式"。"现代生活在远比通常了解的更大程度上建立在对他人的诚实的信任之上。"① 郑也夫的研究在中国由"熟人社会"向"陌生人社会"转型的今天具有重要的意义，因为在现代社会中没有对于陌生人的信任，人们将无法正常开展生活和工作。齐美尔的开创性研究奠定了信任理论的基础。他强调信任在现代生活中的重要功能，认为信任是一切社会关系的基础，这一点已经形成共识。1985 年，美国社会学家格拉诺维特（Granovetter）在《美国社会学杂志》上发表了名为《经济行动和社会结构：嵌入性问题》的经典论文，奠定了他在经济社会学领域的领袖地位，在这篇奠基性文章中，他运用嵌入性理论视角分析了经济交换活动对社会网络的依赖性，认为经济行为和社会结构都受到社会网络的影响，在工业社会，经济行为嵌入于社会结构，而社会结构的核心就是人们的社会网络，嵌入的网络机制就是信任。信任来源于社会网络并且嵌入于社会网络中，因此，个人或企业之间经济行为同样嵌入社会网络的信任结构之中。② 这就是说，信任在交易活动中发挥的作用是通过社会网络成员之间的熟悉和了解，降低考察、评估和监督交易对象的成本。换言之，彼此陌生的对象之间很难顺利开展交换活动。读者在购书活动中同样需要借助信任降低交易成本、激发合作的积极性，所以出版企业如果不能有效地发展外部网络，建构基于信任的合作关系，那么出版品牌的塑造和巩固将无从谈起。日裔美籍学者弗朗西斯·福山（Francis Fukuyama）的专著《信任——社会美德与创造经济繁荣》和《大分裂》在信任研究界非常流行。他断定，信任的实质是源于人性基础上的社会资本，是社会经济繁荣的基石，人们自发组织社群并互惠合作的天性和争取被认可的本性是形成信任的主要源泉和基础，信任对于经济、政治和社会各领域有着非常重要的作用

---

① G. Simmel, *The Sociology of Simmel*. Ed. by K. Wolff, New York：Free Press, pp. 326, 386, 313, 转引自郑也夫《信任：溯源与定义》，《北京社会科学》1999 年第 4 期。

② Granovetter, Mark, "Economic Action and Social Structure：The Problem of Embeddedness", *American Journal of Sociology*, Volume 91, Issue3（Nov., 1985），pp. 481－510.

和影响，决定社会文明程度的高低。福山还提出了"信任半径"的概念，指"人们乐意把信任扩展到的范围的大小"。① 福山的某些观点虽然有待商榷，但是他对信任的社会功能的阐释是可取的，他的名言"忽略了文化因素的生意人，只有失败一途"启示出版企业，虽然能力、资源等属于私人信息，在博弈过程中读者不可能全部获知，但是仍要谨慎对待信任问题。读者信任可以减少双方交易成本，降低环境的风险性、易变性，提高出版企业的适应性和竞争力，如果忽视信任的培养，那么一次失误就有可能引爆"蝴蝶效应"，影响以后合作。尼克拉斯·卢曼（Niklas Luhmann）认为信任的作用主要是简化社会系统的复杂性。人类生存所必须面对的自然环境和社会环境具有高度复杂性，信任可以将包围我们的复杂性和风险性进行一分为二的简化：可以相信还是不能相信。此外，卢曼还将信任分为人格信任（personal trust）和系统信任（system trust），其中人格信任是私人间的，建立在亲缘或熟人的基础之上，而系统信任则比较复杂，与法律制度、宗教信仰、文化传统、伦理道德、风俗习惯等有关。② 传统社会相对封闭，个人信任作用较大，而在现代社会中，随着合作范围的扩大，系统信任更为重要。吉登斯（Giddens）认为信任是"个体本体安全系统的基础，是本体安全与外在环境之间联系的纽带"。由于信任的前提是信息不完整和风险不确定，也就是说，信任是个体在理性算计能力有限时，对环境和未来所持的乐观态度，所以信任具有一定的盲目性。③ 同理，读者信任也是一种安全防护机制，因为读者选书时同样面对着信息不对称和阅读效果不确定的事实，此时，读者的安全感只能来自对出版品牌的信任。当然在具体态度上，读者信任与吉登斯提出的几种信任是不同的。诺贝尔经济学奖得主阿罗（Arrow）认为信任是经济交换的润滑剂，"世界上很多经济落后可以通过缺少

---

① 郑小鸣：《信任：基于人性的社会资本——福山信任观述评》，《求索》2005 年第 7 期，第 111—113 页。
② 车凤成：《卢曼"复杂性理论"辩证——兼论其信任观之内涵》，《江南大学学报》（人文社会科学版）2008 年第 6 期，第 10—14 页。
③ ［英］安东尼·吉登斯：《现代性的后果》，译林出版社 2000 年版，第 30 页。

相互信任来解释"。① 假定接受阿罗的观点，那么中国出版业落后与读者信任不足之间存在着一定的因果联系，支持这一假设的逻辑是：承诺与兑现不一致→读者不信任→交易成本上升→出版业滞后。反之，出版经济的繁荣离不开信任的建立和维护。

国内研究情况大致是：郑也夫认为信任具有简化功能，可以降低社会交往成本。他指出信任是用过去推论未来，用熟悉的推论不熟悉的，这未必符合逻辑规律，却是人们的习惯做法。② 此外，郑也夫还指出信任具有以下几点性质："时间差和不对称性；不确定性；缺乏足够的客观根据。"因此，信任属于主观倾向和愿望的范畴。信任表现为"对自然和社会的秩序性，对合作伙伴承担的义务，对某角色的技术能力等的期待"，信任"处于全知与无知之间，是不顾不确定性去相信"对方，换言之，它是个体在面临选择预期损失大于预期获益的不可预料的事件时所做的一种非理性选择性行为，因此，信任具有一定的风险性。信任的本质是"信任感"，作为一种感觉它可以有具体形式，也可以没有。③ 郑也夫的信任研究给出版品牌管理的启示是，应该从读者的理性认识诉求和感情依恋诉求两个层面去获取信任，特别是在读者长期习惯购买某个出版品牌之后，这种理性认知的诉求会逐渐下降，而感情依恋诉求则会上升，这时读者的焦虑就会因为品牌选购习惯而降低，从而将信任关系推向更高境界。在管理学领域，信任是指一方在有能力监督或控制另一方的情况下，宁可放弃这种能力而使自己处于弱点暴露和利益可能受损的状态，比如在组织内部，为了激励下属，领导必须授权，相信下属的工作态度和业务能力。社会心理学的研究则认为，信任来源于过去的体验和互动；信任可以看成对合作方的情感性归因，认为对方是可靠的、可依赖的，并考虑到预期的回报；信任包括相信对方的承诺而暴露私人信息，从而将自己置

① Arrow K. J., " Gifts and Exchanges", in Phelps (ed.), *Altruism*, *Morality and Economics*, NewYork: Russel Sage Foundation, 1975, p. 24.

② 郑也夫：《信任的简化功能》，《北京社会科学》2000 年第 3 期，第 113—119、134 页。

③ 郑也夫：《信任——溯源与定义》，《北京社会科学》1999 年第 4 期，第 118—123 页。

于风险中，并愿意为了长期利益而牺牲当前利益；因此，在社会心理学研究者看来，信任可以定义为对对方的信心，安全感和彼此关系增强的感觉。由此可见，社会心理学家的信任观更加注重心理机制的描述和分析，对本书有一定的启发意义，但读者信任与一般社会关系中的信任毕竟不同，必须区别分析。

与其他学者关注道德规范和文化习俗不同，张维迎的目光主要集中在产权制度领域，张维迎断定产权制度才是解决信任危机的关键，许多貌似道德规范的问题，实质上都可以从产权制度上找到根由。企业的短期行为扎根于产权制度与政府管制的种种弊端。通过论证，张维迎阐释的核心思想是："产权是社会道德的基础"，毁坏信誉的产权基础，限制自由竞争，必然导致市场秩序混乱，坑蒙拐骗盛行。由此，他提出要重建高信任度的社会，除产权制度之外，还要"规范政府行为、建设法制、成立中介机构和提高教育水平"，通过多方努力重建信任，提高社会经济发展的效率。① 张维迎认为明细的产权制度和合理的政府规制，是化解信任危机的关键，这一点是值得肯定的，当前的文化体制改革正是为了解决这个问题。然而，近年来新兴的社会资本理论主张以交易成本低廉的信任来（部分地）替代传统意义上的契约，继而改善交易双方的福利，这等于说信任一方面有赖于制度的完善，另一方面是制度的重要补充。本书主要探讨如何通过信任改善合作效率，并未涉及制度安排等宏观层面的问题。

不难看出，无论是强调文化传统还是注重产权制度，学者的宗旨都在于设法提高信任程度以改善经济运转效率，这一点已经达成共识。存在争议的是，信任到底受文化、制度、情感等因素中哪一个影响更深，结论的分歧与研究对象、问题和方法的特殊性有关，不可一概而论，而且不同视角之间还存在交融渗透的趋势。已有的理论探索给本书提供了许多有益的借镜，尤其是信任在降低交易成本方面的作用优于缔结合约，信任关系的根基在于"互惠性"交往等观点，对于思考出版企业如何转变"自我中心"的营销观念，重构"读者本位"的经营哲学，通过对读者利益诉求的关注和满足来达成双赢等问

---

① 张维迎：《重建信任》，《经济世界》2002 年第 10 期，第 8—14 页。

题具有借鉴意义。

三 品牌信任研究的演进路径及主要结论

目前读者信任研究尚未形成热点。笔者以"读者信任""读者忠诚"为关键词，在"维普资讯"数据库检索的结果有 33 篇文章，主题涉及报纸传播和图书馆服务等。这表明目前还很少有人关注读者信任问题，也就是说从读者心理、行为角度切入研究出版品牌是一个有待展开的论域。读者信任的实质是对出版品牌的信任。对近年来的品牌信任研究述评如下：

国外营销学界比较重视品牌信任研究，一般认为信任可以降低宣传促销成本和新产品推广成本，而且信任的消费者会自发进行正面口头传播，因此，品牌信任是营销成功的关键驱动因素。塞德什摩克（Deepak Sirdeshmukh），辛恩（Jagdip Singh）和萨博尔（Barry Sabol）设计了一个模型来分析服务商的行为对于消费者信任的影响，同时还探讨了消费者信任如何在关系型交易中转化为价值和忠诚的机理。该模型包括三方面内容：（1）使用多维概念来界定可信度，明确地给出可信度的构成要素；（2）考察与消费者信任有关的两方面要素，即一线营销人员与管理层的决策与实践；（3）分析了"信任—忠诚"关系的关键性中介——价值。研究者通过实证验证了前述假设。此外，还发现可信程度与消费者信任之间存在非对称关系。对于一线营销人员而言，操作上的慈善（Operational benevolence）导致了明显的"消极效应"（即一个单位的负面行为比一个单位的积极行为产生的影响效果更为强烈），而以解决问题为导向（Problem—solving orientation）则有着明显的"积极效应"（即一个单位的积极行为比一个单位的负面行为产生的影响效果更为强烈）。在零售领域，一线人员的服务品质比管理政策在获得信任方面更为关键。① 该研究成果虽然针

---

① Deepak Sirdeshmukh, Jagdip Singh, Barry Sabol, "Consumer Trust, Value, and Loyalty in Relational Exchanges", *The Journal of Marketing*, Vol. 66, No. 1 (Jan., 2002), pp. 15 – 37.

对服务企业，但是由于出版企业面对的是越来越注重服务①品质的读者，因此上述结论对于出版企业通过人性化服务提升读者价值继而获取读者信任有一定的借鉴意义。

国内的营销学、消费者心理学领域已有不少学者对品牌信任进行了研究，现将代表性成果综述如下：孙明贵较早涉足信任营销研究，他认为信任消费是我国消费行为的新趋向，随着信任消费的发展，信任营销应运而生。至于如何开展信任营销，提出做好品牌信任、质量信任、价格信任、广告信任和服务信任等建议。② 孙明贵敏锐地提出营销中的信任问题，而且从关系管理角度分析了信任营销的具体策略，但是他直接套用经典的"4P理论"，难免有简单移植之嫌。读者依赖品牌主要由于判断能力不足，内容的复杂性决定了有限理性的读者难以有效判断图书品质，此时信赖品牌可以降低交易成本、规避决策风险，这与一般商品品牌既有相似之处，也存在细微差别，因此不能简单改造经典理论，而应该从读者价值、关系经营、购书风险、配套服务等多个层面去系统分析。

于春玲、郑晓明、孙燕军、赵平认为品牌信任是建立和保持顾客忠诚的关键因素之一，他们探索性地归纳出品牌信任结构的四个维度，即品牌形象、质量水平、品牌认同度和企业价值观。此外，还针对品牌管理决策提出建议如下：取得认证、聘请专家推荐、到保险公司投保等；注重培育和宣传良好的品牌形象；树立并传播消费者利益至上的价值观；不断提高品牌的社会认同度，鼓励消费者互相传播品牌认同感等。③ 该研究提出的品牌信任的四个维度颇有新意，但是对于不同的行业、产品，四个维度的作用会有所区别，因此应该针对图

---

① 注：这里的服务与传统营销领域中的服务有着不同的含义，传统营销学中的服务主要是附属于产品的，而这里的服务既包括那种附属于图书产品的服务，同时也有可能是独立的知识信息服务。这是因为数字革命的发展，使得出版活动演变成为一种以内容资源的优化集成为主要内涵的服务活动，这种变革在某种意义上要求我们将整个出版活动都视为对于读者的知识信息服务。

② 孙明贵：《消费者行为的新趋向与企业的信任营销》，《南方经济》2001年第3期，第67—68页。

③ 于春玲、郑晓明、孙燕军、赵平：《品牌信任结构维度的探索性研究》，《南开管理评论》2004年第2期，第35—40页。

书业和出版物的特殊性进行更为细致的分析。金玉芳和董大海撰文分析了消费者信任的影响因素，认为企业"不仅要从自身出发去理解并实践诚信，更为重要的是要从消费者的角度探察消费者为什么会信任企业，哪些因素会影响消费者对企业的信任"，从这一思路出发，研究者提出将前因性实证研究和机制性理论研究相结合的观点，认为"交换双方的信任不是一蹴而就的，而是在双方交往的过程中，不断获得有关信任的信息逐步积累形成的，是一种理性的认知过程"。[①] 该研究将信任关系看成企业不断努力争取、完善的过程，这种动态演变的视角比较新颖。金玉芳、董大海和刘瑞明在访谈和文献研究的基础上，将机制性研究与前因性研究两种方法相结合，提出了品牌建立的三种机制，即"经验机制、计算机制和转移机制"，发现了能够反映每种机制的五个变量："感知变量、顾客满意、感知风险、经济价值和品牌声誉"。通过使用结构方程模型分析了化妆品行业的数据，结果显示：经验机制和计算机制对建立品牌信任起作用，其中经验机制作用最大。[②] 该研究提出的经验机制启示出版企业应该重视营销体验和接触点管理，通过长期的有效互动增进理解和信任。而计算机制则提示出版企业要信守承诺，避免令读者失望。

刘建新认为获取与深化顾客信任、培育优质顾客关系是关系营销的基础与核心，也是获取顾客资源、赢得竞争优势的关键。他分析了顾客信任的演化过程与形成机理，提出信任营销管理策略，认为顾客信任的演化过程包含接触、判断、选择、实验、确信等环节，在信任形成过程中，企业提供的顾客价值是顾客信任的基础，企业践诺是顾客信任发展的有效支持。在策略方面提出建议如下：转变营销观念，树立顾客信任新思想；加快组织结构重组，建构快速响应新流程；拓展顾客沟通新模式、新渠道；实施顾客信任营销，构建顾客服务新体

---

① 金玉芳、董大海：《消费者信任影响因素实证研究——基于过程的观点》，《管理世界》2004年第7期，第93—99页。

② 金玉芳、董大海、刘瑞明：《消费者品牌信任机制建立及影响因素的实证研究》，《南开管理评论》2006年第5期，第28—35页。

系；推行顾客信任评价，营造信任评价新环境。① 刘建新提到的自行
调研或者委托市场调研机构搜集顾客信任评价信息的建议对于提高读
者信任、强化感情依恋、促进读者忠诚等具有参考价值。此外，顾客
信任演化过程中的实验环节，在出版业即为试读环节，通过在线试
读，然后根据比价网提供的信息决定是否购买，对改善读者体验意义
重大。王文松指出品牌信任是企业实施品牌战略、建立良好客户关系
的基础。可靠度（主要体现为品牌竞争力和品牌声誉等）和对消费
者的承诺是品牌信任的主要内涵，商品的内在质量、外在形象以及企
业价值观、顾客认同感是影响品牌信任的主要因素。② 龚振、莫露楣、
王琪建构了一个经济价值、核心产品、顾客满意度和品牌信任关系的
分析模型，认为经济价值是品牌信任产生的前因，同时信任对于提高
消费者的经济价值也有积极意义。核心产品会影响经济价值、顾客满
意度和品牌信任。经济价值会对顾客满意产生直接影响，顾客满意对
品牌信任有直接影响，即顾客满意将会导致消费者对品牌的信任。此
外，信任是顾客满意的前因，即信任是建立稳固的顾客关系，导致顾
客满意和持久市场份额的关键。③ 袁登华、罗嗣明、李游分析发现品
牌信任由品牌品质信任、品牌善意信任和品牌能力信任三个维度构
成。其中，品牌品质信任是指消费者对品牌现有质量的信任，品牌善
意信任是指消费者对品牌将维护消费者利益的行为意向的信任，品牌
能力信任是指消费者对企业履行品牌承诺能力的信任。④ 对于品牌信
任的分类，有利于认识的细化和策略建议的设计。柴俊武认为目前学
术界主要用感情迁移模型和联想需求模型来解释消费者的品牌延伸评
价行为，然而消费者心理模型构成理论对于跨类别的中远程品牌延伸
难以给出有力解释。因此，他试图通过控制延伸产品属性相关变量，

---

① 刘建新：《顾客信任的形成机理及其营销管理研究》，《经济问题探索》2006年第2期，第122—127页。
② 王文松：《消费者品牌信任及其营销对策》，《河南科技大学学报》（社会科学版）2007年第3期，第86—88页。
③ 龚振、莫露楣、王琪：《品牌信任影响因素的三维度框架研究》，《商业时代》2007年第32期，第26—27页。
④ 袁登华、罗嗣明、李游：《品牌信任结构及其测量研究》，《心理学探析》2007年第3期，第81—86页。

考察品牌信任对品牌态度、契合感知与延伸评价关系是否具有中介效应和调整效应，以增强传统延伸评价模型的周延性和解释力。结果显示：品牌态度、契合感知与延伸评价存在正向关系；品牌信任对品牌态度与延伸评价关系具有部分中介作用；品牌信任对契合感知与延伸评价关系具有一定的调整作用。① 该研究对于品牌信任在品牌延伸中的积极效应的深入分析及独特洞见，对于新产品开发经常跨越不同主题的图书营销具有参考价值。张月莉和过聚荣将"委托—代理"理论和关系营销理论相结合构建了"顾客—品牌关系"形成过程的概念化模型以探讨品牌忠诚的生成机理。根据逆向选择和道德风险的委托代理问题，品牌信号和品牌溢价可以作为解决上述问题的策略。然而，它们并不能减轻消费者对品牌所提供利益的不确定性和对企业采取机会主义行为的担心。因此，对品牌的信任才是减少不确定性和机会主义的核心要件。② 该研究比较了品牌信号、品牌溢价和品牌信任在减少风险和机会主义行为中的功能，验证了信任在品牌管理中占中心地位的假设。袁登华从心理学角度指出品牌信任就是在风险情境下，消费者基于对品牌品质、行为意向及履约能力的正面预期而产生的认可该品牌的意愿。③ 从心理的角度探讨品牌信任问题，分析心理感受在信任形成过程中的作用，为本书提供了分析思路上的参考。

袁登华、罗嗣明、唐春燕和江丽英认为品牌信任由消费者对品牌的品质信任、善意信任和能力信任三个维度构成。通过大样本问卷调查，采用结构方程建模的方法探讨品牌信任的前因后果驱动机制。结果表明：品牌的直接经验和间接经验通过品牌态度和品牌信任的中介作用对品牌绩效发生影响，其中品牌直接经验比品牌间接经验对消费者的品牌态度影响更大。这说明只有亲身体验后，消费者才会实质性

---

① 柴俊武：《品牌信任对品牌态度、契合感与延伸关系的影响》，《管理学报》2007年第4期，第425—430页。

② 张月莉、过聚荣：《基于产品生命周期的顾客忠诚意图动态演化模型研究》，《上海管理科学》2007年第3期，第20—23页。

③ 袁登华：《品牌信任研究脉络与展望》，《心理科学》2007年第2期，第434—437页。

改变品牌态度和产生信任。可见，品牌信任是改进品牌绩效的直接原因。[①] 该研究肯定了购买体验在提高消费者信任过程中的作用，购书经验与读者信任之间存在类似关系。贺爱忠和李钰认为企业竞争集中体现为品牌统治权的争夺，其实质是争夺市场。只有与消费者建立持久关系，才能占领先机。信任是长期关系的基础，是关系营销取得成功的关键，品牌信任与心理契约存在正向相关关系。品牌关系生命周期中消费者品牌信任与心理契约建立的横向动态关系与纵向互动关系同时存在，两者共同形成消费者品牌信任与心理契约建立的动态整合模型。[②] 该研究对品牌信任不同阶段的心理期望和消费行为进行了详尽考察，提出了独特的分析框架，具有一定的创新性。龚艳萍、范书利对品牌延伸中的消费者信任问题进行了实证研究。分析了品牌延伸的契合度高和低时，对品牌信任、品牌象征价值以及品牌忠诚的不同影响，同时利用结构方程模型验证了品牌信任和品牌象征价值延伸对消费者品牌忠诚影响的中介效应。结果表明当品牌延伸契合度高时，品牌延伸对品牌信任和品牌忠诚有负面影响，对品牌象征价值影响不显著；当品牌延伸契合度低时，品牌延伸对三者具有负面影响，而且比前者影响更为明显。此外，品牌象征价值本身对品牌信任也有显著的正面影响。[③] 因此，在出版品牌延伸过程中如何处理读者信任的维持问题应该引起经营者的重视。

　　总之，品牌信任的积极作用已经引起了学界关注，然而出版学界对信任问题的研究尚处在初级阶段，为数不多的成果与课题的实践重要性极不相称。后续研究应该从既有共识出发，以先前研究的闪光点为参照系，结合图书营销实际，对于形塑消费者信任的主要因素及其作用机理等进行系统探讨。

---

　　① 袁登华、罗嗣明、唐春燕、江丽英：《品牌信任的前因后果驱动机制研究》，《心理科学》2008 年第 6 期，第 1334—1338 页。

　　② 贺爱忠、李钰：《论品牌关系生命周期中消费者品牌信任与心理契约的建立》，《商业研究》2008 年第 11 期，第 175—179 页。

　　③ 龚艳萍、范书利：《品牌延伸对消费者品牌忠诚的影响——基于品牌信任和品牌象征价值的实证研究》，《软科学》2008 年第 3 期，第 63—67、72 页。

四 国内外研究情况简要评价

以上从出版品牌、信任理论和信任营销三个方面对与本书有关的国内外文献进行了梳理，可以发现研究成果主要集中在信任的积极作用、出版品牌的内涵和功能以及信任营销的模式等方面，尽管部分结论为本书的开展提供了可资借鉴的思想资源，但是专门针对读者信任和出版品牌管理关系的探讨仍不多见，这说明在出版营销学领域中，从读者信任的角度去分析出版品牌管理没有引起学界足够的重视，这与出版营销实践发展的需要是不相称的。同时，出版学主流分析框架在解释出版品牌问题上的力量有限，这也要求研究者转换视角，重新设计分析框架，完善和丰富出版品牌管理理论。

出版营销活动既有和一般商业活动相似甚至相同的一面，同时也与普通商品营销存在重大差异，因此，读者信任与消费者信任也存在一定差别。比如，图书价格一般比大型耐用消费品价格要低很多，所以购书决策失误给读者造成的负面心理影响要小于购买大件商品，但是读者在阅读消费中除了支付一定的货币成本之外，还需要支付阅读时间、感情和精力等其他的交易成本，这些成本的加总才是读者在出版物消费中支付的总成本，而这种总成本显然是单纯的书价不能表征的。再如，读者选择出版品牌时，除了对品牌的经营者进行详细的考察之外，还会关注出版物产品的作者、责任编辑、编辑过程等，在综合考虑上述因素之后，读者会决定是否消费该品牌旗下的出版物产品，而当读者作为一般商品的消费者在决定是否消费某个品牌的商品时，大部分人仅仅会考虑备选企业的资源、实力、声誉等要素，对于商品生产加工的具体流程给予关注的并不多见，因此，消费者对于生产加工过程介入程度的不同也是出版营销活动与一般商品营销活动的差别之一。诸如此类的差别还有很多，这都说明如果照搬其他领域的理论来指导出版经营活动，难免会"水土不服"，或者是造成资源和机会的巨大浪费，或者是根本不能从本质上改进营销绩效，何况目前大部分出版企业还没有将基于读者信任的出版品牌管理问题提上议事日程，对于读者关系重视的程度远远低于一般的工商企业。因此，为解决出版品牌管理中存在的实际问题，满足出版品牌管理绩效提升的需要，应该就读者信任与出版品牌之间的关系等问题展开专门研究。

　　由于研究对象有别于已有的研究，所以必须尝试选择新的研究路线。由于本书涉及读者信任和出版品牌两个领域，所以应该整合、协调信任研究和品牌研究两种分析框架，特别是要准确把握两个领域的交叉点，然后以此为逻辑起点展开深层讨论。根据文献分析的结果，笔者认为两者的交叉点是交易双方的关系，亦即出版企业与读者之间的关系，它类似于营销学领域中的客户关系。所以，本书的关键是如何通过营销组合和管理创新实现出版企业与读者利益关系的和谐演进。有鉴于此，一方面，讨论如何通过改善出版物产品、服务、互动沟通、消费体验等来建立、强化读者信任是研究的重心所在；另一方面，信任与不信任是一对矛盾，信任的反面是不信任，不信任的读者会背叛出版企业、选择替代品或者对品牌表现冷漠、顾虑。本研究必须对读者不信任的原因进行考察并建构相应的对策。即读者背叛出版企业、选择替代品或者对品牌表现冷漠、顾虑等原因的考察和对策的建构。当然，对于读者背叛的原因及对策的探讨，与正面建立和维系读者信任，两者在出版企业品牌管理活动中的重要性是一致的，经营者不能有所偏废。

第三节　本书的研究目的、内容和创新之处

　　理论研究的创新是指通过材料、方法和视角等多种路径，在原有的基础上实现突破，提高或深化人类对客观规律的认识。本书聚焦于读者信任和出版品牌之间关系的建构和论证，这从根本上决定了本书的目标、内容以及创新之处与已有研究存在明显差异。简述如下：

一　基本概念和研究范围的界定
　　为了阐述问题和论证观点的方便，有必要对基本概念和研究范围进行限定。现对本书中读者、出版企业和出版品牌等概念的内涵界定如下：

　　首先，在本书中，读者主要是指个体读者，团体读者不在本书分析范围之内，虽然本书的某些结论也适用于获取团体读者对出版品牌

的信任，比如，通过改善体验、互动沟通等营销组合方案的实施来提高图书馆等团体读者的感知价值，同样有利于信任关系的建立和强化；然而，本书主要针对个体读者，即具有一定经济支付能力，可以自由进行购书决策的普通读者。

其次，本书中的出版企业主要指图书类出版机构，期刊出版机构以及其他新闻媒体的营销活动不在讨论对象之列，当然这并不排除本书的某些结论适用于上述机构品牌管理的可能。需要指出的是，在互联网和数字出版技术快速发展的前提下，图书出版和发行方式已经多元化，传统出版企业纷纷投入大量资源进行数字化转型，许多出版企业已经涉足数字出版物的策划、编辑等环节，甚至有的出版企业已经开始自主地开发和制造数字阅读器，所以本书会适当涉及网络环境中出版企业的品牌管理问题，但是网络出版企业的品牌管理和数字出版企业的品牌管理严格说来当属另外一个议题，需要专文进行探讨，本书限于篇幅不做深入探讨。

再次，本书中的出版品牌主要包括出版企业品牌、编辑品牌、出版人品牌、作者品牌、发行企业品牌和零售书店品牌等，其中以出版企业品牌为主，在出版行业纵向一体化战略广泛实施的前提下，读者对出版企业及其品牌的认知一般会受到和出版企业建立紧密合作关系的代理商、技术服务商和其他合作者的影响，因此本书在需要的时候也会论及这些相关的子品牌，以及它们对读者信任状况和整体出版品牌的影响，但是这些子品牌不是本书考察的重点对象，本书主要考察的是出版企业品牌。

最后，本书主要针对出版企业，特别是文化体制改革以后具有经营自主权的国有出版企业。出版企业是出版品牌的拥有者和经营者，虽然出版品牌的成功离不开改制前出版机构的资源投入和长期积累，但是从本质上讲，出版品牌成功与否主要取决于具有独立经营决策权的出版企业的营销努力，正是许多出版企业不断竞争，借鉴西方出版业发达国家的管理经验，运用商业化的经营手段，出版物市场才能借由读者手中的货币选票将优秀的出版品牌筛选出来。为方便论述，笔者在本书中统一使用"出版企业"的提法。

二　研究目的

本书在借鉴市场营销学、产业经济学、管理学、出版学、社会学、心理学和行为学等相关学科成果的基础上，结合我国出版产业的现状和趋势，构筑读者信任与出版品牌之间关系的理论框架，以期为出版品牌管理实践提供可执行的策略建议。具体而言，本书旨在发现读者信任关系的培养在出版品牌构建和维系中的作用，试图通过分析明确读者信任程度与出版品牌成熟度之间的关联，并建构读者信任程度与出版品牌成熟程度之间的关系模型。根据已有研究成果，消费者信任与商业品牌的成熟度之间存在相关关系，基于该认识，笔者提出以下假设：读者的信任程度与出版品牌成熟度之间存在正相关关系，读者信任程度越高则出版品牌越成熟，反之则反是。本书将从不同角度检验上述假设。如果上述假设得到验证，那么对于经营者的出版品牌管理实践可以起到有益的指导。比如，由于读者信任是出版品牌管理成功的标志，那么借助读者信任程度可以表征和测度出版品牌的成熟度，也就是说，读者信任水平能够比较准确地反映出版品牌的市场影响力。通过测度读者信任程度，不仅可以判断出版品牌处于生命周期的哪个阶段，而且可以通过分析信任存量的变化趋势来调整营销策略组合，从而更好地推动出版品牌的健康发展，使得读者和出版企业之间的关系得到良性发展。当读者信任积累到一定程度时，出版企业就可以进行出版品牌延伸，丰富出版品牌的内涵，扩展经营范围和市场版图。总之，重视读者信任关系的构建和维系有助于出版企业重新认识出版品牌管理乃至整个出版营销活动，调整不合理的经营思路和做法，进而获得或保持独特的竞争优势。

综上所述，本书主要探讨读者信任对于出版品牌管理的作用，继而通过对影响信任关系若干因素的分析，探索提升读者信任程度以促进品牌成长的策略。具体而言，本书的目的是：第一，通过读者信任和出版品牌关系的建构和论证，弥补先前研究中将品牌管理的重心放在宣传炒作上所带来的种种不足，重申读者利益诉求在出版营销活动中的重要性。在买方市场业已形成且短期内不会改变的前提下，出版品牌管理必须彻底转变理念，从读者的立场出发考虑和解决存在的问题，争取通过读者利益的最佳满足取得双方关系的和谐发展。第二，为出版企业提供出版品牌管理方面建议，使得出版企业可以大幅度地改进营销绩效和读者服务品质。本书在厘清读者信任的增长与出版品牌的发展之间的关系之后，根据读者信任获取和维系的基本规律，提出若干可操作的营销建议，使出版企业更为有效地从事出版品牌管理活动。第三，寻找读者和出版企业利益的黄金分割点，为出版企业实现文化服务和创造利润两者的平衡提供理论指导和操作建议。基于长期合作的考虑，出版企业必须对具有忠诚潜质的读者进行深入的调查研究，发现和预测其阅读需求的演变趋势，通过互动参与等方式改进出版物创新的效率，提供最符合目标读者需求的产品和服务，同时要将这种令读者满意的营销努力长期坚持下去，用一如既往的真诚服务打动读者、取信于读者，实现读者福利增加和出版企业持续发展的双赢目标。

三　研究内容

本书主题主要涉及读者信任、出版品牌以及两者之间关系的建构和论证等内容，并由此推导出对出版品牌管理实践具有指导意义的若干策略性建议。简言之，本书的核心命题可以细化拆解为以下几个部分：

第一，出版品牌内涵的界定。概念的厘清是科学研究的逻辑起点。这部分主要包括对出版品牌的构成体系、不同子品牌之间关系的阐述，以及对出版品牌管理内涵和外延的阐释。首先，剖析出版品牌的复杂构成。出版品牌包括出版企业品牌、图书品牌、作者品牌、策划品牌、编辑品牌、装帧设计品牌等多种类型。其次，分析各个子品牌之间的关系。出版企业品牌层次最高，其他子品牌从属于并为出版企业品牌服务，出版企业品牌在资源利用和战略层级上占有优先地位，其他子品牌之间存在相辅相成、共生依赖的关系，所以应以出版企业品牌为核心，兼顾其他子品牌的培养，以整体效率最优为原则，谋求出版品牌整体健康发展。最后，给出出版品牌管理的定义。本书给出的出版品牌管理定义突出出版企业应以读者关系的妥善处理为基础，通过认同和信赖获得出版品牌建设的成功。也就是说，出版品牌管理应以发展长期、稳定的读者关系为导向，以读者态度和行为的观测、监督、引导和控制为核心，动态地调整营销组合方案以最大限度地满足读者的阅读需求，通过持续的、一致的、可靠的产品和服务赢得读者的信任和消费，唯有如此，出版品牌管理的绩效才能得到根本性的提升。

第二，出版品牌管理目的的再认识。首先，出版品牌管理不只是为了经营者盈利。从社会功能角度分析，我国的出版机构始终担负着重大的文化建设和知识传播的使命，所以经营者不能仅仅从经济利益出发，忽视读者服务和文化教育等方面的价值追求。同时，以利润为归依的价值取向已经不合时宜。随着读者个性意识的日益觉醒、消费选择权的不断提升，单纯考虑自身利益的经营者会遭到读者厌弃，丧失信任的出版企业生存尚且成为问题，更遑论发展壮大。出版经营者理性的做法应该是通过双方关系的经营与维护，赢得读者的支持、认同和消费，发展出长期、稳定的信任关系。其次，出版品牌资产的积累有赖于读者关系的精细化管理。从品牌资产的角度分析，出版品牌是一种无形资产，对出版经营具有积极的促进作用。出版品牌资产赖以形成和增殖的基础在于读者关系管理的成功，只有读者高度认同和经常消费的出版品牌才能有效地通过交易实现较高的财务价值，所以出版品牌管理的核心应该放在读者关系上，通过对读者利益诉求、感情诉求等的识别和满足来获得信任，继而实现品牌资产的持续增值。这种模式才是提升出版品牌影响力和竞争力的根本途径。总之，出版品牌管理的目的理应是通过双方良性互动来提高品牌的市场影响力，实现品牌资产的增值。最后，出版品牌管理不可能由出版企业单方面完成。出版品牌的建立和巩固从本质上分析是一个出版企业与读者合作进行价值共创和价值分享的过程，交易双方都应跳脱以自我为中心的思维模式，争取通过合作方式的创新实现双赢的目标。在信息技术成熟的今天，鼓励读者参与编辑过程或提出定制要求，出版企业整合资源和能力满足读者的需求，提供最优的产品和服务给读者，让读者通过体验接受出版企业提供的价值，而满意的读者也会逐步信任和忠诚于该出版企业，使得出版企业以较低的交易成本实现可持续发展，因此，成功的出版品牌管理只能是双方合作以共同创造和分享价值。

第三，读者信任在出版品牌管理过程中的作用机制分析。读者信任是指在对出版企业的基本情况有一定了解的基础上，经过消费体验和互动沟通，对出版企业及其品牌产生认同和依赖的心理感受，相信出版企业的能力和善意，从而产生大量和重复选购该品牌、主动向亲友熟人推荐该出版品牌等一系列态度、行为的总和。读者信任在出版品牌管理过程中的作用比较复杂，而且读者信任的存量也并非一成不变，因此考察读者信任的作用要将其动态演变和出版品牌的生命周期结合起来。具体而言，根据读者态度和行为的变化，可以将出版品牌生命周期划分为认知期、美誉期、忠诚期和转移期四个阶段，每个阶段中出版品牌的成熟度是不同的，读者信任度的高低和变化趋势亦有所不同，本书将根据这些因素的变化，分析读者信任在不同阶段的具体作用，为读者信任与出版品牌之间关系的研究做好铺垫。这一部分的研究工作主要是基于出版品牌生命周期阶段的划分来进行的，即分析出版品牌不同阶段读者信任情况的变化，以及这些变化对出版品牌声誉和出版品牌资产的影响。

第四，出版品牌与读者信任之间关系的建构及读者信任导向下的出版品牌管理理念和策略的分析。读者信任和出版品牌之间的关系是本书的核心问题。出版品牌的成功依赖于出版营销流程的整体优化，这种优化必须以读者认同为起点，所以出版品牌将会成为出版企业与读者之间交互的中介和桥梁。通过这座桥梁将读者和出版企业的利益联系起来，在互惠互利的基础上发展出长期、稳定的信任关系。具体而言，这一部分主要将探讨出版企业如何树立以读者信任为导向的出版品牌管理的理念，同时探讨如何在出版品牌生命周期的不同阶段通过监测、引导和控制读者信任的变化来促进出版品牌市场影响力的提升。战略层面的分析主要集中在管理思维的转换方面，而策略层面的探讨将突出针对性和操作性。具体而言，根据出版品牌生命周期中读者态度和行为的差异，出版企业应该在管理策略和技巧方面适时调整，以读者信任的获取和维系为主线，改进营销组合以更好地满足读者，让读者产生满足感和忠诚感。这一部分是本书的主体，其中理念和策略的分析必须考虑出版营销全局，实现品牌管理战略和其他战略的无缝对接，通过组织架构、经营流程等和出版品牌管理的有机融合，实现出版企业整体实力的有效提升。

第五，出版品牌培养的误区及规避。由于观念和执行方面的不足，出版品牌管理实践中常常会存在一些偏离读者信任的误区，对出版企业的长远发展造成负面影响，因此对这些误区的成因和后果进行分析，给出治理建议是本书不可回避的重要命题。本书探讨的出版品牌管理误区有：出版品牌过度宣传与承诺兑现之间存在过大差距导致读者对出版企业失去信任；出版品牌延伸的随意性、盲目性与读者信任危机的爆发；出版企业并购中的品牌转移与读者信任的丧失；并购后出版品牌的再定位与读者认知障碍；网络环境下出版品牌危机的频发对读者信任造成的影响；等等。这部分内容主要是分析实践中出版企业在受到短期利益刺激时可能会犯的几种错误，指出这些误区会带来的负面影响，建议出版企业围绕读者信任这条主线开展品牌管理和出版营销活动，争取以持续的、真诚的营销努力赢得双方关系的良性发展，同时针对具体情况对读者信任危机的处理方案进行系统探讨。

在研究过程中，本书还会涉及一些其他相关问题，比如出版企业和其他企业结成战略联盟以整合资源优势、数字技术的迅速发展引发的新问题、其他媒介的竞争和多媒体融合带来的严峻挑战，如何有效地引领读者参与出版品牌管理，等等。为了使本书富有逻辑性和完整性，笔者会适度地对上述问题进行简要分析，并对相关领域的后续发展方向给予展望。

四　本书的创新之处

社会科学研究创新的关键在于对人们司空见惯的现象和资料做出崭新的、系统的、独特的解释，寻找前所未有的分析思路，得出与众不同的结论。新的解释系统的构建，可以为实践提供特别的参照系，从而为操作者破除思想壁垒，开拓新局面提供理论支持。本书主要从以下三个方面为出版学贡献了知识增量：

（一）新颖的考察角度

由前面的文献回顾可以看出，无论是品牌管理研究，还是出版品牌研究都不能算是一个全新的学术命题，因此，针对出版品牌的研究如欲实现突破，必须另辟蹊径，寻找新的分析视角。本书将信任理论引入出版品牌管理研究，分析在竞争日益激烈的市场环境中如何利用交互、体验、服务等新鲜元素以及最佳的营销组合方案获取和强化读者信任，继而提高出版品牌的成熟度和影响力。这种跨学科的分析思路将出版品牌管理研究嵌入读者与出版企业信任关系的框架之中进行观照，重新界定了出版品牌管理的内涵和外延，为同类研究提供了新的视角。上述研究思路要求我们从读者心理和行为等方面入手，真正将读者当作有感情的、活生生的人来看待，这样能实质性地避免既有研究中视野的偏狭，从而更为有效地抓住品牌现象的本质。

（二）研究方法的多元和集成

出版品牌管理绩效的提升是一个复杂的系统性问题，在研究出版品牌现象时，必须抛弃简单的反应式的管理策略的探讨，而应该对出版品牌的成长与读者信任的构建等关系进行整体性思考，这样才能避免分割式的思维范式带来的忽视系统全局的弊端。因此，本书综合多种理论模式透视读者信任的影响因素，并整合多种思路综合性地解决问题，提出了若干有实用价值的建议。在研究过程中，笔者不仅注意到策略建议本身的逻辑自洽性，而且注意到彼此之间的匹配和协同，以求整体绩效的最优。读者信任涉及阅读心理、消费行为等多个领域，如果局限于某个学科的既定范式或者单一视角，势必会带来"盲人摸象"式的局限，因此笔者综合运用多种方法，对读者信任的影响因素和内在机理进行全方位的透视，对信任关系在出版品牌成长过程中的驱动作用进行多个角度的深入考察。

（三）结论的独特性和实用性

上述研究视角和方法的创新，决定了本书能得出一些新颖的结论。本书的结论替代或修正了传统品牌管理理论的部分见解。在研究中，笔者根据读者信任的形成和演变机理，结合出版品牌生命周期不同阶段的读者关系呈现出的具体特征，提出了若干改进营销绩效的策略建议，丰富了出版品牌管理的理论体系。比如，在出版品牌定位阶段，由于阅读需求非常复杂，读者既有获取知识信息的理性需求，又有感性的、情感的需求，因此读者信任的获取不能简单地依靠较高的性价比，而应该通过互动沟通获取读者的内心感受、消费体验等营销信息，继而结合出版企业的战略、能力和资源等进行精准出版品牌定位，在读者心目中占据独一无二的位置。由于相关结论都考虑到了本书的核心理论框架和产业实际，所以都具有一定的独特性和可执行性。

第四节　本书的研究方法、逻辑结构

一　研究方法和研究思路设计

在本书中，笔者坚持以问题为导向取舍研究方法，而不限于已有的分析路径。由于核心问题涉及读者感性诉求、品牌态度、阅读消费行为等要素，所以对于心理和行为的分析必不可少，这决定了本书必须采用多种方法。这样，一方面，可以立体地透视研究对象，从不同角度考察"客体"呈现出来的特征；另一方面，不同方法的互补协调，避免了单一方法带来的视野狭隘。具体而言，本书的研究方法主要包括：

（1）文献研究法。在广泛收集、梳理国内外相关文献的基础上，对读者信任和出版品牌的关系问题进行全方位观照。在文献调查过程中，遵循"兼收并蓄，博采众长"的原则，合理吸收相关文献的有益成分，通过梳理关于信任、品牌管理等领域里程碑式的研究成果，掌握相关结论及其来龙去脉，借鉴其中的成熟方法和经典结论，力求站在前人的"肩膀上"，在继承的基础上创造性地解决本书的核心问题。

（2）个案分析法。典型个案的深入解剖有利于细致地考察研究对象的全貌，个案中包含着某种策略实施过程及效果等全景式资料，有利于研究者系统地掌握相关变量的动态演变机制。在研究过程中，笔者将搜集与读者信任和出版品牌有关的典型案例，尤其是国内外成功的经典案例，详细地剖析、归纳其中暗含的规律，进而从中抽象出具有普遍性的理论观点。不同的个案，尤其是不同情境下个案的比较，可以帮助我们提炼出具有一般性的信任机制的形成和演变模型，同时也可以检验本书提出的核心命题的科学性。

（3）定性研究方法。在研究过程中，某些变量和其他变量之间的因果关系和逻辑关系的确认需要进行定性分析，然后根据逻辑规律进行归纳、提炼，抽象出一般化的结论，为构筑理论体系提供支持。比如，读者信任与出版品牌之间的关系到底如何？读者信任程度的高低与出版品牌成熟度之间是因果关系还是交叉影响关系？这些问题的解决就需要运用定性分析法，即根据中国图书市场中的经验和相关理论，对读者信任变化与出版品牌发展之间的关系等进行判断、描述、推理和阐释。

（4）定量研究方法。马克思曾经指出：一个学科成熟的程度，与其应用数学的程度有很大关联。换言之，精确数据的支持可以让结论更有说服力。定量研究方法的运用可以使研究结论精细化，对于问题的考察可以深入到细节层面，避免大而化之的泛泛而谈。在研究中，笔者将使用定量研究方法对读者信任程度等问题进行准确界定，并试图推导出读者信任程度与品牌成熟程度之间的相关系数，以此来印证定性研究所得出的结论和本书的主要假设。

（5）比较研究法。"没有比较就没有鉴别"，没有鉴别就没有认识。比较研究法旨在通过不同事物相似之处和差异程度的对照、比较，对事物横向、纵向之间的异同进行描述、解释、分析、预测和判断，以此加深对事物本质和规律的认识。出版活动是一种跨时空的社会现象，具有"超国界、超族界和超文化界限的世界性"，[①] 同时也因时代、地域等因素的影响而存在种种差异，因此对我国和西方国家的出版品牌管理方面进行一定范围、一定内容和一定标准下的对比，有助于我们更为深入地分析和认识出版品牌管理的本质。

值得指出的是，由于研究命题本身的复杂性，所以上述方法的运用是常常交叉并行的，虽然针对具体的某个问题，对于某种或某几种方法会有所侧重，但是总体来说多种方法的综合运用更为常见。

本书的研究思路可以概括为：借鉴国内外出版学、市场营销学和心理学等学科有关品牌管理和消费者信任的成果，吸收和整合其他相关学科的分析框架，比如经济学中的社会资本理论、政治学中的合法性理论、传播学的危机管理理论等，在融汇上述思想资源的基础上，结合出版营销的实际情况和出版学研究的特点构筑出关于读者信任和

---

① 罗紫初：《比较出版学》，武汉大学出版社 2006 年版，第 5—6 页。

出版品牌管理之间耦合关系的理论体系，并对促成两者耦合的支撑条件进行详尽的分析，在此基础上构建读者信任与出版品牌的动态耦合模型，提出并论证若干改进出版品牌管理的策略建议。

二　本书的逻辑结构

本书逻辑推演的步骤是：首先，对出版品牌和读者信任两个核心概念进行重点分析，解释其形成机制和演变过程。其次，构建读者信任增长与出版品牌发展之间的关系模型。再次，根据出版品牌生命周期不同阶段的特征提出针对性的策略建议。最后，联系我国出版业的实际情况，就出版品牌管理实践中偏离读者信任导向的若干误区进行分析并给出对策建议。

本书主要是分析读者信任与出版品牌之间的关系，并以此为主线展开相关议题的探讨，从结构方面分析本书主要有几个组成部分：首先，界定出版品牌和读者信任等基本概念，阐述其内涵和外延；其次，分析出版品牌管理的外部环境，描述出版企业经营管理的现状和未来走向；再次，探讨如何树立基于读者信任的出版品牌管理理念；复次，结合出版品牌生命周期中不同阶段读者信任程度的变化，讨论获取和维系读者信任的具体策略；最后，探讨出版品牌管理实践中某些偏离读者信任导向的做法及其负面影响并给出改进建议。

本书的逻辑结构可以用图 1 来表示：

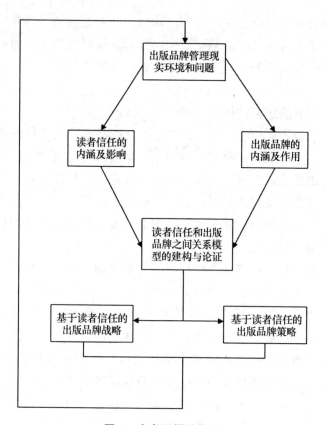

图 1　本书逻辑结构图

注：作者自己绘制。

第一章　出版品牌与读者信任的内涵及其关系分析

第一节　出版品牌的概念界定与内涵分析

一　品牌的内涵演变及其概念确定

由于立场和角度的不同，品牌的概念在学界存在一定争议，比如有关品牌本质的理解，就存在资产说、关系说、符号说、情感说，及形象说、体验说、价值说等不同的观点。[①] 在本书中，笔者认为上述各种观点都有一定的合理性，从某个侧面描述了品牌的内在特征。例如，就符号说而言，消费者在交易过程中需要品牌一方面是为了指导选购、方便实用、悦目好看等利益诉求，另一方面则体现为展示社会地位、生活品质等外在功能。但是，从研究的系统性方面考虑，对品牌应该从多个角度切入，进行系统全面的考察，不能盲人摸象式地站在单一立场随意下结论。笔者认为品牌管理的核心是客户关系经营，即为了持久地维护经营者与消费者之间的合作关系，经营者在强化产品质量、降低销售价格之外，关注消费者的情感和体验等个性化的诉求。探寻营销学演变的踪迹，不难发现品牌的内涵并非是固定不变的。在营销活动中，消费者和企业之间的博弈是一条主线，在双方利益竞合的过程中，双方地位会随着供求和环境等发生变化，而这会带来企业营销理念和管理模式的应变，自然也包括品牌观的应变。在卖方占优的情况下，品牌的功能主要表现在辅助识别、促进销售、稳定

---

① 张燚、张锐：《国内外品牌本性理论研究综述》，《北京工商大学学报》（社会科学版）2004年第1期，第50—54页。

价格、降低新产品入市风险等方面。但是，当买方在博弈格局中占据有利地位之后，品牌就成为赢得竞争对手、培养客户信任的关键驱动因素。在一定程度上，品牌管理的绩效与管理者的认识水平有关，尤其是必须客观地看待自身的市场地位，因此单纯对品牌进行解说而忽略环境的演变是不足取的。

就国内而言，在出版业出书品种超过 20 万的前提下，与相对疲软的阅读需求相比，图书市场的总体格局显然是供过于求。考虑到买方市场的现状，笔者认为品牌的概念可以这样定义，即企业在协调利益相关者关系的过程中，通过公开承诺可以提供的产品和服务组合的特色和优势，并通过互动沟通和系统性营销努力予以兑现，进而取得利益相关方尤其是交易对象的信任，实现各方关系良性发展的媒介即可称为品牌。品牌本身具有一定的审美和艺术价值，但是单纯强调的审美功能无疑有将其表面化理解成符号的嫌疑，这与品牌在营销活动中发挥的作用是不相称的。下面根据出版业具体情况，结合上面的品牌概念，给出出版品牌的定义，并对其内涵进行简要的说明。

二　出版品牌的概念及其内涵

笔者认为，出版品牌是出版企业在营销管理活动中，根据战略愿景、组织文化、资源能力和服务读者的需要，就出版物产品和服务组合的特色和优势进行公开承诺，并通过有效的互动沟通和系统性的营销努力予以兑现，从而获得读者信任，实现各关系良性发展的一系列媒介的总和。从以上定义可以看出，出版品牌在出版营销活动中起着非常重要的作用，出版品牌管理绩效的提升关系到出版营销的方方面面，它既是一组媒介（出版品牌包括出版企业的标志、出版物产品的风格、出版企业服务的态度和行为等要素）的集合，又是出版企业与读者关系的集中反映。出版品牌在出版营销活动中具有重要的功能，成功的出版品牌在目标读者群的心目中应该成为某种品类读物的"代名词"，某类读物的"代名词"，亦即一旦产生某类阅读需求就会在第一时间想到某家出版企业。当然，最为成功的出版品牌应该能够激发起读者狂热的崇拜之情，它包含的精神价值和文化内涵能够让读者产生一种类似于宗教信仰的高度忠诚，比如许多老一辈知识分子就把阅读"商务印书馆汉译世界名著丛书"当成获得某个知识共同体认同和接纳的标志之一，阅读这套丛书在他们的工作学习中具有极为重要的意义，而且他们对这套丛书和商务印书馆有着极为深厚的感情，从这种意义上分析，商务印书馆在国外名著译介方面的品牌管理就极为成功。

　　出版品牌的内涵非常丰富，可以从不同层次进行认识。从战略管理层面看，出版品牌可以视为出版企业整体战略的一部分，出版企业通过建立和经营出版品牌，组织、安排出版营销活动，可以回答诸如一定时期内出版企业朝什么方向走，如何走等问题，这些都是企业战略决策的内容，因此，出版品牌的准确定位与出版企业的战略定位高度相关。从流程管理的角度来看，出版品牌的定位、传播、延伸、更新等与出版业务流程有着紧密联系，流程是一切管理活动的基石，管理工作的核心转移意味着流程必然会随之进行调整优化，因此，出版品牌管理创新在一定程度上就意味着原来的出版发行流程必须进行重新安排。此外，从其他层面考察品牌管理也会有不同的发现，比如可以从无形资产管理、商标符号、核心竞争力、整合营销传播、组织文化等视角对出版品牌进行审视。从资产管理的角度看，出版品牌属于出版企业的无形资产，它的积累需要较长时间的资源投入和营销努力，但是一旦出版企业信誉受损，品牌资产就会迅速和大幅贬值，财务方面会表现为股价缩水、销售额降低等。从商标符号的角度看，出版品牌表现为一种特殊的符号、标志或者设计，有一定的名称或术语称谓，能被读者明确地感知，比如商务印书馆和三联书店的品牌标记就比较有特色，为许多读者所熟悉。从竞争层次高低的角度看，出版品牌之间的博弈被认为是一种高级竞争，出版品牌可以代表出版企业特有的文化、个性、价值以及提供给读者的独特利益，所以成熟的出版品牌可以得到市场的认同，为出版企业赢得众多忠诚的读者和较为稳定的盈利，因此，出版品牌可以体现一个出版企业的核心竞争力，是出版企业无可取代的宝贵资源。从整合营销传播的角度分析，出版企业与利益各方的沟通工作应该以出版品牌为核心，在传播内容、传播渠道、传播方案的安排方面保持高度的一致性和协调性，争取沟通效率的最大化。此外，从组织文化的角度分析，出版品牌不仅是出版企业在外部吸引和整合资源必不可少的"杠杆"，而且成功的出版品牌可以充分地调动内部员工的积极性和创造力，帮助出版企业更为有效地激励员工和营造有利于合作的氛围。

以上分析虽然给出了考察出版品牌的不同视角，然而出版品牌管理过程中始终存在一个一以贯之的主题，即以读者为中心的双方信任关系的建构和维系。也就是说，出版品牌赖以建立和强化的基础是读者的信任和消费，出版品牌成熟的过程同时也是读者信任存量日益积累的过程。因此，理解出版品牌管理的关键应该顺应出版物市场的发展趋势，把握住双方信任关系培养和维持这条逻辑主线。

三　作者品牌、产品品牌、出版人品牌与出版企业品牌的关系

相对于经营管理中的其他要素而言，出版品牌是一个复杂事物，以下笔者将运用系统论的思想对出版品牌进行分析。具体来说，出版品牌可以视为一个大系统，它由许多子系统构成，这些子系统主要包括出版企业品牌（出版传媒集团品牌、出版企业品牌等）、出版物产品品牌（丛书品牌、长销书品牌、畅销书品牌、数据库品牌，或简单地分为单品品牌、系列产品品牌等）、作者品牌（单一作者品牌、创作团队品牌或分为作者品牌、注者品牌和译者品牌等）、策划品牌（民营工作室品牌、特殊策划团队品牌）、编辑品牌、装帧设计品牌（各种负责美工设计的工作室），营销团队品牌，等等。

在上述出版品牌中，出版企业品牌属于制造商品牌（Manufacturer Brand）的范畴，一般情况下覆盖范围为全国市场，因此又可以视为全国品牌，在全球市场形成之后，出版企业品牌的辐射范围还可能是全世界，比如面对全球华人阅读市场等。出版企业以策划、编辑、出版和发行图书为主要业务，同时也可以多元化地开展其他业务，比如涉足房地产、旅游、酒店等行业，然而大部分出版企业应该以出版物的生产和销售为主业，它的名称和商标等会出现在出版物的封面或者外包装上，而且在存在产品线品牌（比如丛书）时，出版企业品牌会出现在显要位置，因为相对而言出版企业的品牌处于支配性地位，出版企业品牌一旦遇到信任危机就会对其他子系统造成重大影响。

比较以上列出的几种出版品牌，出版企业品牌包含战略愿景、组

织文化、价值主张、历史声誉等，体现了"一个出版社的目标和追求"，也蕴含着多年的出版经营活动"所积累和沉淀下来的出版文化"，因此出版企业品牌在出版品牌谱系中占有优先地位，层次最高，① 应该受到管理者的高度重视。但是，各个子系统之间又是互相联系、相互依赖、互相影响的，每一个子系统都能够体现出版品牌的核心价值，传递相关的品牌信息，任何一个子系统出现问题，都会影响到出版品牌的整体影响力，所以管理者应该从整体绩效改善的角度出发，既要凸显出版企业品牌的核心和统摄功能，使每个子品牌都能体现统一的出版文化和经营理念，又要精心培养每一个子品牌，发挥它们对于出版企业品牌的支撑作用，通过不同层次的子品牌的交互作用实现出版品牌系统的整体最优。在出版企业经营活动中，由于作者品牌的建设会受到作者合作态度、出版企业的经营范围等因素的限制，所以与出版企业品牌关系比较密切的是产品品牌、出版人品牌（包括编辑品牌、策划人品牌和营销者品牌）等，这些子品牌出版企业控制起来比较自如，比如可以通过名编辑、名策划的个人魅力来增加出版企业的能见度和曝光率，因为这些人物的特殊魅力和个人知识资产的"背书"能让有关出版企业的信息更有传播价值，进而给出版企业带来成本低廉的曝光率和影响力。② 产品品牌和出版人品牌在资源投入、读者认可等方面比较容易控制。所以，出版品牌管理应该以出版企业品牌为核心，优先考虑出版企业品牌的培养，同时以读者信任为导向，妥善经营产品品牌、出版人品牌等子品牌，在条件允许的情况下，加强作者关系管理，建设隶属于出版企业品牌的作者品牌。此外，出版品牌是动态发展的，它既要维持内部的稳定和秩序，又要保持开放性和灵活性，根据外部反馈的信息实现与市场环境的协调共进，因此，各个子品牌的更新、延伸既需要考虑出版品牌的核心价值取向，又要考虑与外缘因素的动态平衡，封闭僵化必然会导致出版品牌丧失生命力。概而言之，出版品牌管理的终极目标是在各个子

---

①　黄开欣、张志华、江津、张慧彬：《出版品牌的构建与解读》，《中山大学学报论丛》2007 年第 3 期，第 199—202 页。

②　王海忠：《品牌测量与提升——从模型到执行》，清华大学出版社 2006 年版，第 95—96 页。

品牌的支持下，树立具有特色和优势的出版品牌，提升出版企业的经营绩效。

四 以出版企业品牌为统领的各类子出版品牌整合模式研究

根据系统科学的研究，在一个系统当中，较低层次的结构会以子结构的身份整合到较高层次的结构之中，两者之间形塑出统摄与隶属的关系，同时又交互影响、整体关联。根据这一规律，上文的结论可以概括为，在出版品牌谱系中，出版企业品牌占据核心地位，其他子出版品牌则处于从属地位，但又与出版企业品牌之间存在着复杂的交互作用，支撑着出版企业成长和成熟的整个过程。在实践中，管理者需要重视出版企业品牌在品牌谱系中的地位，出版企业品牌建设应优于图书产品品牌等其他子品牌，特别是在资源投入方面要有所侧重。同时，"细节决定成败"，各个子品牌在整个系统中的作用也不容忽视，特别是图书产品品牌可以在出版企业品牌不变的前提下不断地进行创新，赋予出版企业品牌以更丰富的内涵，推动出版企业品牌动态优化。总之，"不谋全局者，不足以谋一域"，出版品牌管理既要做到整体框架的科学设计，又要实现系统内部的结构优化。

王海忠研究指出，在品牌管理实践中，要充分重视企业品牌的战略地位，中国消费者遵循"企业—产品"的思维逻辑，所以企业品牌的建设应该优先于产品品牌。企业品牌本身可以带动产品销售，还会对产品品牌起背书作用。大而成功的中国企业在不太相关的市场上建立品牌领导地位更有优势。[①] 也就是说，中国消费者在决策过程中更加重视企业品牌的参考价值，而对于产品的接受和认同要从属于前者，或者说滞后于前者。同理，在出版品牌管理中，驱动读者信任的战略性要素是出版企业品牌，尤其是在图书内容品质鉴别成本较高的情况下，相信出版品牌的所有者和经营者——出版企业，在消费决策和购买实践中更具可操作性。因此，从读者的立场考虑，出版品牌管理应该凸显企业品牌的战略地位，同时兼顾产品品牌以及其他相关品

---

① 王海忠：《品牌测量与提升——从模型到执行》，清华大学出版社 2006 年版，第4—5 页。

牌，实现多种出版品牌的良性互动，力求实现整体影响力的最大化。

　　具体分析如下：首先，从纵向关系看，出版品牌管理以企业品牌为核心主要体现为各种子品牌的经营应该围绕出版企业的战略定位开展，偏离出版企业品牌定位的机会，即便短期内可以获得较高的利润，出版企业也应该理性、审慎地"割爱"，妥善处理好短期利益和长期目标的矛盾。也就是说，图书产品品牌、出版人品牌和作者品牌的经营应该指向出版企业品牌，最终要在读者心目中形成"睹社思书"和"睹书思社"的效果。其次，从横向关系分析，各个子品牌之间要实现良性互动，特别是产品品牌和出版人品牌可以联手建立。由于作者是图书内容的主要负责人，所以作者品牌更容易和产品品牌"捆绑"起来加以培养。子品牌之间关系的协调主要涉及管理者重视、资源投入、人员配备、职能部门支持，等等。这些工作需要管理者从全局出发，科学地安排和设计，虽然各个子品牌之间是平行关系，但是管理者可以根据每个时期的具体情境有所侧重。最后，不同子品牌的建构又可以细分为更小的构成要素，这些要素关系的处理可以参照上述方案，比如作者品牌的建立需要出版企业在版税方面给明星作者以特殊优惠，同时作者在起印数和曝光率等方面还有较高要求，这些要求虽然是作者品牌构建所必需的，但是如果一味地妥协也会给出版资源的配置和利用造成负面影响，甚至影响到品牌管理大局，此时就需要管理者统筹协调、相机取舍，既要让作者充分发挥才华，通过与出版企业的合作最大限度地扩大作品的传播效果，又要审慎地选择合作对象和合作项目，对于每部作品的市场前途要进行详尽的分析，在市场调查、需求分析和盈利评估等基础上与相关作者签订合约展开合作，争取实现双赢。此外，不同子品牌的培养有许多资源是可以共用的，对于这些资源要发挥协同共享的原则，可以通过内部协调降低成本，不必重复购置，以免浪费，由此可知，信息传递是否畅通在出版品牌管理中意义重大。当然，不同层次的出版品牌之间的关系是随着市场变化而演变的，出版企业必须坚持的是随时监控需求变化，根据市场调整管理策略，提升不同层次出版品牌之间协同的效果，最大限度地提升出版品牌的整体影响力。

　　概括而言，以出版企业品牌为统领整合各类子品牌实质上类似于构建一个以企业品牌为塔尖、其他子品牌为塔身、子品牌的构成要素为塔基的"金字塔"型出版品牌大系统（见图1-1）。在这个系统中，决定系统和各子系统整合模式的关键因素是来自读者的反馈，读者是否信任出版企业是最重要的信号，借此可以衡量该系统的目标是否达成，其发展趋向是否合理，如果不合理可以如何纠偏。在假定系统输入不变的情况下，系统输出得到的正面反馈越多，则系统效率越高。另外，出版品牌大系统整体功能的最优化离不开不同层次的子品牌之间关系的协调，系统内部的稳定、有序以及对环境的动态适应是出版企业品牌成功的必要支持。

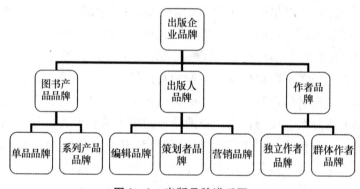

图1-1 出版品牌谱系图

注：图表为作者自己绘制。

五 出版品牌管理的含义及对象

出版品牌构成要素的复杂性决定了出版品牌管理的难度很高。那么，到底什么是出版品牌管理呢？出版品牌管理的对象具体是什么？从经营实践角度分析，出版品牌管理涉及品牌形象的传播、品牌资产的积累、品牌信任的培养、品牌内涵的延伸和更新，等等。出版品牌管理的内涵比较复杂，对它进行认识的关键在于确认其核心本质。虽然出版品牌管理的内涵会随着市场格局的演变发生变化，但是其目的却是始终不变的，即通过资源投入和营销努力持续地提升出版品牌的影响力，持续地改善交易双方的关系，获得并维系读者的信赖和忠诚。为实现这个目的，出版企业必须考虑读者的感知价值，这是因为读者绝不会为未经自己认同的价值付费，无论客观上这种价值多么真实，尤其是在阅读消费中，图书的价值必须通过全面仔细的阅读才能给出评价。而要提升读者的感知价值，让读者接受并选择某个出版品牌，关键在于图书营销活动必须以读者的认知和感受为标准，通过长期一致的优质产品和服务获得读者的认同和信任。基于以上考虑，笔者认为，所谓出版品牌管理是指出版企业以获取和维系读者信任为导向，通过长期一致的营销努力，为读者提供优质的出版物产品和服务，最终打动读者并获得读者信任的一系列经营活动的总和。

从定义出发，结合出版发行的基本流程，可以发现出版品牌管理的对象主要包括：

（1）读者感知价值。泽丝曼尔（Valarie A. Zeithaml）早在 1988 年就提出了顾客感知价值的理论，它认为"顾客感知价值就是顾客所能感知到的利得与其在获取产品或服务中所支付的成本进行权衡之后对产品或服务效用的整体评价"。[①] 类似地，读者感知价值与图书产品的客观价值是相对应的两个概念，客观价值主要与图书和相关服务的质量有关，涉及内容主题、外观设计、价格高低、物流配送、售后服务、折扣优惠、赠品派送等多个方面，但是客观价值虽然重要，却不一定是促使读者做出购买决策的决定性因素。在读者越来越重视感性需求的前提下，感知价值才是促进购买的关键，所以通过系统的营销努力提升读者的消费体验、改善感知价值是出版品牌管理的重心之一。

（2）营销沟通效果。传统意义上的品牌形象传播强调单方面地通过广告、公关等宣传措施提高企业及其品牌的知名度和影响力，在出版业进入买方市场阶段之后，这种"以我为中心"的传播理念显然不合时宜，必须转向以读者为中心，通过交互式沟通倾听读者的意见和建议，让读者感到不满时有发牢骚的平台，吸收和利用读者头脑中

---

① Valarie A. Zeithaml, "Consumer Perceptions of Price, Quality, and Value: A Means - End Model and Synthesis of Evidence", *The Journal of Marketing*, Vol. 52, No. 3 (Jul. , 1988), pages, pp. 2 – 22.

的知识，提升产品和服务的品质，最终获得读者的满意和信任。因此，营销沟通的效果也是出版品牌管理的题中应有之义。

（3）转换成本控制。在竞争比较充分的市场中，买方和卖方在遇到分歧之后可以转向其他交易对象，选择替代性供应商或替代产品。在供求信息可以自由传递的现代社会，消费者在不同供应商之间转换是比较容易的，特别是很多网站都提供了商品质量和价格等营销信息、比较和评价方面信息可供读者免费获取，此时这种转换成本几乎趋近于零。举例而言，在网上书店迅速发展的前提下，实体书店的销售就受到了很大冲击，很多价格敏感性读者会选择在实体书店试读部分内容，在做出购买决策之后则选择在网上购买以获得较高的折扣优惠，此时实体书店仅仅起到了图书展示的作用。这个例子中读者的转换成本就非常低，由于实体书店没有其他有效措施吸引购买，因此经营状况就非常惨淡。虽然这是一个实体书店与网上书店的例子，却能很好地说明转换成本在出版品牌管理中的重要性。所以，出版企业管理层应该设法提高读者的转换成本，也就是设法让读者在权衡转换的利得和代价之后，决定继续使用本品牌。转换成本涉及读者的时间、精力、感情、习惯等多个方面，品牌管理活动要设法通过人性化、定制化、独特的、不可替代的产品和服务"粘住读者"，提高读者转换的难度和代价。

（4）读者信任态度和行为的控制。如何让读者对出版企业的能力和善意感到"放心"而放弃对出版企业行为的监督和控制？如何让读者信任与日俱增进而演变成忠诚？如何让读者"漠视"其他出版企业的促销诱惑？这些都是品牌管理必须解决的核心问题。品牌的影响力来自读者的认同和信任，没有读者的认同所有的营销活动都失去了意义。任何商业活动的价值都是相对的，换言之，只有相对于消费者的效用而言，才谈得上有没有价值以及价值大小。阅读消费亦复如是，能让读者感到幸福和满足的阅读消费，读者才愿意为之支付费用，否则读者会弃之不理。因此，出版品牌的成功不是空洞的说辞，而是由读者信任长期累积而成的。

此外，出版品牌管理的对象还包括品牌核心价值的确立和调整、传统的以垂直权力架构为特征的组织形式的变革、文化体制改革环境下内部治理结构的演变、国际合作过程中品牌影响力的跨国推广等。其中，出版品牌核心价值的确立和调整在数字出版日益勃兴的前提下是比较重要的，特别是当出版企业介入数字出版领域时，如何重新阐述出版品牌的核心价值就是一个不得不考察的重要议题。至于组织形式的变革则是提升反应速度和灵活性的内在需要，在读者阅读需求变数越来越大的情况下，出版企业组织结构的扁平化、柔性化是提高市场应变能力的关键所在。随着文化体制改革的深入，出版企业内部治理结构会日益健全，尤其是当出版企业通过上市融资时，如何处理好投资者、董事会、高级经理人之间的关系就会提上日程，传统的出版家在遇到投资者和董事会的监督和质疑时，如何在坚守主业、维系品牌和获得高额利润、兼顾各方利益方面取得平衡等，就成为了出版品牌管理必须思考的命题。在国际化过程中，出版品牌必须经受异国读者文化差异、阅读习惯、心理偏好等各种因素的考验，因此在国际化合作过程中如何保证出版品牌能够继续为出版企业增值，同时又能为合作者带来一定的利益，如何保证出版企业对出版品牌的掌控权等问题也是出版品牌管理的对象之一。以上分析说明，出版品牌管理的对象是非常复杂的，在出版企业发展的不同阶段，随着市场环境、经营范围、政策法规等多种因素的变化，出版品牌管理的对象都可能发生一定的变化。从理论研究的角度出发，我们有必要寻找这些管理对象的共性，进而探讨如何把握这些共性因素以提升出版品牌管理的绩效，增加出版企业经营活动的效益。

第二节　出版品牌在出版企业营销活动中的功能

美国著名学者汤姆·邓肯指出，"建立品牌的一个基本原则是，无论产品还是服务，品牌改造商品并使其增值超过商品本身的范围"①。换言之，品牌可以为消费者提供多于功能性价值的附加价值，品牌的存在使得消费者愿意支付高于同类商品的费用，以及长期选择

---

① ［美］汤姆·邓肯：《整合营销传播：利用广告和促销建树品牌》，周洁如译，中国财政经济出版社 2004 年版，第 40 页。

使用该品牌，消费者的青睐源自品牌本身的魅力。具体分析，出版品牌在出版企业营销活动中的积极功能表现为以下几点：

一　出版品牌改善竞争环境

出版企业的竞争具有一定的环境依赖性，出版企业与竞争对手之间的博弈既要考虑对方的决策和实力，又必须考虑自身资源和能力对环境产生的影响。出版品牌在改善出版企业的竞争环境方面具有积极意义，成熟的出版品牌能够让出版企业在众多竞争对手当中脱颖而出，取得卓越的市场绩效。具体阐述如下：

首先，出版品牌是出版企业给读者的公开承诺，保证长期为读者提供优质的图书产品和服务，读者则通过感受、体验考察承诺兑现情况，决定是否以忠诚的购买行为回报出版企业。交易双方的信任关系本质上是一张无形契约，保证双方利益关系能够在一定时间和范围内获得稳定的安排，这在一定程度上降低了经营风险，尤其是在市场复杂无常、随机事件频发的情况下，读者对出版企业的信任可以大大地降低开发新市场过程中遭遇失败的概率，为出版企业的持续发展提供支持。读者信任让出版企业可以有效控制外部不确定性，这与缺乏品牌信任的同行相比显然具有一定优势。

其次，出版品牌具有强大的资源聚合功能，可以在人才、资本、信息、物资甚至政策等资源的凝聚方面获得相对优势，为出版企业的发展注入源源不断的动力。建立在读者高度信任基础之上的成熟出版品牌，不仅可以激发内部员工的荣誉感和创造力，而且也可以改善出版企业的社会形象，使得出版企业在筹集资金、吸引合作、迅速增值等方面形成优势。例如，目前我国许多大型出版集团已经上市，通过股市融资扩大发展空间，在其他条件相同时，成熟的出版品牌可以让出版集团以较低的成本筹集到发展所需的资金，这种成本的降低可以用来提升让渡给读者的价值，从而促使出版品牌资产实现更大程度的增值。这是因为出版品牌享有盛誉意味着管理层过去的努力得到了社会和市场的认同，由此可以让股东断定投资于该出版企业的回报是比较高的，这种态度对出版企业降低融资成本显然是有利的。同时，强势出版品牌的掌控者可以以有利的价格并购其他出版企业或相关企业，实现经营规模和结构的优化。

再次，出版品牌展示的是出版企业产品和服务的个性与优势，这样，既有利于出版企业在读者心目中留下独一无二的印象，也可以引导读者购买图书，减少读者搜寻所需图书的交易费用，从而提高交易效率，促进图书产品流通的速度，缩短生产销售的周期。品牌个性是品牌的灵魂，品牌个性是品牌与消费者关系的纽带，品牌与消费者的关系是品牌个性的基础，当一个出版品牌具有良好的个性时，读者将愿意与它建立良好的关系。① 出版品牌的个性和优势必须符合读者的需求才能得到读者的认同和消费。所以，知名出版品牌代表的是读者关系处理的成功，同时也是品牌个性成熟的表现。

最后，出版品牌可以缓解技术革新、同行竞争、所处地域、规模较小等方面的压力，为出版企业赢得改进的时间和机会。出版企业由于发展历史等原因，在地域、规模和技术等方面存在一定差异，对于那些相对劣势的出版企业而言，如果品牌管理比较成功，则可以借助读者信任，缓和来自外部的压力，徐图弥补和追赶。一般地，信任的读者可以在一定程度上容忍技术革新方面的滞后，同时，对于客观原因造成的一些不足也能给予宽容和谅解。例如，广西师范大学出版社处于经济文化比较落后的地区，但是由于出版品位高雅、人文气氛浓郁而获得了读者的普遍认可，广西师大社品牌的成熟就克服了地域偏僻造成的不利影响，促使该社可以在更大的范围内获取资源和实现增长。

总之，出版品牌管理会使出版企业获得许多优势，同时会有助于出版企业化解来自外部的风险，缓解外部竞争压力，为其赢得市场博弈提供有力支持。同时，成熟的出版品牌甚至还会影响到政府决策和整个产业的发展方向。

二　出版品牌培养读者忠诚

读者忠诚表现为在购买和阅读过程中，具有明显的倾向性偏好，

---

① 卢泰宏、周志民：《基于品牌关系的品牌理论：研究模型及展望》，《商业经济与管理》2003 年第 2 期，第 4—9 页。

而且对于产品和服务更易产生满足感和认同感，这对出版企业无疑具有重要意义。读者忠诚既表现为心理态度，也表现为消费行为，对于某种具体图书而言，读者可能不需要，所以不会产生直接的购买行为，但是态度上却可以表现出特别的偏爱，比如主动介绍给亲友或者给予较高评价，等等。分析其原因，读者的忠诚主要与品牌的理性功能和感性功能有关，具体包括：减少读者选购的时间压力，降低购书决策失误的风险；通过出版品牌塑造和维护读者的社会形象；[1] 忠诚于某个出版品牌还可以满足读者的情感依恋等心理诉求。理性功能方面主要与图书内容形式方面的优良品质有关，而感性功能则与出版企业提供的价值中能够让读者获得独特体验和满足读者的心理诉求等有关。

如前所述，出版品牌代表图书与相关服务的品质以及相关的品牌联想等，成熟的出版品牌可以让读者产生高度的认同和依恋。读者对于出版品牌忠诚会表现为长期固定购买某个出版企业负责的书刊，同时阅读和使用的满意度也比较高。南京大学的苏新宁教授及其研究团队，在他们倾力打造的《中国人文社会科学学术影响力报告（2000—2004）》中指出，20%的期刊论文和图书被引数据会产生80%的影响，即"期刊论文被引总数的80%来自被引最多的20%的期刊中"，而"被引较多的前20%的出版社所出图书的被引量占据所有图书被引的80%左右"，[2] 上述现象中显现出的"20/80"规律表明：在科研活动中，虽然专家学者类读者都具有良好的教育背景，理性思维能力相当发达，但是在阅读消费中，他们还是比较重视出版品牌。影响因子排名靠前的期刊以及集中在京津地区的知名出版社的图书明显受到专家学者的青睐，这说明即便是学术出版物，读者的消费也有明显的"品牌导向"特征。进一步分析，消费理性水平较低的一般读者对知名出版品牌的依赖和偏爱就更明显了。具体而言，专业出版物和教育出版物的消费对于出版品牌的重视是毋庸置疑的。一般

---

① 沈蕾、杨桂允：《论品牌忠诚度的作用及影响因素》，《消费经济》2001年第5期，第50—53页。

② 苏新宁、邹志仁、杨克义：《中国人文社会科学学术影响力报告（2000—2004）》，中国社会科学出版社2007年版，第23—34页。

出版物虽然会受到时尚和促销的影响，但是对于作者声誉和出版企业的衡量也是影响读者购买决策的关键因素。

出版品牌的本质是出版企业对读者的庄严承诺，后续的一系列营销努力都是为兑现该承诺而付出。如果图书产品和相关服务的质量比较稳定，与承诺保持高度一致，同时能让读者在消费体验中感受到这种一致，那么，读者就极有可能以忠诚的行为回报出版企业。读者忠诚是出版企业长期努力的结果，知名度高的出版企业不少，而读者长期信赖的出版品牌并不多，其原因就在于出版品牌忠诚的形成需要一个漫长时期，读者在反复考察和体验过程中，不断地比较、权衡，最终选择忠诚于部分品牌。因此，读者忠诚度较高的出版品牌是成熟度最高的少数，是市场竞争和交易双方长期博弈中筛选的结果。

三　出版品牌简化交易过程

一般而言，图书交易过程大致可以概括为：读者确定购买需求，交易前寻找图书供给信息，对不同供应商的产品和服务的总体质量比较排名，结合自身的支付能力和时间、习惯等因素选择具体的某个或某几个供应商，进而联系供应商，经过沟通、谈判，签订交易合同，随后按照合同规定支付费用、接受商品，在使用过程中发现问题的进行索赔或投诉等。

在传统出版时期，由于信息和物流系统建设滞后，读者在信息获取和消费决策环节要耗费大量资源，甚至会因为供求信息的闭塞而花费大量时间、精力和财力。时移势易，在信息技术发达的今天，互联网的强大沟通功能能够迅速网罗和整理各类供求信息，为读者比价、决策提供有力支持，虽然信息服务要计入价格，但相对而言，读者的交易成本还是降低了。读者信息灵通的一个直接的后果是，出版企业在宣传促销方面必须诚实、客观，尽量传递透明、真实的信息，而且读者可以通过不同渠道获得各种信息，然后进行比较鉴别，此时诱导性广告和夸大宣传等措施成功的概率将变得微乎其微。同时，出版物载体的数字化发展趋势大大地减轻了物流配送环节的压力，使图书配送可以在最短时间内以较低成本完成，出版企业不用再为物流路线设计、物流配送管理等问题而伤神。除了信息技术之外，出版品牌在降低图书商品交易过程的复杂性、提高交易效率方面也有着非常重要的功能。简要分析如下：

首先，出版企业通过品牌信号主动地表达了企业信息或商品信息，这些信息包含公开传递承诺以及违背承诺遭受的惩罚等，这种公开的信息表示将交易风险在一定程度上向卖方进行了倾斜，从而减少了读者信息搜寻、识别、权衡和取舍的成本。在网络出版发行活动日益发展的前提下，读者不能直接接触出版物，品牌信息在减少交易双方信息不对称方面的功能更为重要。通过品牌信息读者可以大致判断出版物及相关服务的质量、档次、价位等，比如内容是否权威、装帧有无特色、服务是否体贴等。读者信任有赖于信息掌握的程度，所以充足的品牌信息在建立读者信任方面具有积极意义。

其次，出版品牌可以改善读者的风险态度。根据个体对于风险的接受程度可以将人分为风险偏好者与风险厌恶者两类，前者为获得利益对于风险接受程度较高，而后者则恰恰相反，会尽一切可能地规避可能遭受的不确定性。在图书交易过程中，买卖双方的信息是不对称、不完备、不确定的，比较而言，买方在信息占有方面处于劣势，相对容易成为风险厌恶者。出版品牌可以通过及时释放完整、全面、真实、清晰的信息，[①] 通过降低信息的不确定性，建立风险补偿机制，让读者的风险态度向着有利于出版企业的方向转变。也就是说，借助品牌的背书，读者可以增强风险的预测和控制能力，这可以让读者在购书过程中获得可靠的心理感受，从而增加读者积极行动的可能。出版品牌代表的出版物的个性和风格在一定程度上能够减轻读者对于风险的敏感，比如通过品牌大致可以判断内容的品质和特色，这让读者感到购买该品牌图书获得的效用是可掌控的。

再次，出版品牌信号与产品属性的高度契合可以不断地提高出版企业的品牌可信度，由于品牌可信度是以读者的满意体验和心理共鸣为证据的，所以基于经验的支持读者会在未来有同样的需求时，直接选择该品牌的图书商品，"省略信息搜集、建立可供选择的集合、择

---

① 卫海英、祁湘涵：《基于信息经济学视角的品牌资产生成研究》，《中国工业经济》2005 年第 10 期，第 113—120 页。

优决策等"中间过程。① 这种基于经验的判断和行动无疑可以简化信息搜寻和择优决策等环节，降低读者的选择成本和出版企业的经营成本，对交易双方都有利。当然，读者简化决策过程是发生在信任产生之后，如果对某个出版品牌还没有产生足够的好感和信任，那么消费决策的过程依然是比较复杂的。

最后，成熟的出版品牌作为"专有信用符号"主要展示出版企业及其产品的核心价值和独特优势，这样，读者选择时思考的时间就可以大大缩短，不用再考虑和处理具体功能、属性等细节信息，需要学习的知识大幅度减少，选择效率得到有效提高。尤其是信用度较高的出版品牌，可以改变需求曲线的位置，使得均衡价格提高，均衡数量增加，增加了消费者剩余和生产者剩余，提高了社会的整体福利水平。②③ 一般而言，中国消费者不会像国外消费者那样，对某些品牌具有狂热的崇拜心理，但是一旦某个品牌的特殊优势为目标消费者所接受，那么这种交易过程的简化是非常明显的，有时候甚至会有些"不理性"。而且这种情况下的消费给读者带来的心理体验是相当愉悦的。

概括而言，出版品牌可以降低读者搜寻信息、权衡取舍以及其他交易成本，大大地简化出版物商品的交易过程，由于交易复杂性的降低会在一定程度促进交易再次发生，所以出版企业应充分重视出版品牌管理活动。

四　出版品牌驱动发行数量

美国当代最杰出的社会心理学家埃利奥特·阿伦森（Elliot Aronson）在他那部被誉为"美国社会心理学的圣经"的名著《社会性动物》中是这样定义从众行为的：所谓从众（conformity）是指"由一

---

① 孙曰瑶、刘华军：《选择与选择成本——品牌降低选择成本的机制分析》，《财经论丛》2008 年第 1 期，第 89—95 页。

② 刘华军：《品牌经济学的理论基础——引入品牌的需求曲线及其经济学分析》，《财经研究》2007 年第 1 期，第 36—43 页。

③ 孙曰瑶：《品牌经济学的任务、对象和若干基本问题》，《宁夏社会科学》2005 年第 6 期，第 38—43 页。

个人或一个团体的真实的或是臆想的压力所引起的人的行为或观点的变化"。① 从众行为的原因主要有两方面：一是"别人的行为"可以让个体"认识到最初的判断是错误的"；二是个体"希望在团体中免受惩罚（如不被别人排挤和嘲笑）"，或者"希望得到奖赏（如得到别人的喜爱或被别人接受）"。② 个体对团体压力的遵从，无论是为了"博得别人欢心"还是为了避免被边缘化，或者校正原初判断的不足，都是常见的社会现象，在消费领域，从众行为更为普遍。对于品牌导向功能的依赖同样是一种从众行为，"当客观现实很模糊时，别人就成了主要的信息源"，③ 图书内容的价值评估和判断由于信息不对称和认识能力局限，并不能为读者的购书决策提供充分的支持，此时，读者就需要寻找其他的参照系，从个人情绪和习惯上来讲，人们倾向于从众，选择大多数人认同的品牌。

　　阅读消费中的从众行为，具体表现为读者对于知名出版品牌的偏爱和忠诚，比如会依从别人的购买行为、忽略价格的昂贵和产品服务中的瑕疵、更易获得满足感、持久购买同一品牌并进行正面口碑传播，等等，这些都会导致该品牌图书发行量的增长，让出版企业在市场占有率方面占据优势。当然，从众行为是具有一定的盲目性的，出版企业需要做到的就是让读者在从众之后，通过消费体验感到满意，进而肯定自己的"从众"行为，将对该品牌的依恋内化成信念，真正地成长为忠诚的读者。也就是说，出版品牌驱动图书发行量的增长最终依赖的是读者信任，而读者信任是建立在满意的消费体验的基础之上的，所以出版企业既要利用读者的"从众"心理，同时也要真正地提供高品质的、人性化的产品和服务，让读者感知价值真正地有所提升，这样才能保证持续地实现销售量和市场份额的增长。

　　从众消费在大众类读物中表现得比较明显，但是在专业学术类出版物消费中也不乏这种案例。比如，某些科普读物的畅销就与成熟的出版品牌有关，还可能会受到作者的社会影响力的影响。甚至有些读

　　① ［美］埃利奥特·阿伦森：《社会性动物》，郑日昌、张珠江、王利群、李文莉译，新华出版社 2001 年版，第 19 页。
　　② 同上书，第 22—27 页。
　　③ 同上书，第 31 页。

者会为了虚荣心而购买艰深的科学专著、经典名著，然后在社会交往中提升自己的"文化品位"。例如，前些年有些出版社就根据市场需求开发出了空壳的"资本论""四大名著"等，这种现象虽然反映了社会上一些浮躁功利的心理，但是也从另一方面说明出版品牌、作者声誉和作品品质等在吸引读者方面的作用。总之，出版品牌的成熟会一定程度上引发"从众消费"，出版企业应该做的是引导读者大量去消费那些真正有价值的出版物，通过推广高品位读物提升读者的阅读和鉴赏水平，发挥优秀作品在整个社会中的价值，实现两个效益的最佳结合。

五 出版品牌提高企业利润

在出版品牌的促进下出版企业利润的提升一般有两个来源：销量增加以及品牌溢价。其中，销量增加的主要原因在于出版企业通过品牌创造特殊的、额外的价值，包括产品和服务的特色、个性，以及读者借助品牌联想到的文化和理念等精神内涵，这些超越图书商品本身功能范围的附加价值将成为吸引读者的关键因素，读者为了上述这些附加价值会增加购买量或者购买次数，此外还会主动进行口碑宣传，影响潜在读者的购买。简言之，附加价值的存在将出版品牌和竞争对手的图书商品区别开来，使得图书商品更容易得到读者的接受和认同。而品牌溢价则主要表现为由于特殊的附加价值与读者产生了精神共鸣，所以出版企业在给图书定价时具有更大的自由空间，可以制定高于同行的价格，而这种相对高价也可以被大部分读者欣然接受而且不影响销量。当然，市场尊重品牌溢价能力的原因是多方面的，比如同类品牌竞争情况、产品质量的稳定性、读者的心理预期、品牌的综合影响力、读者的品牌依赖度等，但是究其根本，读者信任才是品牌溢价的关键因素，因为读者信任意味着出版企业附加到品牌上的价值引起了读者的共鸣和认同，唯当此时，出版企业利用品牌溢价能力获得较高的利润才不致引发异议。

毋庸置疑，出版品牌在提高出版企业盈利能力方面的积极作用是吸引管理层重视品牌管理的重要原因。一般而言，出版品牌越是成熟，其溢价能力越强，越能使出版企业获得可观的利润，而对于知名度不高、影响力不大的出版品牌而言，过早地制定高于同类图书产品的价格，会让读者心生反感而去寻找替代出版物，实属不智之举，因此利用出版品牌的溢价应该选择合适的时机，同时出版企业还应该在适当的时候利用盈利的一部分开展优惠活动，回报读者的关注和支持，促进品牌忠诚度的提高。此外，出版品牌还可以通过产品线的增加或者旗下子品牌的开发来提升出版企业的盈利能力，由于出版企业每年都会开发数量众多的新产品，所以成熟的出版企业品牌在促进销售和提升利润方面起到的作用非常大，这一点应该引起管理者的高度重视。

总之，出版品牌的建构可以为出版经营带来多方面的积极影响，从提升营销绩效的角度考虑，出版企业应该通过系统化的营销努力塑造和维持符合自身战略和读者需求的出版品牌。出版品牌管理旨在发挥上述功能，其关键在于以出版品牌为衔接点，协调和整合交易双方的利益关系，让读者在满意的基础上接受并忠诚于出版企业及其产品和服务。

第三节　读者信任的概念及内涵

读者信任是本书的核心概念，厘清这个概念有助于理论框架的建构和推演。读者信任是信任关系的一种，探讨读者对出版企业及其品牌的信任，需要从一般意义上的信任入手，从宏观考量过渡到微观分析，以期获得全面、深入的认识。

一　信任的概念及信任结构的分类

信任是人类社会中交易活动的基础，它"被普遍认为是除物质资本和人力资本之外决定一个国家经济增长和社会进步的主要社会资本"，[1] 在人类思想史演进历程中，对于信任的探讨多不胜数。虽然学者的见解各异，但是归纳起来都是从理性选择和情感依赖两个层面

---

[1]　张维迎、何荣柱：《信任及其解释：来自中国的跨省调查分析》，《经济研究》2002年第1期，第59—70、96页。

切入的，也就是，信任一方面是人的理性思维通过既往体验作为证据进行分析、判断，理性权衡得失损益的结果，另一方面信任与感情的、精神的因素存在着重要的关联，比如家庭和血缘关系的约束和促成、文化习俗积淀的惯性力量及个人经历导致的心理偏好和特殊倾向，等等。以上分析说明信任是复杂的，具有一定的盲目性。因为即便是理性思维的结果，也是基于个体经验和有限理性去推断未来，由于随机因素的存在和环境的复杂多变，这种授予对方信任的决定实际上是存在风险的。但是，必须指出的是，研究者公认的是信任在促进经济繁荣和社会进步中的重要作用。在以上分析的基础上，笔者给出自己对于信任的看法：信任是在社会高度分工的前提下，交易各方在长期反复的利益博弈的过程中，为了合作关系的持续、友善发展，在充分考虑对方利益诉求的基础上调整自己的行动策略，同时在较长时间范围内能保持行为的一致性和稳定性，进而获得合作方的高度认同，使得双方关系处于良性状态的一种博弈策略和结果。从这个定义可以看出，在既定的市场格局中，假设竞争情况是不变的，那么企业主要面对的变量就是消费者的反应。信任关系的获取需要一个长期的过程，同时信任也是企业有效地整合自身愿景、资源、能力和外部环境因素的结果。

至于信任结构，根据分类标准的不同大致可分为以下几种：

根据合作方的数量和联结方式等标准，信任关系可以分为"信任链（Trust Chain），信任圈（Trust Circle）和信任网（Trust Network）"。[①] 在商业领域，信任格局涉及的合作者越多，越有利于在更大范围内整合资源，争取合作机会，开拓盈利空间，所以出版企业应该促使信任关系向着立体信任网的方向发展。为了满足读者的新型阅读需求，出版企业需要以战略联盟的方式提升价值链管理绩效，此时，信任网就包括出版企业、目标读者、合作企业、投资者以及其他利益相关方等。

根据信任的来源不同，可以将信任结构分为基于血缘关系的信任、基于契约安排的信任、基于合作经验的信任等。读者信任没有有

---

① 高玉林、杨洲：《中西信任结构之比较》，《河北学刊》2006 年第 4 期，第 43—48 页。

形契约作为保证，它是读者在与出版企业的长期、频繁交互中，根据消费体验进行判断的结果，所以读者信任属于基于合作经验的信任。这种合作经验的主要成分是读者从阅读消费中获得对出版物及相关服务的感性认识。

根据交往方式不同，信任可以分为人格信任和系统信任两类，前者信任的对象是社会个体的人格，而后者则依赖于专家系统和规则体系。读者信任中对于编辑、策划人等出版人的信任主要属于人格信任的范畴（当然，也不能排除部分理性读者对出版人专业知识和特殊技能的考察），而对于品牌中产品品质和专业能力的信任则有赖于制度体系，比如价格制度、残次品退换制度、相关惩罚制度等，读者信任既有人格信任的成分，也有系统信任的成分，在分析过程中应该予以全面考虑。

二　读者信任的内涵及其外在表征

所谓读者信任是指读者在与出版企业交互、对话的过程中，通过感知和体验出版品牌及其产品和服务的内涵，感到满意以至产生好感和依恋的过程和结果。需要指出的是，读者信任是一个复杂概念，它既是读者的信心、信念等心理活动的集中表现，又是出版企业长期资源投入苦心经营的成果。

具体分析如下：其一，读者信任以利益交换为根基，读者做出信任某个品牌的决策，是考虑对方提供的利益与自身诉求契合程度的结果，此外，理性之外的感情依恋、个人习惯等在促进信任度提升方面也会发生一定作用，究其实质，非理性诉求也是读者希望获得的利益的一部分。其二，读者信任是动态演变的，外部风险、战略转型、竞争形势等因素都会导致信任存量的增减起伏，甚至会发生品牌转换行为。出版品牌管理的目的就是要让读者信任按照出版企业的规划有序发展、稳步递增，最终发展成为品牌忠诚甚至品牌崇拜。其三，读者信任是读者充分地掌握交易对象的信息之后做出的决定，而读者信任反过来也会让读者由于"放心"而减少信息搜寻和分析，从而降低读者的信息成本和选择成本。其四，读者信任需要一个漫长的过程，因为读者必须通过一定的时间感受和体验出版企业的产品和服务，才能对品牌承诺及其兑现是否一致，图书产品和服务的质量是否稳定等问题做出理智判断，所以出版企业应该减少甚至放弃"工具性关系运作方法"的使用，转而重视"情感性关系运作方法"，①以诚意和能力赢得市场。

以上分析说明，读者信任的内涵是多元的，它在品牌培养过程中的功能非常关键。而读者信任的外在表征则主要包括：第一，读者对图书产品更容易感到满意，并对产品质量给出较高评价，在购买和阅读之后，读者会对消费给出购后评价，品牌信任度高的读者会倾向于给出较高评价，满意度较高，而较高的满意感又会激发再次购买或大量购买。第二，读者愿意与出版企业在平等氛围中进行对话，表达内心的想法，将自己头脑中的知识贡献出来与出版企业共享，帮助出版企业开发新图书，这对提高产品创新的成功率有着积极的作用。第三，对出版企业发布的营销信息，读者除了主动给予关注之外，还愿意相信其真实性、准确性和可靠性，而不会大加"批判"或寻找其他信息源论证其可信度。第四，对于产品和服务的瑕疵、较高的定价、技术改进滞后等不足在一定程度上会给予容忍，相信出版企业在后续的营销中会及时改善，或者认为出版企业会在稍后一段时间内推出更具特色和优势的创新性改进。第五，读者信任会使得读者在一定程度上抵抗其他竞争品牌的"诱惑"，转向替代性品牌的可能性大大降低。第六，在遇到不利于出版品牌的危机事件时，读者相信出版企业会坚持公开透明的原则，诚实地公布真相，保证自己的知情权，等等。

值得指出的是，读者信任程度的不同，以及教育背景、使用时间长短等的影响，都将导致上述外部表征的显著程度有所差异。而且不同读者由于个性和习惯的差异，在消费过程及反馈过程中的行为表现也会有所不同，这些都需要出版企业针对具体情况进行区别对待。

三 读者信任与读者忠诚的区别与联系

概括而言，读者信任与读者忠诚是两个不同的概念，在程度上有

---

① 彭泗清：《信任的建立机制：关系运作与法制手段》，《社会学研究》1999 年第 2 期，第 53—66 页。

所差别，但是两者之间存在一定的关联。具体而言，读者信任的内涵比读者忠诚更为广泛和一般化，读者忠诚是读者信任发展的高级阶段。读者忠诚是读者对于某个品牌的高度信任。它可以被描述为：当读者忠诚于某个品牌时，读者对该品牌的感知价值远远高于竞争品牌，此时，读者不仅信任该品牌，而且会表现出崇拜和狂热等态度和行为。读者忠诚是非随机性表现，具有一定的稳定性。读者信任不一定能够发展成读者忠诚。因为读者是独立的决策主体，具有择优选择的自由意志，读者忠诚既和出版企业的营销努力有关，又与读者的个性、习惯、心理、预期等因素有关，而后者是出版企业不能完全控制的，所以读者忠诚是一种理想目标，不一定每个出版品牌都能够获得读者忠诚。而读者信任在出版品牌管理中却是贯穿始终的，从出版品牌宣传、出版物产品和服务的供给到交易之后的沟通反馈等各个环节，读者都有可能产生信任感。然而低层次的信任有时只意味着读者对出版品牌有好感，但并不一定会购买出版物产品，因为那本图书可能恰好不符合读者的阅读需要，也不能激发读者的某种期望。此外，读者忠诚只有在出版品牌高度成熟的阶段才会出现，读者忠诚维持时间的长短受多种因素影响，而读者信任持续时间较长，穿插于出版品牌管理的全过程，涉及出版企业营销管理的方方面面，它不仅激发出版企业为之投入资源，同时也驱动读者的关注和交互。

　　以上分析说明，读者信任在出版品牌管理中的作用是根本性的、基础性的。从交易本质看，出版企业将图书产品提供给有需求的读者，读者支付费用，这与一般商品交易并无二致。但是，考虑到阅读消费的精神特性，读者对于图书的预期与其他商品存在较大差别，因此读者信任的培养更为复杂。读者通过不同出版物的阅读体验（包含自己的阅读体验和亲友的阅读体验两类）认知出版企业和出版品牌，逐渐产生好感和依恋，进而生发出长期购买和消费的意向，最后付诸行动，表现为倾向性的购买行为，这种发展过程与一般商品相似，但是读者心理的演变机制却具有独特性，需要专门探讨。比如对于普通商品而言，如果生产加工过程非常复杂，顾客一般不会对其内部构造以及制作过程等细节感兴趣，但是图书写作和编辑过程中的一些逸事却极有可能引起读者的兴趣，因此，出版企业必须不断地研究读者的各种需求和欲望，在适当的时候让读者参与进来，这样才能提升读者获得的价值，从而实现留住读者的目标。总之，在出版品牌管理活动中，读者信任的追求是一以贯之的，读者相信出版企业的价值承诺及兑现能力是出版品牌管理的关键所在。

第四节　读者信任与出版品牌管理的关系

一　图书产品的特征与出版品牌的市场意义

从营销学的角度来看，并不是每种产品都要使用品牌，比如水果、蔬菜、食盐、白糖等商品，由于消费者购买的过程非常随意、简单，所以一般不使用品牌。图书产品与普通商品存在较大区别，这些特殊性决定了它必须使用品牌，而且要进行精细化的品牌管理。简要分析如下。

第一，图书产品属于经验产品，必须经过读者尝试甚至全部阅读之后才能对它做出评价，所以克服"由于无法掌握充足信息而迟疑不决"这个难题最有效的手段就是构建出版品牌，通过声誉打消读者的疑虑。[①] 在网络出版中，读者和出版企业的信息不对称现象更为严重，此时，出版品牌的功能更显重要。出版品牌的建立是以读者的消费体验为基础的，出版品牌具有良好的声誉等同于它在过去曾经为大部分使用者带来过满足感。这就让读者具备了安全感和信赖感所由以产生的根据，特别是来自其他读者的口碑传播给读者阅读消费决策带来的影响非常大。在数字时代，网民读者之间的阅读经验的交流更为方便、简单，因此，读者在阅读消费中对于经验重视的程度更高了。

第二，出版行业处于产能过剩阶段，图书质量由于多种原因参差不齐，以品牌为导向可以降低读者辨识和选择的代价。目前，我国出版业正处于风起云涌的改革阶段，许多新现象、新问题不可避免地影响着读者的阅读消费，比如行业内跟风、重复出版近年来就比较严重，浮躁功利的做法致使产品质量无法保证，不实的广告宣传、夸张的宣传促销等也让读者面对林林总总的出版物商品时倍感困惑，不知

---

① 徐丽芳：《网络出版的品牌策略》，《电子出版》2003 年第 10 期，第 55—56 页。

到底该何去何从。此时，以品牌为导向选择知名出版企业的产品，在一定程度上可以降低由于辨别能力限制而导致的决策失误，提高读者选购图书的方便性和简捷性。这种"品牌导向"的消费现象的本质是减少交易成本，即搜寻合适的交易对象、鉴别产品质量等支付的费用。

第三，出版品牌本身具有艺术审美功能，因此通过选择具有一定风格、特色的出版品牌，不仅可以享受高层次的知识盛宴，而且可以从装帧、版式、服务、沟通等多个方面体验独有的附加价值。图书是一种文化产品，阅读属于高层次的精神消费。阅读消费的多元功能和整合趋势决定了出版品牌构建的必要性，因为出版品牌本质上就要求经营者必须创造高于同行的、不可替代的特殊价值，这自然也包括艺术审美价值，因此，要提升读者阅读消费的水准，必须建立和培养独具艺术审美特色的出版品牌。例如，三联书店、商务印书馆的品牌标识和装帧设计就具有独特的风格，让读者在接受知识和信息的同时，能够获得审美上的享受。

第四，阅读消费的范围稳定性决定了出版企业必须供应多元的、相关的知识信息服务以满足读者的需求，提升读者的满意度和信任度，同时也能增加出版企业的利润。从客户关系管理的角度看，出版企业借助读者数据库等技术支持，在对以往销售数据归类、挖掘的基础上，发现读者的关联性需求，预测读者的新需求及可能的购买时机，[①] 通过满足其需求而销售多种产品和服务，是充分利用一切可能的资源为有需要的读者提供周到全面的知识信息服务，建立长期战略性互利互信关系的必然要求，而且实施交叉销售可以降低开发新市场、新客户的成本，加快了投资回报的速度，为提高营销效益开辟了一条新路径。[②] 阅读消费的范围稳定性还意味着同一主题的内容资源通过深度加工、多元开发，被既有读者群接受的可能性比较大，因

---

① Wagner A. Kamakura, Bruce S. Kossar, Michel Wedel, "Identifying Innovators for the Cross – Selling of New Products", *Management Science*, Vol. 50, No. 8 (Aug., 2004), pp. 1120 – 1133.

② 郭国庆：《营销方式新进展：从 CRM 到交叉销售》，《管理评论》2003 年第 2 期，第 40—44 页。

此，出版企业可以考虑在条件允许的前提下开拓产品线，通过多种媒体形式满足读者的阅听需求。

总而言之，图书产品及其消费本身的特征，决定了出版品牌存在的必要性，尤其是在产能过剩、读者占优的市场格局中，出版企业要提升营销绩效必须从品牌入手，通过系统性营销努力赢得读者和竞争。

二 读者信任对于图书营销活动的重要影响

读者信任相当于市场营销学中的顾客信任，它在图书营销活动中的作用表现为以下几个方面：

首先，读者信任可以拓宽选题创新的范围。读者信任出版企业意味着出版企业在选题方面自由空间更大，这在我国出版业打破人为限制、冲破分工壁垒进行自由竞争的前提下具有特殊的意义。在计划经济时代，出版企业需要按照行政部门的意志出版不同专业领域的图书，而在产业化的环境中，出版企业虽有选择自由，但是如果缺乏读者信任，没有坚实的市场基础，这种自由会受到较大限制。这是因为选题创新的过程实际上就是一个出版企业就读者可能获得的价值与读者进行沟通的过程，此时如果出版企业及其品牌得到了读者的信任，那么这种沟通的成本就非常低，所以读者信任的培养对出版企业进行实质性的多元化经营具有关键的意义。

其次，读者信任影响出版企业产品和服务的市场占有率。读者信任会促使其反复大量购买，同时主动传播有利于出版企业的口碑信息，促进市场占有率的提升。从营销学的普遍规律看，一个企业要提升市场占有率，一般情况下假设竞争对手策略不变，该企业要采取增加附加价值、降低价格、加大分销投入等措施，除此之外，取得顾客的认同和依赖也是提高市场控制力的关键。而且获得读者信任会被行政主管部门认为是社会责任履行到位、读者服务成效显著的表征，这样，对于出版企业获得政策优惠和改善公共关系有积极意义，从而有利于出版企业更为高效地整合社会资源，提升市场占有率，从这种意义上讲，良好的品牌声誉是市场权力的重要来源。

再次，读者信任会提升出版企业组织管理和人事管理的绩效。读者信任除了能增加出版企业盈利和促进发展之外，还会给出版企业内部员工带来荣誉感和成就感，激发其创造性和积极性，提高各部门之间合作的效率，改善出版企业内部的文化和氛围，充分发挥人力资源的潜力，为出版企业的良性发展提供人事方面的支持。同时，读者信任给出版企业带来的良好声誉还有助于吸纳外部的优秀人才加盟出版企业，为出版企业人力资源的优化创造机会。在近代出版史中，许多知名学者的加盟和合作对于商务印书馆和中华书局等出版机构的成长就起到了非常重要的作用，而这些知识精英的加入显然是与读者对这些出版机构的信任有关的。

最后，读者信任会促使中间商、零售商和其他利益相关者改善合作态度，与出版企业协同努力，提高营销方案落实的效果。分销网络的效率决定了读者获得图书商品的方便性，良好的分销是营销方案获得成功的关键之一。分销渠道成员的管理一方面要用足够利益去吸引对方真诚合作，另一方面要给渠道成员以长远发展的希望。读者的充分信任代表出版企业有着较好的发展前景，信任的读者在品牌偏好和购买行为上会有明显的表现，这会推动零售商和中间商主动和出版企业合作，以最佳的营销组合满足终端读者，这对出版企业提升谈判地位、降低合作成本无疑是有利的。

总而言之，读者信任在图书营销过程中有着积极的作用，属于出版企业无形资产的重要构成部分，从长远发展的角度考虑，出版企业应该通过细致、扎实的日常工作赢得读者的信赖和忠诚，只有这样，才能实现出版企业的可持续发展，提高营销活动的效益。

三 读者信任是出版品牌管理的起点和目的

根据汤姆·邓肯的研究，影响顾客对品牌信任度的因素主要有：顾客满意度、企业的一致性、可接近性、反应的敏捷性、责任感、亲和力和喜爱度。[①] 分析上述因素可以发现，它们实际上贯穿整个出版活动的流程，要取得读者信任，出版企业必须系统地进行流程再造，

---

① ［美］汤姆·邓肯：《整合营销传播：利用广告和促销策略建树品牌》，周洁如译，中国财政经济出版社 2004 年版，第 44 页。

这实际上就等同于以建构读者信任为导向，全方位调整经营活动。比如，读者满意度就与出版企业的组织文化和核心能力有关，出版企业如果仅仅以攫取利润为目的，就不可能费尽心思关注读者的需求，而缺乏专业能力则从客观上限制了出版企业获得信任的可能。所以，出版企业进行品牌管理实际上必须以读者信任为出发点，系统性地进行彻底的、多维的管理创新。

具体分析，出版品牌管理必须以读者信任为原点和归宿的原因有：第一，出版品牌资产（Publishing Brand Equity）的形成和积累离不开读者信任。虽然品牌资产的概念和内涵在学界还未形成共识，但是大部分学者还是承认品牌资产必须从消费者的角度来加以界定，"如果品牌对于消费者而言没有任何意义（价值），那么它对于投资者、生产商或零售商也就没有任何意义了"，不论是知名度建立过程中的沟通，还是严格兑现承诺满足读者的阅读需求，或者在特色和个性上超越竞争对手，抑或和读者建立深厚的感情联系等，都离不开读者对于出版企业的了解和认知，以及基于长期体验的充分信任。[1] 读者信任度越高，出版品牌这种无形资产的财务价值越大。从投资的角度看，读者越是信任出版品牌，出版企业就可以依靠出版品牌获得更多的资金，以扩大规模和进行创新。第二，出版品牌生命周期的每个阶段都必须依靠读者信任情况来进行识别和设计应对策略。出版品牌从导入、成长、成熟到衰退、更新，每个生命阶段的特征都和读者信任存量的增减变化有关，因此在进行出版品牌延伸、出版品牌结盟、出版品牌国际化等战略决策时，必须通过准确把握读者信任的情况来判断是否可以实施该决策以及选择最佳时机驱动品牌资产的增值。第三，读者信任是构建出版品牌文化的核心要素。未来图书营销的竞争是出版品牌的竞争，而出版品牌的竞争说到底是出版品牌文化的竞争。出版品牌文化包含与出版品牌成长有关的一切价值理念、经营哲学、文化意蕴，比如诚信意识、道德担当、服务精神以及组织文化中的团队协作、责任意识、分享精神等，只有具有开放心胸和人文关

---

① 卢泰宏、黄胜兵、罗纪宁：《论品牌资产的定义》，《中山大学学报》（社会科学版）2000 年第 4 期，第 17—22 页。

怀,敢于负担文化传承和兴旺的神圣使命,出版企业才能有效地通过品牌亲和力赢得读者信任,创造品牌神话。第四,读者信任的获取和维系是颠覆竞争对手,创造强势品牌、促进品牌强盛的基因。从战略管理角度看,读者信任可以被视为一种竞争制胜的方略,即是通过与读者的亲密接触,了解读者的核心需求,整合各类资源为读者提供全方位的解决方案和售后支持,通过信任关系的建立和持续发展实现出版品牌价值的增长。无论具体操作细节上有多大区别,卓越出版品牌的培养都无法超越上述机理分析。比如,读者认同度较高的出版品牌,就会有正面口碑和美誉度,这对出版企业降低市场开发和产品推广的风险无疑是有利的。

总之,读者信任与出版品牌之间存在着深刻关联,读者信任在出版品牌管理中发挥着至关重要的作用,读者信任的获取和维系是使强势出版品牌从愿景变成现实的关键性驱动因素,所以管理层理应高度重视读者信任在出版品牌成长机制中的作用,通过读者信任这座桥梁构筑出与众不同的出版品牌。

本章小结

本章主要探讨了出版品牌和读者信任两个核心概念,在给出定义、界定内涵的基础上,初步分析了两者之间的关系及其处理原则,为下文的深入探讨做好了铺垫。

首先,对出版品牌进行概念界定和内涵分析。在回顾品牌内涵演变历史的基础上,分析各种既有观点的特征,根据市场发展趋势,结合行业实际,基于交易双方关系的角度给出了品牌的定义。在确立品牌定义的基础上,结合出版业的特殊性,给出了出版品牌的定义,分析了出版品牌系统中作者品牌、产品品牌、出版人品牌和出版企业品牌等子品牌之间的关系,提出要以出版企业品牌为统领,将企业品牌的建立放在优先位置,同时兼顾子品牌的培养以及彼此之间的交互作用,进而通过有效整合各类子出版品牌,提升出版品牌管理绩效。在以上讨论的基础上,提出了出版品牌管理的定义,并指出管理对象主要包括读者感知价值、营销沟通效果、转换成本、读者的信任态度和行为等。

其次，系统分析出版品牌在图书营销活动中的作用。具体而言，主要分析出版品牌在改善市场竞争环境、培养读者忠诚、简化交易过程、驱动发行数量、提升经营利润等方面的作用。出版品牌作用分析表明出版品牌管理在图书营销中不可或缺，未来的出版业竞争就是出版品牌的竞争。

再次，阐述读者信任的概念和内涵。在对信任概念和内涵进行溯源、爬梳的基础上，给出了读者信任的定义，同时指出可以从读者满意程度、自愿参与营销、给予对方信任、适度容忍瑕疵、转换可能下降等方面对读者信任情况进行考量。区分了读者信任和读者忠诚两个容易混淆的概念，指出两者之间的差异和联系。

最后，分析读者信任与出版品牌管理的关系。图书产品本身的特征导致出版品牌在图书营销中具有关键性作用，让读者对出版品牌产生了一定的依赖性。同时，读者信任在图书营销活动中也有重大影响，比如读者信任可以让出版企业获得更大的创新空间、激发内部员工的士气、提高品牌的市场影响力、改善合作者的态度，等等。所以，读者信任是出版品牌管理的起点和目的，出版品牌成熟的过程就是读者信任存量不断增加的过程。

本章主要对研究涉及的核心概念进行了准确界定，这为下文的讨论做好了准备，同时还初步分析了出版品牌和读者信任在图书营销活动中的作用。应用型社会科学研究，不能脱离问题所依赖的客观环境，下文将从出版品牌管理所处的环境入手，分析产业环境和外部条件给出版品牌管理设置的约束和提供的机会。

第二章　出版品牌管理外部环境的整体观照

出版品牌管理在出版经营活动中占据优先地位，无论是策划开发新产品还是分销网络建设都要考虑到对出版品牌的影响。出版品牌管理必须考虑到环境因素的影响，从某种程度上讲，出版品牌管理就是一个整合外部环境、内部资源和能力、经营者的价值观等的过程。出版品牌管理面临的外部环境是异常复杂的，几乎一切影响到出版营销活动的因素都会对出版品牌的建构和维系产生作用。考虑到行文方便和紧扣重点的原则，笔者将从读者需求、市场交易和技术变革等特征入手，对环境演变进行简要分析。

第一节　读者需求的新特征

读者需求是出版品牌管理所依赖的最关键的环境因素，读者需求的演变意味着出版品牌管理面临着新的战略转折点，所以环境因素的分析首先应从读者需求变化切入。具体分析如下：

一　个性化阅读需求日益突出

阅读需求与读者个人的教育背景、人生经历、心理偏好、生活环境、学习需要等因素有关，本来就呈现多元化、离散化等特征，在传统出版环境下，由于供方处于绝对优势的地位，读者的个性化阅读需求没有得到应有的重视，但是实际上读者的个性化诉求是客观存在的。在买方市场形成之后个性化阅读需求终于获得了表达的机会，所以阅读个性化的趋势也变得越来越明显了。主要有以下几点表现。

　　首先，从文本内容的角度看，个性化主要表现为读者对于同质化图书产品逐渐表现出不满，希望能够将个人的想法、主张、观点等元素注入自己预计购买和使用的图书产品中，比如读者希望出版企业提供符合自己预期结局的小说，或者希望作者能够设计多个结局以供选择。相应地，出版企业统一生产、读者购买成型图书的营销模式变得不合时宜，逐渐转变为读者发出定制要求，出版企业按照读者期望进行生产和销售的新模式。例如，邻国日本的许多通过手机传播的小说就安排了喜剧、悲剧和正剧等几个结局，以供读者按照阅读偏好进行选择。随着按需印刷技术的成熟，这种一对一的满足读者个性化阅读需求的出版模式将会成为现实。

　　其次，就文本形式来看，图文本、电子图书以及互联网等载体越来越受到读者的追捧，[①] 手机阅读也成为网络阅读新的生长点。这意味着出版企业在经营过程中，对媒介技术创新的成果和读者阅读习惯、阅读方式的变化要保持高度敏感，及时利用多元化的文化传播媒介，为读者提供符合需要的知识和信息。文本形式的变化还预示着出版企业要和不同的技术供应商联盟，集成多种优势实现产品价值的增加，实施"多对一服务"，以最大限度地提高读者的满意度。就数字出版而言，出版企业必须与阅读器生产商、软件开发商和电信运营商进行战略联盟，这样可以在较短的时间内整合足够的资源满足新兴的数字阅读需求。

　　最后，从阅读目的的角度分析，休闲娱乐、获取信息、紧跟流行等成为读者在学习知识之外的新追求，阅读不再只是"咬文嚼字"式的字斟句酌、细嚼慢咽，同时也可以是"一目十行"式的随意浏览、不求甚解，走马观花和蜻蜓点水式地获取专业之外的信息成为现代读者生存过程中消遣猎奇和获取实用知识的必然需要，诸如理财、养生、烹饪等方面的知识，非专业人士通过"快餐式"的浅阅读获得一定程度的了解就足够了。这种个性化的阅读需求的满足一方面要求出版企业在内容的多元化、通俗化方面下功夫，尊重读者的接受能

---

　　① 　王余光：《世纪之交读者阅读习惯的变化》，《图书情报知识》2005 年第 4 期，第5—8 页。

力和阅读偏好，另一方面出版企业要意识到自己是在与消费类期刊、专业网站和专门论坛争夺读者有限的注意力资源，因此，在出版速度和内容时效性方面必须具有竞争力。

以上分析证明，个性化的阅读需求成为出版企业营销活动必须面临的重大课题，未来图书营销的制胜之道在于精准地顺应读者的需求。出版品牌管理以培养读者的认同和依赖为归依，所以管理层必须高度重视个性化阅读需求对出版品牌管理的影响。

二 感性体验受到读者重视

体验经济时代的到来对各个行业都产生了深刻的影响，图书出版业也不例外。出版业提供的是精神文化服务，在社会进步和技术革新的前提下，人们的闲暇时间越来越多，有闲有钱的读者如何进行阅读消费？阅读消费需求有什么新变化呢？读者感性体验需求有哪些表现？这些需求对图书营销活动有什么影响？这些问题都必须纳入出版经营者观察和预测的视野。

通过阅读获取知识信息是阅读的基本功能，与此同时阅读还承载一定的休闲功能。不论是求知还是休闲，按照社会进步的趋势，都有一个共同点，那就是读者的体验需求会不断提升。这是因为通过亲自观察、聆听、接触、使用和参与，读者能够通过实际体验改善对品牌、产品等的认知，进而产生喜爱心理和购买行动。在供给竞争日益激烈的情况下，读者体验需求的满足成为出版企业必须重视的制胜策略。阅读行为本身就与情绪、精神等心理需求有着紧密的关联，所以读者在选购图书的时候，不仅以图书产品及相关服务为其带来的功能性效用为参考基准，而且"更重视购买和消费产品或服务过程中所获得的、符合自己心理需要和情趣偏好的特定感受"①。由于读者心理是复杂的、内在的，所以面对个性复杂多元的读者，出版企业深刻体察其在心理、情感等方面的追求，设法从中挖掘新的机会，通过亲切、轻松、生动等人性化的营销方案满足读者，赢得竞争优势。当

---

① 陈英毅、范秀成：《论体验营销》，《华东经济管理》2003 年第 2 期，第 126—129 页。

然，读者体验是整体性的，出版企业在每个接触点上的表现都是读者
体验的有机组成部分，所以读者体验的完善需要出版企业从各个方面
切入，通过交互式的沟通，让读者参与设计营销策略等，最大限度地
满足读者的体验需求，比如在购买场地的布局、音乐的选择、卖场的
布置等方面就需要参考读者反馈的意见和建议，不断地加以改善，让
读者体验轻松、愉悦的氛围。

　　读者重视体验需求对于出版品牌管理的革新而言是一个颇具价值
的重要课题。以读者体验为价值诉求的营销模式要求出版品牌的塑造
和巩固必须重视消费体验在改进认知、促进销售、建构信任、激发忠
诚等方面的积极作用，而且出版品牌本身就是出版企业及其图书产品
的标志，代表着出版企业的郑重承诺，对应的是读者心理和精神方面
的诉求。对于出版企业而言，出版品牌的建树实质上就是通过沟通了
解读者在体验方面的价值诉求，然后有效地满足读者体验需求，进而
获得读者信任和忠诚。所以，出版企业必须重视读者体验需求，通过
图书产品、营销传播和相关服务的创新，附加体验价值以实现与读者
相关需求的"无缝契合"，提升出版品牌的亲和力和吸引力。

三　消费选择的多元与离散

　　消费选择受到很多因素的影响，既有市场格局和供给状况的影
响，又有消费者个人的原因，前者决定了消费选择的大致范围和备选
种类，后者则决定了消费选择的偏好和倾向。在未来社会中，随着社
会民主化、人性解放以及竞争国际化等因素的推动，阅读消费的选择
呈现多元化、离散化的发展趋势。这主要表现为：

　　首先，阅读消费选择主体的个性化。同质化阅读在现代社会已经
过时，一方面人们在阅读过程中选择的自由空间更大，图书供给方生
产能力的相对过剩，让读者有了随意挑选的可能性；另一方面，读者
更倾向于进行异质化的阅读，例如就同一题材的图书读者会倾向于选
择不同作者、不同出版者、不同版本、不同载体形式，等等。换言
之，阅读本身成为读者张扬个性的一种方式。阅读消费选择的个性化
让出版企业面临更为复杂的市场环境，对出版品牌的定位、出版品牌
的延伸、读者品牌态度的引导、读者服务的改进等都提出了新的

挑战。

其次，阅读消费选择内容的多变和快变。这主要表现为，一方面读者的兴趣、偏好、价值取向、情感需求和购买能力等阅读消费选择的影响因素是随时可能改变的，而这些变化又能引起读者价值评估标准的调整，进而影响读者对出版企业产品和服务的感知价值，使读者对同类出版品牌的心理排序进行调整，[①] 进而影响到阅读选择的连续性和稳定性。另一方面，由于出版市场竞争白热化、信息传播速度加快、随机事件频繁发生等原因，引发读者对出版企业及其品牌的认知发生变化的各种因素动荡剧烈，这样，直接的结果就表现为读者会不断选择替代性供应商，读者变得越来越挑剔、越来越缺乏耐心。读者选择权至上给出版品牌管理造成的影响是多方面的，其中最重要的是出版品牌定位不能缺乏弹性，以及出版品牌的延伸要及时和适应需求变化。

再次，由于定制营销模式的盛行，主动参与营销方案的设计和制作在读者的消费决策中占据了价值优先性，这将导致阅读消费选择呈现离散性特征。读者成为"营销方案设计师"为出版企业提供领先型革新产品给予了支持，但是同时也颠覆了通过大规模供应标准化产品获得成本优势的传统竞争策略。在阅读选择个性化、多元化、离散化的时代，读者不但要追求心理的稳定感、熟悉感和安全感，同时需要不断地接受能令自己兴奋和激动的图书产品。因此，出版企业应该从读者参与需求、体验需求比重增大的现实出发，加强与读者的沟通联系，鼓励读者参与营销方案的设计和实施，深化出版品牌的内涵，强化读者对图书产品的感情诉求，通过增加读者体验培养和深化双方的信任关系。[②]

此外，读者选择的多元和离散还表现为复合化的知识信息需求必须依靠空间上离散分布的出版企业予以满足。站在读者的立场上看，读者希望一站式获取自己需要的知识信息资源，对应地，出版企业必

---

① 杨龙、王永贵：《顾客价值及其驱动因素剖析》，《管理世界》2002 年第 6 期，第146—147 页。

② 刘凤军、雷丙寅、王艳霞：《体验经济时代的消费需求及营销策略》，《中国工业经济》2002 年第 8 期，第81—86 页。

须集成和整合多种资源，联合不同出版企业为满足读者提供方便，这种浮现中的营销模式由于读者的青睐而具有强大的生命力，是出版品牌管理应该予以重视的现象。在这种营销模式中，高附加值来自不同出版企业的协作，不同利益主体通过互补性资源或能力的投入，特别是基于双方互信承诺和非竞争性产出的效用（比如吸收能力、声誉和灵感等）的驱动而产生的主动投入，会使得战略联盟及价值网络的动态发展空间得以扩大，通过利用资源选择、信息共享等优势进行价值创造，重塑出版企业的竞争优势。①② 总之，读者阅读消费选择的多元化和离散化发展趋势是出版品牌管理必须面临的环境因素之一。面对读者选择日益增加的复杂性，通过出版品牌管理创新提升出版企业的应对能力成为必然的战略选择。

综上所述，阅读需求的差异性、快变性给图书营销活动带来了高度的不确定性，出版企业应该将品牌管理作为驱动力，降低经营风险，实现发展过程的有序性、稳定性，特别是要通过双方关系的引导和控制减少环境变数带来的不确定性，提高出版企业营销管理的整体绩效。

第二节　出版企业面临的新挑战

自文化体制改革推进以来，中国出版机构实现了从事业单位到企业单位的转变，经营管理模式顺应出版市场和产业发展的需要进行了深刻调整，这些行动释放了潜在的出版生产力，为出版企业的健康发展做好了铺垫，但是客观地分析内外影响因素，可以发现以下几个方面还深入地影响着出版企业的发展壮大。具体分析如下。

一　市场竞争空前激烈

图书市场的竞争变得空前激烈，竞争的逐步升级是出版品牌管理

---

① 李垣、刘益：《基于价值创造的价值网络管理（Ⅰ）：特点与形成》，《管理工程学报》2001 年第 4 期，第 38—41 页。

② 董广茂、李垣：《战略联盟、价值网络中关系形成的效用组合分析》，《中国管理科学》2004 年第 3 期，第 54—59 页。

必须面对的严峻课题之一。原因主要有以下几点：

第一，政府保护的消失。考虑到意识形态和文化安全等因素，加上历史上计划经济时代管理模式的惯性，政府部门对于新闻出版业给予了一定的特殊保护，这主要表现为以行政力量强行干预市场运作，让某个地区的出版单位可以避免来自外部竞争者的挑战，这在一定程度上限制了竞争者数量，导致了不同程度的垄断，甚至出现劣质产品驱逐优质产品的现象。在转制之后，政府保护的放开，使竞争者数量增加、竞争手段多元、竞争程度大幅提高，出版企业必须通过公平竞争去赢得读者和市场。政府保护的消失还表现在对出版企业的管理由直接管理转变为间接管理，行政手段减少而经济手段增多，也就是说，政府主管部门不会再插手具体经营内容方面的管理，而主要是从宏观层面上予以调控和引导。

第二，民营资本和国际资本的进入使得竞争格局发生重大变化，竞争水平日益升级。出版业向民营资本和国际资本的开放是行业发展过程中投融资方式变革的必然要求。政府主管部门已经在战略上就民营资本和国际资本引进问题达成共识，目前正在讨论的主要是具体的执行细节问题。民营资本和国际资本的进入可以满足文化产业发展对于资金的需求，但是也会对国有出版企业造成一定冲击，特别是民营资本和国际资本在运营方面比较灵活，在许多方面优于国有出版企业，这将在一定阶段使国有出版企业遭遇改革"阵痛"。民营资本和外资一开始主要介入的是出版业的分销环节，然而根据营销学的普遍规律，渠道成员在实力壮大到一定程度时，可以影响到生产商环节，甚至可以左右生产商的经营活动，这就预示着外资和民营资本对于中国出版业的影响将会越来越大，国有出版企业面临的挑战非常严峻。

第三，从国际传媒业的发展经验看，我国出版业与其他传媒产业之间的融合将成为一种不可回避的发展潮流。不同媒介之间的边界日渐模糊，竞争与合作关系日趋交融渗透。其他媒体将会与出版业抢夺读者的注意力资源，加剧竞争的激烈程度。出版企业发展不能仅仅盯住出版界同行，在未来社会中，出版企业的竞争对手散布在不同传媒行业中，尤其是电视、网络、手机等新兴媒体，在传播上具有许多传统图书不具备的优势，都有可能成为出版企业的劲敌。受众的数量和时间是有限的，出版企业要想打动读者和锁定读者，必须在传播策略、传播方式上有所突破，比如内容结构和表现形式的多元化、集成化、生动化、互动化，等等。此外，通过出版品牌满足读者的感情诉求，通过心理战赢得读者也是在跨媒体竞争中可以考虑的战略。

总之，在多种因素的合力推动下，出版企业面临的将是日益严峻的竞争局势，在这种情形下，出版企业必须拓宽战略视野，从更深、更广的层面考虑自身发展问题，慎重选择竞争和合作的策略，以期能够在激烈的竞争中赢得一席之地。

二　买方力量的增长和占优

在营销学考察的所有变量中，交易双方力量的消长是最为重要的变数，买方和卖方力量的对比变化可以从整个产业和个体企业两个角度来考察。从产业的角度考察，目前我国图书市场已经进入买方市场，而且这种市场格局短期内不会有大的变化。买方力量的不断增长，使得读者在与出版企业博弈的过程中逐渐占据相对优势，这种变化是出版品牌管理遇到的最大挑战。读者力量的变化可以概括如下：

首先，在备选图书的范围方面，随着图书数量的增加、图书品种的丰富、载体形式的多元，读者的选择空间大大扩张，图书市场的细分化发展到更高水平。供给数量和品种的增加在客观上有利于提升需求方的权利，让读者在与出版企业交易的过程中有更多讨价还价的优势，同时许多潜在的需求也可以得到表达、尊重和满足。买方力量的相对优势会对出版企业造成一定的压力，促使其改善内部管理，建构强势品牌，培养读者忠诚，特别是在读者需求分析、图书产品创新、读者反馈处理等方面必须优于同行、显示差别。

其次，读者的优势表现为其参与诉求等感性需求日益得到承认和尊重。买方力量的优势地位决定出版企业必须根据读者需求分析的结果组织生产和销售活动，同时为更好地了解和符合读者需求的变化，必须与读者实现及时互动，通过沟通了解其需求变化，不断尝试、反馈、调整，逼近读者的真实需求，或让读者直接参与设计、生产及流通，尤其是在图书版式、外观调整起来非常方便的今天，能否让读者参与营销过程以增加其消费体验，已经成为竞争获胜的关键因素之一。因此，出版企业应该将读者视为重要的"合作者",认真听取读者的意见和建议。

再次,买方力量的占优表现为读者希望以最低的总成本获得最大价值。就出版品牌管理而言,知名出版企业的图书产品及其服务应该具有高于同行的附加价值,只有如此,读者才愿意为出版品牌支付溢价。读者的总成本包括搜寻交易对象的时间、品质鉴别和选择的费用,等等。出版品牌管理应该设法通过品牌信息传播降低上述成本,特别是降低读者选择的成本。在电子商务环境下,读者和出版企业直接构成图书商品的流通循环,① 避免中间商利润截留,为降低读者的成本创造了新的空间。此外,通过提高附加价值,尤其是符合读者需要的特殊价值,才能从根本上改善读者的感知价值,提升出版品牌的竞争力。

最后,买方力量的占优还表现为读者变得越来越挑剔、不耐烦,在不同出版品牌之间转换的频率越来越高。面对日益发达的互联网和种类繁多的媒介渠道,读者获取知识和信息的路径越来越多,因此,当出版企业的产品和服务存在缺陷时,读者更容易变得愤怒和不满。如果此时出版企业没有合适的营销措施去弥补这种缺陷,合理地解决读者的抱怨,那么读者会很自然地转向其他出版品牌。这种出版品牌背叛频率的增加给出版企业经营带来了较高的风险,而且在其他媒介争夺有限的读者资源的情况下,这种威胁变得越来越严重。因此,出版企业必须正视读者态度和行为的转变,对于读者的投诉和反馈要建立快速反应的管理程序,有效地解决读者背叛概率上升的问题。

读者是构成出版市场的基石,买方力量的增长和占优给出版品牌管理提出了挑战,但是同时也使得成熟的出版品牌可以通过买方的高度认同和大量消费获得丰厚的利益回报,因此出版企业应该在品牌管理方面投入更多的资源和努力,在买方市场格局中求得生存和发展。

三 交易过程的复杂与趋异

图书商品的交易过程随着信息技术进步、金融服务创新、营销模式变革等支撑体系的演进,呈现出复杂化、趋异化等特征,这些新特

---

① 黎志成、刘枚莲:《电子商务环境下的消费者行为研究》,《中国管理科学》2002年第6期,第88—91页。

征对出版品牌管理提出了新的更高要求，特别是在日益规范的市场条件下，培养信誉和品牌已经成为应对交易风险、提高交易效率的终极策略。具体阐述如下：

首先，交易方式呈现多样化、趋异化的发展趋势。交易方式的变化主要表现为传统书店仍然主要以面对面选购、银货两讫的方式进行，而在电子商务环境下，交易方式大致可以概括为：读者通过网络浏览书目、广告等获取图书供给信息，根据需要和兴趣进行权衡选择，进而通过网络交易系统联系供货商，签订电子交易合同，买方在收到金融机构货款方面的保证信息之后，及时处理订单，从库存中调货配送，读者收到图书之后，出版企业和金融结构进行电子结算，如果在配送和使用中存在问题则读者按照合同约定或惯例索赔，等等。交易方式多元化一方面扩大了读者的选购范围，提高了交易效率，另一方面为出版企业的适应能力提出了新挑战，比如电子银行、电子报关、电子纳税等新的金融服务方式的出现就给出版企业的迅速、准确的应变和协调能力构成了考验，如何做到安全和效率的统一需要出版企业和相关机构协同努力进行探索。

其次，电子商务环境的发展和成熟，让读者和出版企业可以通过网络进行产品选购和完成交易，但是缺乏对实物的近距离了解和试用常常会造成读者对于交易风险的担忧，由此产生质疑、犹豫等态度和行为。为解决这个问题，交易双方选择共同承认的第三方提供担保成为必要的程序安排，在交易过程中通过网络银行等相关金融服务机构提供担保和监督服务，以完善交易程序、保证交易安全，成为未来图书交易过程复杂化的重要趋势。但是，这些机构的服务质量和本身信誉是出版企业无法有效控制的，而支撑性服务发生失误又会连带影响出版品牌的声誉，因为读者无法了解产品或者服务的缺陷是由哪个环节的缺陷引起的，所以往往会将过失归因于出版企业。也就是说，在目前法律缺失或者不健全的情况下，出版企业必须注意个体品牌声誉与所属商盟的集体品牌声誉之间关系的处理,[1] 这样，出版企业就必

---

① 李维安、吴德胜、徐皓：《网上交易的声誉机制——来自淘宝网的证据》，《南开管理评论》2007 年第 5 期，第 36—46 页。

须设法协调和管理合作企业的经营行为，而这无疑就让交易过程的控制变得更为复杂了。

此外，交易过程的复杂化还表现为读者考量因素的演变。理论上讲，在网络交易环境下，由于互联网强大的信息传递和处理功能，出版企业之间的竞争接近完全竞争的状态，读者可以在全球范围内选择自己喜欢的出版品牌和图书商品。实践中，随着电子商务的发展，已经出现了专门的"商品比价网"，为读者提供产品性能、价格等方面的信息，供读者对比选择，降低购书成本，此外一些论坛还开拓了专门的板块供消费者沟通消费经验和点评商品，因此，由于接触点的增多，读者将不再完全依赖出版企业单方面传递的营销信息，而是会参考多个信息源，进行比较权衡，做出最有利的取舍。就出版品牌管理而言，为赢得读者信任，出版企业应该设法进行成本控制，为读者提供最低价商品，同时在直接接触时对读者的疑惑、异议给予合理解释，以提升读者的感知价值，增加读者信任。

交易过程的诸多变化对出版企业的营销活动会产生重大影响，在可以预见的一段时期内，新旧交易方式会同时并存，这要求出版企业在应对复杂形势的同时，必须从出版品牌塑造和强化的目标出发，做好协调、沟通工作，以有效的行动改善读者感知价值，提升出版品牌的可信度和影响力。

四　营销活动的日益精细化

传统出版企业非常重视编辑和校对环节的质量，科学的"三审三校"对于保障图书质量起到了积极的作用，但是其他环节的营销方案却比较粗放，不能完全令读者满意。20世纪90年代以来，出版业进入买方市场阶段，图书营销活动与其他商业领域的营销活动类似，进入了精细化运作的阶段，在这个阶段，读者的独特需求得到宽容和尊重，图书营销活动更加重视细节的尽善尽美和精益求精，出版企业在每个品牌接触点根据具体情境传播一致性的品牌信息，并通过细心周到的沟通和服务驱动读者满意度和信任度的提升。具体分析，图书营销活动的精细化有以下几点表现：

第一，出版企业营销的主动性大大提升，依赖读者拉动的被动营销模式已经不再适应发展形势，主动了解读者需求、鼓励读者参与、及时推荐合适的产品和服务，成为新时期图书营销活动精细化的重要表现。具体而言，出版企业根据交易过程中的信息记录以及专门的搜集整理，构建读者数据库，进而在数据挖掘的基础上，适时向读者提供商品推荐信息，比如可以根据图书内容主题、读者统计信息、图书实用功能、读者之间的人际关联等资料进行信息推送，为读者的阅读消费提供参考。此外，鼓励读者反馈意见和建议、分享读者的见解和知识、组织读者交流读后感受、在最短时间内对读者要求做出响应等细节也日益得到出版企业的重视。在数字环境下，这些细节性营销努力成本低廉、操作简单，却对读者感知价值的提升有着较大的促进作用，因此，出版企业必须发挥自主性和创造性，深入分析读者的需求及其变化，调整营销组合的诸多要素，最大限度地满足目标读者的需求。

第二，图书市场细分深入发展，个性化定制服务成为可能。在买卖双方关系发生颠覆性变化的前提下，读者的"差异化需求得到了更大程度的满足"，"进而发展出更加复杂多变的需求"，读者的需求、成本、方便和沟通等才是图书营销活动根本性的动力源。[①] 信息技术为读者个性化需求的表达提供了有力的支持，顺应市场细分日益深化的趋势，图书营销活动必须重视读者的个性化需求，为读者提供量体裁衣式的图书产品。从本质上看，个性化、差异化的需求属于出版品牌管理过程中必须面对和处理的不确定性因素，需求越是个体化、特殊化，出版企业应对的难度和压力越大，但是一旦能够完善细节、赢得信任，出版企业获得的回报将是不菲的。随着按需印刷等技术的日益成熟，"一对一"式的定制营销在出版业具有了实践的可能，出版企业在条件允许的情况下可以考虑引进该技术，以落实个性化定制的业务计划。

第三，读者需求的感性化趋势与出版企业营销的理性化趋势形成鲜明对照，通过理性的营销方案改善读者体验，成为获取读者信赖的

---

① 蓝伯雄、郑晓娜：《电子商务时代的供应链管理》，《中国管理科学》2000 年第 3 期，第 1—7 页。

新策略。读者需求感性化演变趋势主要表现为：在重视图书内容品质和装帧质量的同时，读者对于参与、体验、沟通等情感性诉求越来越重视，尤其是在接受产品、服务的过程中希望出版企业能够增加对个体读者的独特关怀。上述感性需求的满足需要出版企业改变粗放的经营方式，实施精细化的经营策略。具体而言，在编辑出版的关键环节，要建立刚性的管理制度，设计科学程序、规定操作标准、推行量化考核、完善信息系统和实施技术培训等，通过专业、精确、系统、规范的考核、监督、协调和控制，提高产品和服务的专业性和技术含量。以上这些营销努力只能保证读者基本满意，而更多的满足感则来自体验、沟通等营销环节的改进，而这种改进同样需要科学的管理制度和执行规则。感性化需求的凸显意味着读者感情诉求的提升，同时也意味着读者变得更加敏感和挑剔，所以理性主义的经营理念和管理工具的使用是不可或缺的。简言之，面对读者越来越感性的需求，出版企业的品牌管理必须越来越理性。

图书营销活动是一个复杂系统，也是一个动态优化的过程，在实施的过程中，随着外部环境的演变，特别是买方力量的日益增长，出版企业必须实施精细化的管理理念和管理策略，通过细致周到的、扎实高效的工作兑现对品牌的承诺，强化出版品牌的知名度和美誉度。

第三节　技术变革的新要求

科学技术革新的成果无时无刻不在涌现，这对商务活动会产生重大影响，这是古今中外的历史经验给人类的重要启示。现代社会经济的发展，对于科技进步的成果更为倚重，尤其是信息技术的迅猛进步，影响到人们生活和工作的方方面面。对于阅读消费而言，技术变革的影响主要表现为以下几个方面：

一　交互技术发展导致沟通诉求的提升

交互技术主要是指读者和出版企业之间可以利用互联网以及相关通信工具，比如电子邮件、QQ 聊天工具、专门论坛等，实现即时互动、交流想法、沟通意见。交互技术平台的建构为双方减少信息不对称、增进了解、建立信任提供了支持，让双方可以在公平、透明、诚信的气氛中进行交易与合作。与此同时，通过交互式沟通全面了解读者的真实需求可以改进新产品开发的绩效，完善服务品质，提高读者的满意度和忠诚度。以读者参与为基石开展图书营销活动是技术发展的客观要求，技术创新成果推动领先型企业改进营销组合，这在一定程度上会刺激同行加速使用该成果，竞争对手迅速跟进反过来又会促进技术的进一步革新，这样就形成了循环机制，即技术引进与商业应用之间互相促进、相辅相成。图书营销活动和出版品牌管理在互联网技术日新月异的今天，应该利用在线互动的便捷性完善读者反馈机制、改善服务内容和读者体验。技术进步在改善商务模式方面的功能是巨大的，这可以从以下几个方面来认识：

首先，交互技术为读者表达个性化想法提供了便捷的工具，这在客观上促进了读者表达的主动性和积极性。读者参与营销管理活动的次数越多，经验越丰富，参与的技能也会相应提升，参与的热情也会随之高涨，这对出版企业利用读者知识进行创新，获取领先优势是有利的。具体而言，双方通过交互沟通平台可以实现没有障碍的沟通辩论，读者自由抒发观点和建议，让出版企业的领导、编辑和策划人员能够从中吸取有益启示，改进产品和服务的方案，持续改善读者的消费体验。例如，零售书店可以收集读者在销售现场的反馈、抱怨、投诉、建议等数据，及时准确地将其提供给出版企业，帮助出版企业更好地改进营销组合，以提高读者的感知价值和满意程度。及时有效的沟通本身就可以在一定程度上满足读者受尊重和自我实现的心理诉求，因此，交互技术的成熟为满足这种心理需求提供了有力的支持。而一旦这种心理需求得到满足之后，就会产生更大的动力，驱策读者进一步地沟通、参与。

其次，交互技术除了改进读者营销沟通习惯之外，还可以为口碑传播提供高度可靠的证据支持，让口碑信息更值得信任。出版企业与读者在交互技术平台上沟通信息可以让其他读者获取浏览，这些信息中读者的评价和肯定，将成为最有力的"广告"，而且由于这些信息来自亲身使用过该品牌的消费者，所以可信度非常高。在信息交互技术的推动下，出版企业可以实现数字媒体、渠道成员、读者、其他相关媒体之间的有效互动，以读者为中心接收和传递营销信息，通过正面口碑扩大出版品牌的影响力。在传统营销环境下，读者的口碑传播也是存在的，但是由于读者交际范围的限制，这种口碑传播的影响力是有限的，而在交互技术的促进下，这种口碑传播的影响力却可以无限地放大，影响到更多潜在读者的态度和行为。当然，口碑传播的影响是两面的，负面口碑信息也会因为交互技术而产生更大的不良影响。

最后，交互技术可以提高出版企业客户关系管理的绩效，通过承诺的完美兑现，取信于目标读者，实现出版品牌的飞跃性成长。客户关系是驱动企业利润和发展的关键性因素，通过一系列营销活动建立、发展与维持可持续的交易关系，企业可以借此获得竞争优势。在这种思路的指导下，出版企业应该就双方关系做出公开承诺并坚持诚信，而关系营销成功的关键在于合作行为的促成和管理，尤其是要通过品牌承诺及如实兑现取信于对方，诚信是影响交易合作伙伴关系的关键，[①] 而出版企业恪守承诺、信誉良好的事实只有通过交互沟通才能体验、感受和广为传播，所以交互技术在改善双方关系、建立品牌信任方面的作用是值得重视的。比如，分销渠道的中间商在出版物流通过程中就起着关键的作用，为了保证分销效率，出版企业就需要通过销售代表与之建立良好的合作关系乃至私人友谊，而交互技术的发展让销售代表和中间商之间的情感联络和信息沟通变得更为方便，而且可以节省大量的差旅费用，以用于其他营销活动的优化。再如，通过技术出版企业可以在最短的时间内了解读者的需求，在自身资源和能力无法满足读者时，可以介绍其他出版企业给读者，或者直接为读者代购该图书，这些代言读者利益的营销努力在交互技术的支撑下变得非常廉价而且易于执行。

总而言之，交互技术的成熟给出版企业的营销沟通、产品和服务创新、读者关系管理等的改进都提供了新的机会。如何利用交互技术改善读者的认知、感受，让读者通过交互参与获得满意的体验，进而

---

① Robert M. Morgan，Shelby D. Hunt，"The Commitment – Trust Theory of Relationship Marketing"，*The Journal of Marketing*，Vol. 58，No. 3（Jul. ，1994），pp. 20 – 38.

产生认同和信任，是管理者必须面对的重要课题。

二　转换成本降低带来读者背叛的频繁

转换成本效应原理告诉我们，消费者转换供应商的费用越高，那么消费者选择替代性供应商的可能性越低，而且对该供应商提供物的价格越不敏感。因此，转换成本降低意味着消费者选择替代性供应商的可能性大大提高，这等同于说，经营者留住客户的代价将大大增加。这给出版营销的启示是：转换成本的降低导致读者背叛出版品牌的消费行为越来越频繁，读者信任的培养越来越困难。所以，出版品牌管理的难度也越来越大。现将上述逻辑简要分析如下：

第一，读者通过学习了解到不同出版品牌旗下的产品在功能上完全雷同，这就会导致读者倾向于在同类出版品牌之间进行转换。[1] 尤其是当不同品牌产品的功能类似，而本企业的产品又缺乏特色时，读者根据个人方便随意选择替代品牌的可能性就更高了。图书阅读对于设备的依赖性不高（在数字出版环境中，阅读器的兼容性在行业标准有效推行的情况下是比较高的），所以读者学习使用新品牌旗下产品的成本非常低，甚至趋近于零。这将导致出版品牌管理难度的提升。如果出版品牌旗下的产品线与竞争对手差异不大，出版物商品的个性不够突出，相关服务没有足够的吸引力，那么读者背叛的概率就会大大增加。换言之，性能平庸、缺乏特色的同质化产品并不能构成阻止读者进行品牌转换的壁垒。

第二，出版企业对长期购买的读者没能给予特殊的折扣、赠品或其他优惠，成为读者背叛的原因之一。读者长期购买、反复使用同一出版品牌的产品，如果没有得到相应的特殊优惠，则会产生忠诚于该品牌并不能给自己增加福利的想法，这样一来，读者就会在受到其他品牌经营者的诱惑时选择竞争对手的产品。例如，对于价格敏感性的读者，出版企业如果利用高价从锁定的读者群获取高额利润，就有可能会输给以抢占市场份额为目的的低价策略实施者，在信息技术发达

---

① 　Paul Klemperer，"Markets with Consumer Switching Costs"，*The Quarterly Journal of Economics*，Vol. 102，No. 2（May，1987），pp. 375 – 394，Published by：The MIT Press.

的情况下，价格比较类网站的出现使得读者获取价格信息的成本可以忽略不计，上述转换就更为常见了。一个典型的例证就是读者越来越多地通过实体书店来试读，考察图书的内容和价值，在产生购买冲动时则选择到网上书店去购买，以节省购买费用。这种消费行为说明在一定时期内读者对于价格还是比较敏感的。因此，强有力的成本控制和精心策划的销售促进是出版企业品牌建设过程中不可忽视的两个重要因素。

第三，出版产品的质量在一定程度上保持稳定，对于新出版品牌读者即便不试读、试用也可以给予信任，这是读者转换意向明显的重要原因。在工业产品领域，新品牌产品的质量在没有试用的情况下，具有一定的不确定性，所以选择替代性品牌会存在一定的风险。[①] 但是，在图书出版业，出版物内容和形式的加工生产有一套严格的行业标准，编辑人员一般都具有较高的责任心和良好的职业道德，所以转换到新出版品牌遭遇产品质量的风险是比较低的。尤其是在图书内容主题趋于同质化的情况下，这种对于图书质量风险的担忧会进一步消解。

第四，除了上述原因之外，读者的心理转换成本也在下降。社会心理学家研究表明，人们会为了减少"认知上的不协调"而坚持使用他们先前选用的产品或者较早接受的产品，例如大部分人喜欢母亲做的饭菜是由于我们是靠它长大因而习惯性地喜欢它。所以，如果读者一开始就对不同出版品牌的差别比较漠视，那么使用某个出版品牌的过程将会改变读者对其效用的感知，以至于再让读者选择其他品牌他们会感到有一定的障碍。[②] 但是，随着竞争程度的激烈，信息技术的发达，不同品牌旗下的产品越来越同质化，加上读者心理上除了出版品牌之外，也非常关注作者、价格、服务等其他因素，所以出版企业企图通过"先入为主"占据先验的心理优势将日益困难。因此，出版企业赢得长期信任的难度将会越来越大。

---

① Paul Klemperer, "Competition when Consumers have Switching Costs: An Overview with Applications to Industrial Organization, Macroeconomics, and International Trade", *The Review of Economic Studies*, Vol. 62, No. 4 (Oct., 1995), pp. 515 –539. Published by: The Review of E-conomic Studies Ltd.

② Ibid. .

以上分析表明，转换成本作为读者在同类出版品牌中进行转换遇到的障碍，对于图书营销活动有着重要的意义，这是因为由于转换成本的影响，读者会选择长期固定地使用某个出版品牌，所以出版品牌管理在面对转换成本降低的情境时，应该设法保持或提高转换成本，留住忠诚的读者。

三 新的传媒形式争夺有限的读者资源

不同媒介将针对有限受众资源展开争夺，出版企业如何应对这种挑战并从中胜出，关系到出版品牌管理的成败。传媒形式的创新意味着受众获取信息的方式将会随之发生变迁，信息获取习惯的嬗变会带来读者兴趣的转移，因此出版企业应该设法争夺有限的注意力，让读者优先选择该出版企业的产品和服务，通过阅读获取知识信息。具体而言，多元化传媒之间的竞争主要表现在：

第一，阅读形式本身就存在多元化发展趋势，这将导致传统阅读与现代阅读之间存在一定的替代关系。现代阅读方式主要包括：图书中图片、图画的比重增加，"读图时代"已悄然而至；电子书、手机书等新载体出现，纸质版图书使用率下降；视频讲座、网络课程等传播方式和教学方式的兴起，形成图书与配套多媒体材料一起被采购使用的情况。上述的几种阅读方式目前还处于发展之中，以后将会随着媒体之间的融合出现更多、更复杂的表现形式，在可以预见的时间内，这些新的阅读方式将和传统图书阅读方式并存，读者在"啃书本"的同时会借助多种工具获取知识和信息，这就要求出版企业进行观念革新和定位转型，顺应阅读方式变化的形势，为读者提供综合型、集成化的图书产品。

虽然到目前为止，数字出版本身还是一个有待界定的概念，但是包括电子书、数据库、网络、手机在内的诸多传媒形式都被证明是可以用来作为出版物载体的，因此，传统出版企业必须对数字出版技术和新媒体的发展持有开放的态度，在条件合适的前提下，积极地介入并尝试进行数字化转型，这在今后很长一段时间内将是我国出版企业面临的一个巨大挑战。就目前的竞争格局而言，虽然出版企业占据着核心的内容资源，拥有大量著作的版权，但是这并不能保证出版企业在与技术提供商的博弈过程中可以占据优势，也就是说，出版企业在没有充分的技术能力的前提下，传统出版业务必须坚守，而且在一定程度上仍需要以传统出版为主业。因此，新型出版物对于传统出版物的威胁是出版企业必须面对的。

第二，其他传媒形式对于图书出版造成的竞争压力。在传统出版环境下，与图书竞争的主要媒介是杂志，特别是有关时尚、娱乐、休闲、健康等通俗话题的消费类杂志提供给读者的只是信息，读者会在图书和杂志两种传媒之间进行选择，杂志可以在一定程度上替代图书的功能。同样地，在网络传播发达的情况下，通过互联网获得信息具有及时、交互等优势，同时专业性网站、门户网站等提供信息的分类、检索等导航服务，可以降低读者搜寻信息的成本，其方便简捷、更新迅速等优势对读者有着强大的吸引力，已经成为青年人获取知识信息的新宠，这些都对传统纸质图书的出版造成了巨大威胁。到底哪些内容需要以纸质图书的形式出版，同时需要以出版企业的声誉为这些内容的权威性、真实性、科学性背书，这是需要出版企业慎重考虑的一个问题。一般而言，涉及医疗健康、高端科技和严肃学术类的内容主题，运用图书的形式加以传播会比较妥当，由于图书的编辑校对周期比较长，审稿制度严格，因此内容的可靠性比较高。

第三，媒体的综合化、集成化发展趋势对传统图书也造成一定的威胁。不同媒体之间的合作成为传媒业塑造竞争优势的战略性选择。从国际经验看，由于历史和体制等方面的原因，国际传媒集团的规模都比较大、涉及经营范围广泛，包括报纸、书刊、影视、网络、动漫等多种业务，这种路径选择有利于传媒集团在产品创新方面实现内容资源、载体形式的融合与集成，为受众提供新的更具吸引力的传媒产品，这对于突破出版资源限制、市场需求疲软、经营环境多变、企业异质化水平较低等经营困局无疑是有利的，同时在产品开发、成本控制、制造差异、扩大规模等方面给经营者创造优势。① 这种发展思路

---

① 朱静雯：《形成出版集团竞争优势的路径分析》，《出版发行研究》2004 年第 11 期，第 25—27 页。

指导下的传媒产品在注意力资源的竞争中显然容易取胜，而且对于内容资源的多重开发也能够避免出版资源和商业机会的浪费。

上述分析证明，出版企业经营必须正视其他媒体形式在争夺读者注意力资源方面的挑战，从而进行重新定位或与其他媒体实现战略联盟重构竞争优势，无论选择何种策略安排，对出版品牌管理都会造成一定影响，这需要管理者根据具体情况，分析利弊得失，调整出版品牌管理方案。比如，在战略联盟的情况下就必须考虑原出版企业的品牌要如何发挥作用，是否需要重新进行品牌定位或者使用联合品牌。而在实施多元经营的战略—业务计划时，则需要考虑原品牌在读者心目中的印象会否受到影响，应该如何引导读者接受新的产品和服务，应用新技术会提高出版物的制作成本，读者是否会接受较高的定价，等等。

第四节　环境演变对出版品牌管理
发展趋势的影响

以上分析的几种因素都给出版品牌管理带来了严峻的挑战，面对复杂多变的经营环境，出版企业管理者必须认识到，虽然先前的投入已经获得读者认同，但是如果不珍惜读者的信任，持续改善产品和服务，那么就会被读者抛弃，此时再想赢回信任，比先前建立读者信任的难度更大。因此，分析环境演变带来的影响是设计和优化应对方案的逻辑起点。

一　自我中心的经营哲学失去合法性基础

以自我为中心的经营哲学有着长久的历史，无论是一般商业机构还是出版企业，一直以来重视自身盈利和成本控制是它们在经营过程中考虑问题的主要标准。但是，随着营销环境的变化，这种思维日益失去存在的基础，关注交易对象的决策过程、品牌态度、认知过程、无意识行为、情感变化以及对社会文化的反应等成为营销管理必不可少的组成部分。简言之，出版企业的经营哲学必须重新界定，超越"以我为主"的狭隘思维带来的局限。其原因主要有：

　　首先，单纯以自我为中心的经营哲学容易导致急功近利的做法，从而使得出版企业的营销活动陷入无法连续、被动僵化、顾此失彼等状态。营销的本质在于注重消费者的需求，它具有整体有机性、自动自发性和可持续性等基本特征，① 这要求出版企业必须以读者为中心，在双方利益博弈的过程中，要将读者的利益诉求放在相对重要的位置上，这是图书营销活动的立足之本，否则单纯地从自身利益出发，就会忽略服务社会的责任、社会公正的要求等道德性诉求，读者的权利和社会整体利益与出版企业的长期发展有着紧密关联，将这些因素纳入出版企业的营销计划和决策框架具有重要性和紧迫性，理想的战略规划应该是读者、环境和出版企业持续发展三者有机整合的结果。从市场交易的本质上看，在产权明晰的前提下，双方本身就应该是平等的，可以自由选择交易方式、交易对象，出版企业只有以读者为中心才能保证读者自动产生认同和信任，与出版企业建立长期稳定的合作关系，从而保证出版企业高效地实现盈利和增长的战略目标。

　　其次，"以我为主"的经营哲学忽视了合作者的利益，导致合作成本剧增，不利于出版营销活动正常开展。由于专业分工的深化以及营销复杂性的增加，出版企业完全通过"单打独斗"满足读者需求逐渐变得不太可能，此时，遵循协同优化的思路，构建价值网以有机整合价值创造活动中的各个环节和不同责任者的贡献，为读者提供最有价值的产品和服务成为塑造竞争优势的最佳选择。在价值网系统中，每个过程、每个环节、每个成员的合作与协调是提升绩效的关键，从理论上讲，上游工序应该将下游工序视为顾客，以提升顾客满意度为中心开展工作，这样，才能保证整个价值创造系统的效率。② 要做到这一点，出版企业必须摒弃自我中心的观念，而要以整体优化为导向，尊重和协调合作者的正当利益诉求，通过高效的信息沟通、资源共享，设计和落实合作策略实现系统增值功能的最优化，为终端读者提供最佳的产品和服务。简言之，终端读者的价值增值有赖于利

---

　　① 周晓光：《营销哲学论略》，《云南社会科学》2005 年第 1 期，第 26—30 页。

　　② 迟晓英、宣国良：《价值链研究发展综述》，《外国经济与管理》2000 年第 1 期，第 25—30 页。

益各方之间的合作，而要实现这种合作，出版企业必须放弃以自我为中心的经营哲学。

此外，以自我为中心的营销哲学容易导致决策失误，在快速变化的竞争环境下，不利于出版企业提高适应能力和创新能力。在复杂快变的营销环境中，出版企业营销活动成功与否的判准不再限于利润、销量和市场份额等指标，而要同时考虑战略和能力的柔性，也就是说，出版企业的核心任务是重新在供应商、中间商、其他合作伙伴和终端读者等参与者之间分配角色、调整关系，以动员新的合作群体的积极性和创造性，通过资源、能力、组织、文化等方面的整体协调，主动、灵活地应对市场变化的挑战。①② 这种新战略要求出版企业随时泯灭敌我对峙、零和博弈等陈旧思维，灵活地根据形势需要选择合作对象、合作方式，此时，如果出版企业不能放弃自我中心的思维定式，必然难以适应上述思路的客观要求，进而难以在不确定的环境中求得生存和发展。

概而言之，经营哲学对于出版企业的营销活动和品牌管理具有战略层面的指导意义，经营哲学的水平决定着出版企业的应变能力和创新能力。经营哲学从自我中心转向读者中心是图书市场发展的必然要求，同时也是出版企业应对不确定环境的客观需要。经营哲学渗透于出版经营活动的方方面面，因此出版品牌管理离不开科学的、理性的经营哲学的指导。

二　读者关系管理的中心亟须调整

在传统经营环境下，由于图书商品比较短缺，读者处于相对弱势地位，读者关系管理工作显得比较粗糙，出版企业考虑更多的是产量的提高、分销效率的改进和图书价格的降低，至于市场调查和需求分析在传统的经营环境下并没有得到充分重视。在买方市场环境下，上述做法显然是行不通的。从出版企业发展的整体格局出发，通盘考虑

① Normann R, Ramírez R., "From Value Chain to Value Constellation: Designing Interactive Strategy", *Harvard Business Review*, Vol. 71, No. 4, 1993 Jul – Aug, pp. 65 – 77.

② 汪应洛、李垣:《企业柔性战略:跨世界战略管理研究与实践的前沿》,《管理科学学报》1998 年第 1 期, 第 22—25 页。

短期盈利和持续发展两者的平衡，结合出版业所处的特定环境，可以发现读者关系在出版品牌管理中占据战略性的核心地位，读者关系处理得当，则读者认同的程度能得到提升，这样，出版品牌的成熟度就更高了。支持读者关系管理绩效提升的基础是读者需求，从读者需求演变趋势的角度分析，读者在出版品牌产品购买和使用过程中，对于感性因素越来越重视，例如前面分析过的体验需求、交互沟通需求、个性定制需求以及其他多元的、复杂的需求都说明以往仅仅重视图书质量而对感性层面投入不够是不足以应付上述变化的。因此，读者关系管理的中心应该随着市场发展进行相应调整。

从读者的需求动机分析，读者选择购买和阅读名牌图书有两重考虑，其一是为了获得实用性的效用，即通过购买和阅读图书满足获得知识信息等实用性诉求，名牌出版企业提供的图书在性价比方面会高于同行，因此，选择名牌意味着知识信息方面的诉求可以得到较好的满足。其二是为了获得品牌文化和品牌个性等象征性效用，通过双方的有效沟通将品牌人格化，借助出版品牌的个性让读者在消费过程中形成自我概念，寻求个体与消费、社会之间和谐的心理诉求，满足读者追求出版品牌形象与自我概念相吻合的心理动机。① 因此，名牌图书产品必须兼具实用性和象征性，在保证内容和形式质量卓越的前提下，着力塑造出版品牌的个性和风格，以人性因素和文化因素提升读者对于出版品牌的满意度。也即是说，在新的环境下，读者关系管理必须重视品牌个性的关键性作用，因为品牌个性才是双方信任关系得以形成的重要基石，品牌个性突出的出版企业可以提供读者理性诉求和感性诉求的双重满足。

然而，品牌个性结构是比较复杂的，美国著名营销学家 Aaker J. 于 1997 年首次在论文中提出了包括 5 个主维度、15 个次维度和 42 个品牌个性特征词语的品牌个性维度量表。其中 5 个主维度包括诚信度（Sincerity）、刺激性（Excitement）、能力（Competence）、高级性

---

① 郭晓凌：《消费者品牌敏感：模型与实证》，对外经济贸易大学出版社 2007 年版，第 23—39 页。

（Sophistication）和粗犷性（Ruggedness）。① 虽然上述研究是针对美国品牌的个性进行的，但是至少可以说明品牌结构具有一定象征意义，受到文化因素的深刻影响，而且不论是哪个维度，要想对消费者的品牌态度和行为产生正面影响，必须通过有效沟通来实现。这里的沟通是广义的，泛指出版企业通过一切可能的接触点，与读者交互沟通，满足读者个性的、多元的体验需求和其他感性需求，进而借助出版品牌的个性，使读者得以"彰显和强化自我个性"，表达"我是谁"和"我希望是谁"，这样，品牌个性将使出版品牌成为读者"自我（self）的延伸部分"，由此读者可以比较容易地和出版品牌发展出"类似伙伴的关系"，成为该品牌的忠诚使用者。② 这种通过品牌消费形成自我，以及对与自我概念相契合的品牌的钟爱都是感性精神层面的活动，驱动它顺利实现的不是产品质量，而是出版品牌传递给读者的可感知的个性，这种个性的塑造和传播方式必须顺应读者需求进行调整，因此读者关系管理的中心也应随之发生变化，即必须以读者需求及其变化为基础，时刻关照读者的感性诉求，通过塑造和传播独特的品牌个性，增加读者感知到的价值。这对出版品牌管理无疑有着重要影响。

三 转换成本低廉挑战原有管理模式

前文已经论及，转换成本是指读者在不同出版企业之间进行转换遇到的屏障，这些屏障有些是读者主观感觉到的，比如心理方面的依赖、不习惯等，有的是经营者有意设置的，无论如何，它们都会让读者在选择替代品牌时考虑代价，然后决定是否转换供应商。现在的问题是，出版企业如何改善品牌观念去适应转换成本日益降低的事实？简要分析如下：

首先，转换成本低廉意味着读者更容易"见异思迁"，因此留住读者的策略应该随之调整。读者的经历、感受，以及由此形成的记

---

① Jennifer L. Aaker, "Dimensions of Brand Personality", *Journal of Marketing Research*, Vol. 34, No. 3 (Aug., 1997), pp. 347–356.

② 郭晓凌:《消费者品牌敏感：模型与实证》，对外经济贸易大学出版社 2007 年版，第 31—33 页。

忆，会影响读者的态度和行为。这等于说，通过"心理战"提升情感联系在出版品牌管理中的地位越来越重要，有时甚至会起到决定性作用。从管理模式上看，以前重视质量性能的持续完善，以及通过规模化经营降低成本的方案已不足以应付读者需求重心转移的挑战。面对独特的心理和感情诉求，出版企业不能再希望借助理性设计的、一刀切式的经营方法去满足结构复杂的市场需求，而只能从读者的心理动机和感受出发，针对性地开展出版发行以及其他配套活动，实现建构强势品牌的战略。上述逻辑的落实有赖经营观念、组织架构、沟通方式等的全方位改善，尤其是人本化理念的树立非常关键，对于读者人生意义和价值的追求、心理动机和感受的变化、情感和情绪沟通的需要等，出版企业务必要给予主动的关怀和回应，否则读者也会放弃该出版品牌。

这种营销心理战从出版品牌管理的角度讲，就是要求出版企业在出版品牌管理方面进行一系列的挑战，比如将读者需求分析作为一切管理措施的基础，再如从读者获得的价值角度入手考虑问题，并将这种思维方式养成习惯。举例而言，在市场化的初级阶段，许多出版企业对于营销的理解过于偏狭，大量运用广告、促销措施，部分出版企业甚至不惜运用不实的信息欺骗读者，这些做法或许一时有效，但是长期看来，必定会导致大量读者的流失。目前，虽然转换成本的降低是整个出版行业的总体趋势，但是就单体出版企业而言，还是可以通过细致的出版品牌管理获取读者的高度认同，有效地设置读者进行供应商转换的屏障。

其次，转换成本低廉意味着出版企业和竞争对手都面临着读者流失的困境，在这种情况下，与其不断地提升竞争级别，不如加强合作关系，通过协同努力、资源共享与联手合作，"一站式"地满足复杂多变的阅读需求。随着专业化的深入发展以及其他因素的影响，出版企业不可能凭借一己之力满足多元善变的读者需求，此外，出版品牌延伸因受制于市场的复杂性也不可能随心所欲地进行。因此，放弃互争长短的竞争，积极与同行协同合作，通过信息共享、优势互补等方式结成战略联盟，借助整体的成功来达成出版企业的战略目标。出版品牌是一个复杂的社会系统工程，整合多元的能力和资源，在最大范

围内争取合作伙伴，对出版企业的管理创新能力提出了严峻考验，这
要求出版企业必须重新审视自身战略、经营哲学和市场环境，针对具
体情况做出理性的抉择。

　　从竞争向合作的演变既是市场需求复杂化、集成化的需要，也是
市场博弈发展到高级阶段的必需。如果将企业生产和流通活动视为价
值增加、让渡的过程，那么企业之间的竞争就是一条条价值链之间的
竞争，当这种竞争发展到一定程度时，竞争主体就会升级为由不同的
价值链构成的价值网，也就是多个企业结成的价值网的竞争替代了单
体企业之间的竞争。价值网比单体企业更富有竞争力的原因在于，终
端消费者通过与价值网之间的交易可以获得更多的价值，而且交易成
本更低。出版业的发展同样会发生类似的转变，不同地区或不同国别
的出版企业合作出版、不同媒体之间合作开发多媒体产品等都是上述
规律的具体体现，而且这种新型合作提供的产品和服务价值更高。

　　再次，转换成本低廉意味着读者需求弹性增大，出版企业的获利
能力不能依赖高价策略，而必须通过鼓励读者全程参与以提高产品对
准需求的概率，借此扩大市场份额。从读者转换成本的角度看，出版
企业的最大阻碍来自激发读者认同的难度增大，读者的好感和信任更
难培养。解决这个难题的根本策略在于让读者参与图书营销的全过
程，利用读者知识的杠杆作用，为编辑策划和生产流通的创新提供支
持，以改进读者关系管理的绩效。出版企业利用读者头脑中的知识创
造价值，不仅可以改进营销创新的效率和效益，而且更重要的是可以
提高读者认同的概率，这是因为人们对于自己参与的事物一般更容易
接受和感到满意。具体而言，通常从读者那里获得知识涉及三个阶
段：知识的外显（knowledge revealing）、知识的分类（knowledge sor-
ting）、知识的对准（knowledge leveling）。[1] 也即是说，出版企业获取
和利用读者知识的步骤大致是：首先要设法发现读者头脑中的知识，
同时对之进行分类管理，最后再根据读者的知识设计和提供符合其个
性需求的产品和服务。读者参与除了利用读者头脑中的知识和创意之

---

　　[1]　M. Garcia - Murillo, H. Annabi, "Customer Knowledge Management", *The Journal of the Operational Research Society*, Vol. 53, No. 8（Aug., 2002）, pp. 875 - 884.

外，还可以让读者熟悉出版的基本流程，了解出版成本控制的大致情况，这样，可以有效地降低读者需求的价格弹性。

最后，转换成本低廉还会影响出版企业内部组织管理。出版品牌管理的关键在于出版企业必须恪守承诺、言而有信。在读者转换成本降低的情况下，出版企业实践独特而鲜明的品牌承诺，通过一系列的企业行为与读者联系，争取读者的认同和喜爱，这样，才能在复杂的竞争环境中脱颖而出。而要达成上述目标，出版企业必须根据目标读者、合作伙伴以及自身市场地位等因素，改进内部组织架构，尤其是要通过组织管理的创新提高企业的适应性和灵活性，激发内部员工的积极性和创造力，促使他们充分地认识和把握读者的需求变化以及与出版企业有利害关系的其他因素的演变情况，进而以读者关系的改善为导向，共同参与设计、优化营销方案，最大限度地满足目标读者的需求，减少转换成本的降低给出版品牌管理带来的负面影响。

出版企业内部组织管理与人事制度改革等有着紧密的联系，就现状而言，我国出版机构转制后都对人事管理模式进行了一定程度的改革，但是"老人老办法、新人新办法"的薪酬制度往往演变为"同工不同酬"，特别是新进员工的待遇非常低，已经引起了一些青年员工的不满，导致了较高的离职率。这些实际问题都在提醒管理者，出版营销是一个复杂的系统工程，既需要对外部环境的变化保持足够的敏感和快速的反应，又要在内部组织管理方面通过有效的措施激励员工的干劲和创造力。不论是出版物性价比的提高，还是售后服务的创新，或者是新技术的引进，都需要内部员工的努力和付出。因此，出版企业在人员的招聘、培训、考核、激励与约束方面都要不断地完善，通过各种有效的措施最大限度地激发每个员工的潜能、勇气和激情。

总而言之，转换成本的降低给出版品牌管理造成了一定的负面影响，读者转换障碍的减少意味着转换意向和转换行为会相对提升，这就要求管理者调整思维模式，另行寻找更好的经营方法来激发读者的信任和偏爱，而这就意味着出版品牌管理模式必须进行相应的调整和突破。

本章小结

出版品牌管理是一个复杂的系统工程，探讨这个议题必须从出版企业所处的市场环境入手，对其所依赖的外部因素进行客观认识，这样，可以让出版企业的品牌管理活动更为有效。本章对图书市场环境的新变化进行了详尽分析，具体内容如下：

第一，分析了读者需求的新特征给出版品牌管理带来的影响。读者需求是出版品牌管理的逻辑起点，就目前形势而言，读者需求的新特征包括：首先，读者需求呈现出个性化发展趋势，不论从文本内容或者载体形式分析，还是从阅读目的分析，阅读需求都表现出个性趋异的特征；其次，读者日益重视感性体验在阅读消费中的重要性，也即是说读者的阅读不再以获取知识信息为唯一目的；最后，读者的阅读选择多元化而且离散化，这与社会民主化、人性解放和竞争国际化等因素有关。

第二，出版企业面对来自外部的新挑战。这些新的挑战主要有：首先，市场竞争空前激烈。政府保护消失，加上民营资本和国际资本的大量进入，以及其他传媒对于受众有限注意力的争夺，出版企业面临的竞争形势异常严峻。其次，在买卖双方博弈过程中，买方力量逐渐占据上风。读者不仅在成本、品种方面有了更高要求，而且希望出版企业满足他们的感性诉求。再次，交易过程复杂而趋异。这主要体现在交易方式、第三方参与、读者考虑因素增多等方面。最后，图书营销活动日益精细化也是出版企业必须应对的挑战。这主要表现为出版企业必须主动营销，满足读者的个性化定制需求和感性需求等。

第三，其他变化对出版品牌管理也提出了新的要求。本章分析的变化趋势主要有：首先，交互技术的成熟导致读者沟通诉求提升。借助交互技术，读者的独特见解得以表达，口碑传播更为便捷有效，客户关系管理绩效可以得到改善。其次，转换成本降低导致读者背叛行为频繁发生。其原因主要有：产品性能的雷同、长期购买的读者得不到特殊优惠、选择替代供应商质量风险下降、读者心理成本的降低等。最后，其他传媒对于受众资源的争夺，让有限的注意力资源变得更为稀缺，由此导致出版品牌管理难度提升。这些技术革新成果的涌现增加了出版品牌管理的复杂性，同时也为出版者把握产业先机进行管理创新提供了难得的机遇。

第四，在分析环境因素变化的基础上，就其给出版品牌管理带来的影响进行了阐述。首先，自我中心的经营哲学失去了市场基础，出版企业必须重新确立新的指导原则，改变陈旧的经营哲学。其次，读者关系管理的重心将会发生变化。读者感性的体验需求、交互沟通需求、个性化定制需求以及其他人性因素，成为读者关系管理必须重视的新问题。最后，读者转换成本的降低对于出版品牌管理也提出了新的挑战，出版企业必须重视心理战术、加强与同行的战略联盟、利用读者头脑中的知识提高产品与需求的对准率，以及调整内部组织架构灵活应对环境的复杂变化。

本章讨论的环境变化是管理者进行出版品牌管理过程中必须重点考量的因素，忽略环境影响的出版品牌管理方案是注定要失败的。在对外部环境的新变化进行客观认识的基础上，下面将从理念和策略两个层面探讨以读者信任为导向的出版品牌管理的具体内涵。

第三章 基于读者信任视角的出版品牌管理理念的确立

第一节 读者信任在出版经营中的重要性

营销学的最近理论研究和实践成果启示出版业同人，除了图书的知识信息服务功能和读者的理性价值判断之外，读者情感的、体验的、认知的、社会的联系和共鸣在促成认同和消费的过程中起着越来越重要的作用。在出版营销环境复杂变化的前提下，读者信任在出版经营活动中具有更为重要的积极意义，这不仅表现在内部组织管理等诸多环节，而且也表现在外部竞合关系处理等多个方面。根据笔者的研究，读者信任的功能主要表现为以下几个方面：

一 读者信任可以为营销创新提供"缓冲时间"

读者信任出版企业意味着读者相信出版企业在营销创新方面总会有所成就，即便速度慢一点，只要是符合读者利益诉求的创新，出版企业终究会有所突破。营销创新是个复合型的概念，经营活动的每个方面和环节的突破都可以认为是营销创新。在出版领域营销创新包括：内容选题的创新、装帧设计的创新、售后服务的创新、沟通方式的创新、促销模式的创新等。营销创新是复杂而困难的，而且创新意味着在一定程度上颠覆、破坏原有模式，所以存在不确定性。风险的存在使得许多企业在选择是否创新时比较谨慎，而模仿竞争对手或者进行二次创新则成为大部分企业比较普遍的选择。通常情况下，除非是实力特别雄厚的领先型企业，一般企业会在不同程度上选择跟随战略，比如在一个选题走红之后，马上有很多出版社进行改进型模仿，出版类似主题的图书，这种现象在畅销书出版领域特别明显，当然这种跟随战略也并非都能成功。此时，如果读者认同这家出版企业，则出版企业可以在规避风险的同时有效地实现创新，而如果出版企业与读者之间存在信任缺口，那么这种跟进策略将被视为创新滞后或者简单跟风。

以上分析说明，读者的信任可以为营销创新提供一定的缓冲时间。换言之，读者信任一家出版企业，则这家出版企业在营销创新方面比同行"慢半拍"是可以容忍的。这种态度让出版企业获得了一定的时间和机会，可以从容地获取、参考竞争对手的经验教训，继而更加稳妥地进行营销创新。读者信任心理的一般表现为：虽然自己信赖的这家出版企业在创新速度上不是最快的，在同行中不是最领先的，但是如果这种创新对于读者确实有利，那么这家出版企业最终会进行营销模式的变革，为读者提供更好的精神文化产品。读者信任不仅为出版企业学习、借鉴同行的经验教训提供了有力支持，而且读者认同的营销创新模式可以降低新产品推广的成本。其他企业的创新成果激发的交易数量和市场占有率本身就说明这种创新是被市场接受的，此时作为品牌成熟的出版企业，引进这种营销模式，自然更容易得到读者认同，而且研究开发新的营销模式的开支也大大降低了。当然，读者信任导向型的经营理念要求出版企业进行创新的时候必须考虑这样一个问题，即该创新对读者有没有价值，只有始终将读者的利益放在第一位，出版企业的营销创新才是值得肯定的。而且出版企业内部的员工对于读者新兴趣的直觉可能在进入经营稳定期时变得不再敏锐，此时，除了参考竞争对手的做法之外，出版企业还需要重视读者反馈、读者参与等营销工具的运用。

值得指出的是，读者信任虽然为出版企业的营销创新提供了"缓冲时间"，降低了开拓式创新的风险，但是这并不意味着出版企业可以由此而放弃主动创新，这是因为涉及关键性价值领域的创新，如果出版企业不做，那么竞争对手抢先一步造成的威胁将是非常严重的。此外，是否领先同行进行开拓式创新，还与出版企业的战略定位、高层管理者的领导风格等因素有关。举例说，品牌定位为出版语言类辞书的出版企业，在新锐小说的出版方面就不用过度创新，词典类出版物获得读者信任的关键在于其内容的科学性、严谨性和规范性，盲目地、随意地介入不熟悉的出版领域，反而会引起读者的质疑甚至反感。因此，出版企业应该综合考虑自身实力、战略定位、竞争环境等多方面的因素，进行符合品牌成长需要的适度创新，同时对于竞争对手的营销创新要紧密地跟踪和关注，在条件合适的情况下及时进行改造式跟进。换言之，就是一方面要吸收竞争对手在营销创新方面的优势，另一方面对于竞争对手的薄弱环节要进行补足和强化。

二　读者信任可以增强出版企业的竞争实力

读者信任在一定程度上可以减少出版企业发展的不确定性，降低日常运营成本，提高可持续竞争优势。由于外部经营环境的复杂多变，这种不确定性是不可回避的，出版企业对于这种不确定性的控制和管理，最好的办法就是获得良好的读者关系，让读者信任自己，相信自己在提供较高读者价值和读者满意方面的能力和诚意。简单地说，读者信任会给出版企业带来许多竞争对手所不具有的特别优势。简析如下：

从商业运作的逻辑来看，企业竞争获胜的关键在于客户信任，信任可以让企业拥有更多机会和资源。消费者在购买决策之前，搜集和分析不同品牌的信息，然后根据经验、感情等标准进行比较、排序，此时，如果某个品牌信誉较好，则很容易成为消费者的首选。具体表现在：第一，由于客户对于该企业的产品比较熟悉和认可，因而在同等条件下可以降低产品和服务的推广成本，如降低广告费用，降低市场调研和市场预测的成本，降低公共关系和营销推广方面的支出，等等。第二，客户信任可以提高企业与渠道成员讨价还价的能力。消费者信任的产品与同类商品相比，分销的难度比较低，中间商和销售终端都会给予充分重视，这样，由于消费需求的拉动力量，中间商在谈判时会适当降低条件。第三，客户信任可以让该企业在定价上获得更多的自由，从而以高于同行的价格将产品销售出去，获得更多的利润回报。第四，客户信任可以让企业将更多精力投入到研发环节，从而努力为客户提供更多更好的创新型产品和服务。

与此类似，读者的信任对图书营销活动也有相似的功能。读者信任的出版企业在产品开发、自由定价、渠道布局和促销宣传方面更具优势而且费用更低。比如，对于商务印书馆而言，在语言类工具书的出版方面就具有良好的社会声誉，这种品牌信任对于商务印书馆在语言类词典的营销方面就有积极的促进作用。2005 年商务印书馆在组织大量专家对《现代汉语词典》进行改版之后，由于有以前四个版本奠定的市场基础，所以在宣传推广方面就非常省力，商务印书馆在宣传中仅仅突出了新版的新特点。① 再比如，对于读者信任的出版企业，终端书店的一线销售人员会主动地将读者的利益诉求传递到出版企业，在传递的过程中实现读者利益和出版企业利益的有效整合，从而让出版企业在提高读者价值的过程中实现自己的盈利目标。总之，读者信任可以稳步提升出版企业"客户资产"的价值，尤其是持续地提升读者给出版企业带来的财务价值、社会价值和知识价值，从而使得出版企业获得可持续的竞争优势。

出版企业竞争实力的培养一方面必须依赖内部的管理创新，例如资源和能力的重新整合、出版流程的再造、新技术和新服务的引进等，另一方面来自读者的认同也是非常重要的，这需要出版企业必须时时处处以读者的利益为优先考虑。读者信任对于出版企业提升竞争地位起着非常重要的作用，因此，出版企业务必在管理范式方面进行创新，争取通过真诚地为读者利益代言，以获得读者的信任和消费。

三 读者信任可以降低图书营销和品牌延伸的交易成本

交易成本（Transaction Costs）的概念是由美国经济学家罗纳德·科斯 1937 年在其论文《企业的性质》中提出的，科斯认为"为了完

---

① 黄英：《发扬〈现汉〉严谨求实、与时俱进的科学精神——访〈现代汉语词典〉第 5 版修订主持人晁继周、韩敬体研究员》（2005 年 10 月 15 日），2009 年 7 月 9 日（http：//203.208.39.132/search？q = cache：8eEtCgiKFC4J：kyj. cass. cn/Article/1880. html + % E3% 80% 8A% E7% 8E% B0% E4% BB% A3% E6% B1% 89% E8% AF% AD% E8% AF% 8D% E5% 85% B8% E3% 80% 8B% E7% AC% AC% E4% BA% 94% E7% 89% 88 + % E7% 89% B9% E8% 89% B2&cd = 14&hl = zh − CN&ct = clnk&gl = cn&st＿ usg = ALhdy2 − JauCE5eDjYKzJ0NLohjy Ei2x7dQ）。

成一项市场交易，必须弄清楚谁是某人与之交易者，必须告诉人们，某人愿意出售某物，以及愿意在何种条件下进行导致协议的谈判、签订合同并实施为保证合同条款得到遵守所必要的检查，如此等等"。①可见，在科斯眼中，交易成本是交易双方用于寻找交易对象、签约及履约等方面的一种资源支出，包括金钱、时间和精力的支出。具体而言，交易成本是指在交易过程中发生的搜寻成本、信息成本、谈判成本、签约成本和监督合同履行的成本等一系列成本的总和。交易成本是不可避免的，人们努力的方向是在经过"成本—效益分析"之后，通过制度和规则的重构，或者通过客户关系管理尽量降低交易成本。②这就是说，根据经济学理论，企业与客户关系良性发展有利于降低交易成本，推动经济社会更有效地发展。

具体而言，读者信任可以从以下几个方面降低交易成本：第一，读者自发的口碑传播可以降低出版企业搜寻交易对象的成本，尤其是时间资源的节约虽然是隐性的、常被忽略，但在工作生活不断加快的前提下却变得日益重要；第二，读者长期、频繁购买使得出版企业可以节省寻找新客户的成本，同时信任的读者愿意主动沟通，可以让出版企业获得有关如何改善产品的意见、建议，这会降低获取读者信息的成本和新产品开发的风险；第三，从交易效率看，读者信任建立在对出版企业有一定了解的基础上，这就使得双方的信息不对称状况得到一定程度的改善，谈判程序因此而大大简化，谈判时间也会大大缩短，双方更容易就交易条件达成一致；第四，信任让读者相信出版企业不仅具有正常履约的技术和能力，而且具有履约的诚意和善意，因此，读者会减少为监督交易对象履约情况而付出的时间、精力，这无疑可以给读者带来更多方便。由以上分析可见，出版企业一旦获得读

---

① R. H. Coase, "The Nature of the Firm", *Economica*, *New Series*, Vol. 4, No. 16 (Nov., 1937), pp. 386–405.

② 唐炎钊、肖红军:《CRM 凭什么降低交易成本》(2009 年 2 月 24 日)，2009 年 7 月 9 日 (http: //203. 208. 39. 132/search? q = cache: ARH40UWClykJ: industry. cio360. net/ Page/1798/InfoID/292418/SourceId/5871/PubDate/2009 – 02 – 24/Default. aspx + % E4% BB% 80% E4% B9% 88% E6% 98% AF% E4% BA% A4% E6% 98% 93% E6% 88% 90% E6% 9C% AC&cd = 10&hl = zh – CN&ct = clnk&gl = cn&st_ usg = ALhdy29nUynZgPVvKPfJfHcySMQsTi 2FSw)。

者信任，则可以较大幅度降低交易成本。而从读者立场来看，信任某个出版品牌，可以降低购书的交易成本，改善阅读消费体验。在图书日益繁多的今天，面对海量、多样的阅读对象，读者如何有效取舍将成为一个难题。毕竟图书产品必须等到阅读结束之后，或者阅读进行到一定程度之后，才能得出是否有价值的结论，因此，一个高效的方法就是以品牌为导向，依赖成熟出版品牌成为越来越多读者的选择。

那么，在品牌延伸的过程中，读者信任能否继续发挥降低交易成本的功能呢？回答是肯定的。品牌延伸是指将著名品牌或成名品牌使用到与现有品牌或原产品不同的产品上，它是企业在推出新产品过程中经常采用的策略，也是品牌资产利用的重要形式。① 与品牌延伸类似的利用品牌杠杆的战略还有品牌授权、品牌联盟、品牌特许经营，这些战略的共同之处在于充分利用读者对于品牌的信任来放大品牌影响力，通过子品牌以及更多相关产品的开发来扩大出版企业的市场版图。具体分析，在品牌延伸过程中，由于读者信任的促进作用，可以从以下几个方面降低交易成本：

第一，读者信任可以降低新产品推广或者产品系列化的执行成本。因为出版企业在开发新的图书产品时，如果原品牌已经深入人心，那么读者对于新产品的态度就会比较友好，接受可能性会更大一些，比如就丛书的出版而言，如果该系列中的前几本都获得了良好的评价，那么后续推出的图书在市场推广方面就会比较节省费用，而且读者对于后续推出的图书的评价也会比较高。新产品或者产品系列化在出版企业营销活动中是常见现象，出版企业每年推出的新产品的种类数目是一般工商企业难以想象的，因此，读者对出版品牌的信任在新产品推广过程中的作用非常关键。

第二，读者信任的出版企业比较容易争取到渠道成员、零售书店等合作方的进一步配合，因此可以降低分销成本，促进品牌延伸的成功。例如同济大学人文学院的教授孙周兴就把有没有商务印书馆的"汉译世界学术名著"丛书，有多少，是否全面等视为判断一家书店

---

① 符国群：《品牌延伸研究：回顾与展望》，《中国软科学》2003 年第 1 期，第 75—81 页。

品位高低的标准之一，① 读者的这种偏爱对于出版企业争取合作对象、降低渠道成本无疑是有利的。这是因为读者信任的驱动可以让分销商（包括批发商和零售书店）主动要求和出版企业合作，分销出版企业的图书产品，这样，出版企业在折扣谈判的过程中就具有了一定的优势。此外，读者信任可以促使分销商发挥积极性和创造性，运用更多的方式进行促销宣传。

第三，读者信任的品牌进行适度延伸，可以通过扩大服务范围来满足读者的多种需求，进一步巩固信任关系，使读者信任发展为读者忠诚，如此可以通过留住读者来降低新市场开发成本。在数字出版、媒介融合等发展趋势的推动下，出版企业旗下的产品无疑会逐渐呈现多元化的特征，从把握产业先机的角度看，出版企业产品线的扩张具有积极的意义，而这种多元化战略成功的前提则在于出版企业必须拥有较为稳定的读者群，因此，读者信任在出版品牌延伸过程中的作用是不容忽视的。

第四，读者信任可以降低出版品牌延伸中读者背叛的概率，将出版品牌延伸的风险降至最低。读者背叛出版品牌的现象随时可能发生，品牌延伸的过程中读者背叛的风险更高，而读者信任可以让读者更容易接受延伸后的子品牌。一般而言，当出版品牌延伸后的子品牌与原品牌之间有一定的关联度时，这种品牌延伸被读者接受的可能性会比较高。但是，如果出版品牌延伸后，子品牌与原品牌之间的关联度不够明显，此时读者的认知和态度就可能发生变化，但是如果读者高度信任原品牌，那么出现品牌背叛的概率就会相对较低。

综上所述，读者信任不仅可以在日常经营活动中降低双方的交易成本，提升出版企业的经营绩效，改善读者的消费体验，而且可以大幅度地提高出版品牌延伸成功的概率。

四　读者信任可以设置其他媒体的进入壁垒

品牌管理的关键在于以客户利益为核心开展双方关系的经营，通过为客户提供符合其需求的价值，实现出版企业的盈利和增长的目

---

① 孙周兴：《我与书，以及汉译名著》，《中华读书报》2009 年 10 月 14 日第 5 版。

标。在这个过程中，企业首先要回答的问题就是：谁是我们的目标消费者，谁是我们的竞争者。尤其是对竞争对手的清醒认识和有效防范，是企业市场定位乃至营销管理成功的关键。市场定位出现偏差，则此后的营销能力和资源投入都将是一种浪费。

下面的案例可以说明这个观点：20世纪80年代中期，高级钢笔生产商"派克"公司的新老总在董事会上询问谁是派克的最大竞争者，有人认为是生产高级自来水钢笔的Shaeffer公司，因为其价格和品质与派克钢笔类似，有人认为Biro—Swan公司生产圆珠笔，对公司威胁最大。此外，还有人提出生产打印机、电脑、传真、复印机等书写用具公司都是派克的竞争者。派克的新老总在总结发言中提出了一个出人意料的看法，认为派克最大的竞争者是Ranson牌高级打火机，这是因为70%以上的人购买派克钢笔是作为礼品送人，此时他们在选择派克之外，还会选择Ranson牌高级打火机。① 换言之，竞争对手不是固定的，市场博弈的关键在于发现甚至创造市场并有效地满足市场，而在创造市场和满足市场的过程中，竞争对手则会随着消费需求的演变而发生变化，今天看似与自己不在一个领域的经营者，明天就极有可能成为出版企业的竞争对手。循着这个思路，不难发现：在媒介多元化发展的今天，出版业面临的竞争对手不仅来自传统的报纸、杂志和出版界同行，同时电视、网络、手机等媒体也逐渐由于可以争夺受众有限的注意力资源而成为出版业的竞争对手。因此，在出版企业经营中，如何有效设置其他媒体进入文化消费市场的壁垒将成为一个严峻的考验。

出版企业设置竞争对手进入壁垒是争取有限的注意力资源的关键，一般可以通过以下方式来实现：首先，产品差异是商业竞争中常见的进入壁垒。也就是说，很多经营者选择通过特色化的产品和服务来制造差异，然后阻碍竞争者进入自己的目标市场。这里的产品还包括相关服务，产品的差异化可以表现在图书的内容、形式等方面，同时也可以表现在售后服务或沟通创新等方面。其次，降低消费者的成

---

① 符国群：《品牌定位在市场营销战略中的地位》，《中国流通经济》2004年第4期，第49—53页。

本也是设置进入壁垒的一种方式。换言之，通过价格上的优惠来打动消费者，从而牢牢地控制住消费者的选择，让竞争对手无机可乘，低价虽然不是一种高级的竞争手段，但是在读者消费能力不高的情况下，还是可以用来形成进入屏障的。再次，通过大规模生产和销售设置进入壁垒，规模经济的决定性因素在于市场需求量的庞大可以支撑大规模的生产和流通，从而为经营者降低成本带来契机，当成本低至一定水平时，竞争对手将无法进入该领域，在互联网高度发展的今天，通过 IT 技术实现智能化的规模定制在技术上已经具有了可能，也就是说规模经济效应和定制化营销的冲突已经有了解决的办法，所以通过规模化经营设置进入壁垒在数字环境下依然是可行的。最后，通过政府主管部门提供的行政法规保护，获得一定程度的垄断性地位，进而形成竞争对手的进入壁垒。这种方法在我国出版业走向开放，市场竞争日益激烈的今天变得不太现实，而且除了涉及意识形态和国家安全等领域之外，我国政府取消对出版业的保护是不可避免的发展趋势，因此，通过其他几种方式来设置进入壁垒，提高自身竞争地位成为出版企业的主要选择。

分析上述几种方案，可以发现设置进入壁垒表面上看针对的是竞争对手，但实质上却是在消费者身上下功夫，通过提高消费者选择替代产品的转换成本来获得其长期支持和消费，继而保持甚至强化竞争地位。所谓转换成本（Switching Costs）是指当客户从一个供应商转移到另外的供应商时，产生的能被客户觉察到的经济和心理上的成本的等价货币值。[①] 从这个定义不难看出，提高转换成本的关键在于通过对读者利益诉求的满足和感情联系的强化来降低读者选择替代供应商的概率。也就是说，出版企业的营销组合是自变量，其他媒体因进入壁垒的作用而放弃进入是因变量，而中间变量则是读者转换成本的变化，在上述因果链条中，作用机制的关键在于读者态度的变化，读者转换成本的提高在一定程度上体现为读者对于出版品牌的信任，信

① Jones，Michael A.，Mothersbaugh，David L. Beatty，Sharon E.，"Why Customers Stay：Measuring the Underlying Dimensions of Services Switching Costs and Managing their Differential Strategic Outcomes"，*Business Research*，Volume（Year）：55（2002），Issue（Month）：6（June），pp. 441 – 450.

任某个品牌及该品牌的拥有者，放弃该品牌的产品而转向其他供应商就会带来效用和感情上的损失，为了避免这种损失，读者将选择继续信任和消费该品牌，忠诚于原来的出版企业。这时，站在出版品牌经营者的角度来看，设置竞争者进入壁垒的努力就达成了预期目标。

第二节　读者信任是出版品牌管理的核心要素

读者信任在出版品牌管理中占据非常重要的地位，出版品牌管理的核心在于如何获得读者信任，以提高读者对于出版品牌的认同度和消费偏好。诚如我们所知，出版品牌管理只有和出版营销的各个环节和不同层面结合起来，才不至于被表面化、肤浅化。因此，读者信任在出版品牌管理中的作用也要站在图书营销全局的角度去审视。

一　出版品牌管理属于长期读者关系经营的范畴

出版品牌管理的对象是以出版企业品牌为核心的一系列子品牌构成的复杂体系，而读者关系经营的目标是改善出版企业和读者的关系。那么，这两者之间又存在什么关系呢？众所周知，出版品牌成长不同阶段的划分与读者的信任程度有关，出版品牌越成熟读者信任程度越高，而读者关系经营的最高目标则是读者长期的信任以至于忠诚、依赖、崇拜等，这实质上是出版品牌发展的最高境界。从时间维度分析，出版品牌发展成熟的过程就是一个出版企业与读者关系持续改进的过程。从管理的内涵看，出版企业的品牌管理和读者关系管理有很多内容是重合的，管理对象、管理手段、考核指标等有类似甚至相同的部分。由此可见，出版品牌管理与读者关系经营之间存在着紧密联系。以下从出版企业和读者两方面分析两者之间的关系。

其一，出版品牌管理的目标是让读者对出版品牌的定位获得清晰的认识，继而通过一系列营销努力获得读者对出版品牌乃至出版企业的认同，使得读者可以长期信任、依赖该出版品牌。要达成这个目标，出版企业首先要明确的是出版品牌管理的成功立基于读者关系的有效经营。图书营销在某种程度上可以看成是读者关系经营，在出版业买方市场格局业已成型的今天，读者关系处理的成功与否更具有关键性意义，在市场博弈态势较为稳定的情况下，出版企业经营活动的所有突破性进展只能来源于读者关系的改善。出版企业和读者之间的关系可以简单地概括为交换关系，出版企业和读者之间在市场中处于平等地位，按照法律和契约进行交换，实现互通有无、协同合作，同时这种交换将互惠作为目标，互惠在出版业语境下主要是指出版企业和读者之间就利益或者特殊权利进行相互或者相应的让与。简言之，就是通过系统的营销努力追求一种良性互动的关系。长期互惠可以导致认同和信任，反过来会强化这种互惠，让交换行为长久、稳定地发展下去。职是之故，读者信任的获取是长期努力的结果。因而，以获取读者信任为目标的出版品牌管理属于读者关系经营的范畴。

在读者的话语权日益强势的情况下，读者对于出版品牌的信任更多地依赖于出版企业真诚地、持续地代言自己的利益，也就是说，读者信任的基础是出版企业对读者利益的长期尊重和满足。在自身资源、技术和能力不能满足读者阅读诉求的情况下，出版企业能否像国外的 IBM 等著名企业一样，主动地推荐竞争对手的产品和服务给读者，这是考察出版企业代言读者利益真诚度的重要标准。除了客观、透明、全面的出版发行信息、高性价比的产品和服务之外，出版企业还要切实关心读者的利益及其变化，在必要时与竞争对手联手满足读者的阅读需求。这种基于代言和忠诚的关系管理思路，在根本上解决了传统出版品牌管理单纯地考虑经营者利益的弊端，将读者利益放在了营销管理（当然也包括品牌管理）的中心，因此，在这种战略思路指导下的出版品牌管理的目标与读者关系管理的目标是一致的。

其二，从读者心理和行为的角度分析，出版品牌要想在读者心目中获得一定的认同，必须经历一段较长的时间。人类对于事物或者他者的认同，在一定程度上与认识主体是否参与过双方共同置身于其中的交互活动高度相关，如果这种参与曾经发生过而且参与过程给认知主体带来过愉悦的心理感受，那么心理上的认同是比较容易建立起来的。具体而言，出版品牌影响力的提升需要系统性、综合性的营销努力。必须指出的是，这一系列营销努力之间要各有侧重、互相配合，同时要围绕读者需求来开展。比如说，在营销传播方面，出版企业应该通过对于读者信息接收方式的了解，整合不同传播渠道和传播方式，将出版发行信息准确、及时、有效地传递给读者，与此同时，还要注意物流配送和售后服务等相关活动的配合，否则读者获得了有关信息之后，希望能够尽快购买到喜欢的图书，此时如果出版企业的渠道布局和分销效率存在缺陷，则可能让读者在等待过程中产生失落感，从而想放弃购买决定，甚至对该出版企业和品牌产生不信任、失望和抱怨等。此外，读者信任的培养不是一劳永逸的，一次沟通的失败或者售后服务的缺陷都有可能颠覆读者对于出版品牌的印象，所以出版品牌管理是一种长期读者关系管理，需要持之以恒地付出和改进。从时间资源投入的角度分析，出版品牌管理与读者关系管理一样，都需要管理者和全体员工做出长期努力的心理准备。

其三，读者关系经营的目的是获取读者的长期信任和支持。而读者信任可以看成是读者在长期体验之后，经过慎重考虑与出版企业缔结的隐形契约。这种契约是基于读者理性计算的结果，同时也与读者的心理和感情需要有着千丝万缕的联系，虽然没有有效的形式和法律制约力，但是却能对出版企业的营销产生重大影响。从理性层面剖析，出版品牌获得读者强烈认同和高度信任的关键在于图书产品和附加服务的性价比较高，同时这种产品和服务上的竞争优势不是短期的、暂时的，而应该是长期的、持续的，这是因为就读者的安全感而言，企业行为的一致性是获得其认同和信任的关键，出版企业在公开品牌承诺之后，应该持久关注和尊重读者的需求及其变化，按照承诺提供高质量的产品和服务以赢得读者的信任和赞誉。另外，从感情联系的角度来看，读者对于出版品牌的好感和信任的建构需要一个长期的过程，例如读者对于出版企业负责人和主要编辑人品和学识的考察就需要一定的时间，而且在读者信任形成的过程中，如果出版企业在某些环节上出现失误或偏差，这种感情联系很可能会断裂或变质，正是因为读者与出版企业的感情联系建立起来成本较高，同时维持这种良好感情联系的难度较大，因此读者关系经营中感情层面的努力也是长期性的。出版品牌管理的成功立足于读者理性和感性两种心理认同，所以出版品牌管理需要长期的、细致的营销努力。

当然，读者关系管理与出版品牌管理是不完全重合的，读者关系管理既是一种管理哲学和管理理念，又是一种管理策略和运营机制，它涉及信息技术、流程再造、软硬件系统集成等多层内容，这种系统性地发现、整合读者资源的管理模式与出版品牌管理之间存在一定的交叉关系。因为读者关系管理实质上就是以读者资源分布情况的获取为基础，继而通过读者需求信息的分析和挖掘来发现商业契机，然后集成和优化产品、服务等来满足读者的需求，在此基础上获得读者信任和忠诚，从而取得出版品牌管理的成功。就此而言，以读者信任为价值取向的出版品牌管理与读者关系管理又有着千丝万缕的联系，我们在研究中既要参考读者关系管理方面的思路，又要从出版品牌管理的原理和机制出发，明确读者信任与出版品牌成长的具体关系，阐明出版品牌管理的客观规律。

二　出版品牌管理离不开读者的互动和参与

就心理认同的形成机制来看，认同不能离开参与和互动。认同的基础在于对对方有一定了解和认识，否则盲目的认同是不牢固的，也是无法持久的。出版品牌管理的直接对象是出版品牌，但是实际目的则是通过营销努力使出版品牌得到读者的认同和现时消费或未来消费，进而由认同发展为信任以至于忠诚，故而出版品牌管理要想取得成功就必须重视读者的互动和参与。具体分析如下：

第一，出版品牌的定位需要读者的互动和参与。出版品牌定位是出版品牌管理的第一步，成功的定位可以让本品牌与竞争品牌有效地区分开来，或者让出版品牌与读者的特定需要建立联系，无论如何定位在出版企业的营销战略中都占有十分重要的地位。[①] 因此，出版品牌定位成功的关键是要在充分了解读者的基础上，从竞争获胜和目标达成的角度出发，就出版企业面对哪些目标读者以及提供何种利益满足等问题做出战略性安排。就出版品牌定位的程序来看，一般分为需求分析、市场细分、目标读者确认和具体定位等几个步骤，每一个阶段都是为了能够让企业通过内部和外部行动的协同，将努力方向对准

---

① 符国群：《品牌定位在市场营销中的地位》，《中国流通经济》2004 年第 4 期，第 49—53 页。

读者的利益诉求，继而取得出版营销活动的成功。具体而言，市场细分主要是根据读者的行为变量、心理变量、人口统计学变量和消费心理变量等标准来将不同市场区隔开来，准确的市场细分需要详尽掌握读者的资料（部分资料可以使用相关行业的统计报告或政府统计部门提供的数据），而调查获取资料的过程自然离不开读者的互动和参与。目标读者的确认主要是指在市场细分的基础上，根据出版企业的实力和目标等要素，决定出版企业到底要为哪一类读者服务。在锁定了目标读者群之后，就要根据目标读者的特殊要求进行出版品牌定位，让出版品牌在众多竞争品牌中凸显出来，获得独一无二的心理地位。这些环节的落实同样离不开读者的互动和参与，特别是定位之后需要通过广告、促销等方式进行营销沟通，让读者接受出版品牌定位，这时读者的互动和参与就更是自不待言了。总之，出版品牌定位的成功离不开读者的参与和互动，出版品牌定位的成功率与读者参与的程度之间存在正相关关系。

第二，出版品牌的推广需要读者的互动和参与。出版品牌定位成功之后，紧接着需要进行推广工作。也就是说，出版企业要设法通过各种营销沟通手段，让读者了解出版品牌定位，借此可以让读者知晓出版企业的品牌承诺，为读者的消费选择提供决策参考。出版品牌的推广旨在通过双方互动来让读者体验、感受出版企业在营销活动中尝试努力的方向，比如编辑风格、装帧设计、购书环境、价格优惠、服务态度、品牌标识、宣传广告等，这些环节的精细化设计体现了出版企业为了打造品牌所付出的努力，但是否成功还必须通过读者的反馈予以判断和调整。出版企业在接收到读者反馈之后，应该详细分析其中包含的读者利益诉求及其变化，继而调整营销方案和推广策略。

国外一些大型出版公司在品牌推广的过程中特别重视与读者的互动，通过接触和沟通了解读者的感受和态度，从而选择更符合读者需求和习惯的品牌推广方式来扩大出版品牌的知名度和名誉度，就给我国出版企业提供了可资借鉴的范例。比如，英国的剑桥大学出版社就采取了特殊的品牌推广策略，从而赢得了中国市场。剑桥大学出版社（Cambridge University Press）在 1543 年创建以来，一直致力于"获取、推广、收藏和传播所有学科知识"的印刷和出版业务，为全球读者提供便捷灵活的知识信息服务。自从 1998 年以来，该社在深入了解中国市场之后，决定通过采用与大学出版社和大型语言学校等机构合作的方式，推广自己在语言教学和出版方面的品牌。该社利用强大的作者资源和培训师优势，进行外语教师培训，在教学过程中了解中国读者的诉求，同时进行品牌推广；此外，还积极参与公益性教育服务，无偿捐助公益培训机构所需教材等；为落实本土化战略，剑桥大学出版社在充分了解中国英语教学和教材市场后，在图书内容和主题方面充分尊重读者，根据读者需要和市场变化进行改编和原创，从而实现了国际化和本土化的良好统一。① 由上述案例可见，读者在出版品牌推广过程中不只是一个被动的接受者，他们的感受在品牌推广方案的策划和调整中起着重要的作用。出版企业必须就出版品牌能够带给读者的价值和利益等问题与读者进行全面、适时的沟通，只有这样才能保证出版品牌定位和执行方案的有效性。

第三，出版品牌的延伸需要读者的互动和参与。企业培养品牌的目的就是获得利润，所以当品牌成熟之后，企业通常会利用品牌的影响力从事更多产品或者领域的经营，从而实现自身利益的最大化。出版品牌的延伸更为常见，出版产业的一大特征是新产品开发非常频繁，一个中等大小的出版企业每年开发上百本新书在中国是相当常见的。产品品种的多元化必然会带来品牌延伸问题，新旧产品之间关联度大小会影响读者认同，一般地，新旧产品的关联度高则读者认同的可能性大，反之则读者产生疑惑的可能性就比较大。就理想情况而言，成功的品牌延伸应该通过新旧产品关联度的控制和读者认知引导等营销努力维持甚至强化读者信任。在品牌延伸过程中，企业容易犯的错误是盲目延伸，即是在条件和实力不成熟的情况下，随意进入自己不熟悉或不擅长的领域，开发的新产品与原产品关联度不大，导致

① 汪哲：《剑桥大学出版社：百年品牌的中国推广之路》（2007 年 12 月 17 日），2009 年 7 月 16 日（http：//203. 208. 39. 132/search？q = cache：ViDIjVCtK9sJ：www. 21stcentury. com. cn/story/38142. html + % E5% 89% 91% E6% A1% A5% E5% A4% A7% E5% AD% A6% E5% 87% BA% E7% 89% 88% E7% A4% BE + % E5% 93% 81% E7% 89% 8C% E6% 8E% A8% E5% B9% BF&cd = 1&hl = zh – CN&ct = clnk&gl = cn&st_ usg = ALhdy2_ mnzQnzhJ1 fwPXmVDM 8vpuTjPVyw）。

消费者认知的一致性难以维持。战略"花心"带来的品牌管理危机在各行各业非常普遍。比如，当"活力二八"要开发水饮料的时候，许多人就调侃会不会从饮料中喝出洗衣粉的味道；当"三九"集团计划开发啤酒时，同样会让消费者产生困惑：到底是应该开怀畅饮，还是为肠胃健康着想拒绝喝酒。① 这种认识冲突会导致消费者品牌态度的变化，比如消费者会认为该品牌提供的价值改变了，违反了先前的承诺，没有做到言出必行，所以没有必要再忠诚于该品牌。近年在出版业中常见的"跟风出版"就是一种盲目的、随意的品牌延伸，它稀释了品牌形象，造成读者的认知混乱，让品牌形象得以维持的根基发生动摇。要避免品牌延伸失败，问题的关键不在于回避品牌延伸，而在于品牌延伸之前和延伸过程中，必须及时与读者保持沟通，获得读者的反馈，根据他们的意见和建议，调整品牌延伸的方案，唯有如此才能提高成功的概率。总之，品牌延伸一方面要以品牌核心价值为导向，保持新旧产品之间必要的关联度，另一方面务必与读者进行适时交互沟通，因为读者的态度转移虽然是根据自己的判断完成的，但是营销传播对于读者的认知可以加以引导。在读者互动与参与的情况下，出版品牌延伸的成功概率会更高。

第四，出版品牌的更新需要读者的互动和参与。亲身体验的意义在于让读者在接触、尝试、感受、交互的过程中，将内心的真实想法表达出来，与经营者畅通无阻地进行交流，进而让产品、服务、品牌等的革新能够建立在双方共识的基础之上，减少由于认识差距导致的营销困境。出版企业为了防止品牌老化，避免读者的"审美疲劳"，需要适时进行出版品牌更新。出版品牌更新不是说出版企业将原有品牌弃置一边，另起炉灶地构建一个新的出版品牌，而是通过"换标变脸"等方式来激活老品牌，比如可以通过名称更新、产品更新、标志更新、口号更新、形象代言人更新等来紧跟时代潮流，永葆品牌青春。② 但是，在品牌更新过程中，出版企业需要关注的一种消费心理

---

① 胡飞：《企业品牌延伸的误区及合理导向》，《商场现代化》2008年第23期，第124—125页。

② 刘红梅：《如何预防品牌老化》，《品牌》2005年第6期，第30—31页。

是读者的"怀旧"情绪，根据卢泰宏和高辉的研究归纳，消费者的怀旧情绪主要表现为：（1）消费者觉得过去比较好，渴望过去但又难以重温的苦乐参半的情感；（2）试图在过去和未来之间进行平衡的苦乐参半的情感；（3）对过去再现的审美反应。① 因此，在遏制品牌老化，突围经营困境的过程中，出版企业应该在形象更新和照顾怀旧情绪之间寻求平衡。换言之，在出版品牌更新方面，出版企业要注意创新的适度性以及被读者接受的可能性。一般而言，读者在留恋出版品牌传统形象的同时也希望出版企业能够顺应时势不断创新，因此为了能准确把握出版品牌更新的时机和尺度，最佳策略还是与读者适时沟通，及时了解读者的看法，继而就出版品牌是否需要更新以及如何更新等问题做出正确的抉择。

概而言之，出版品牌的构建、推广、延伸和更新等各个环节都需要读者的互动和参与，通过交互实时取得读者关于出版品牌管理效果的看法，可以帮助出版企业在出版品牌成长的每个阶段都能做出正确决策。读者的利益诉求和价值满足要以读者的意见为主，这是现代出版企业生存和发展必须坚持的"王牌铁律"。出版品牌管理虽然受产品、渠道、环境、技术等多种要素的影响，但是出版品牌管理的核心是读者关系，读者的利益诉求是出版企业履行社会责任、追求自身利益的基础，舍此之外，出版企业将无法实现经营管理系统的自组织协同进化，无法在日益复杂的环境中生存和发展。

三　出版品牌管理旨在取得读者的长期信任和忠诚

出版品牌管理是一个复杂的系统工程，其目的是通过系统化、规范化的管理制度和措施，实现读者对出版品牌的高度认同和信赖，继而通过出版品牌的卓越声誉来获得良好的营销效果。简单地说，出版品牌认同主要是指一个出版品牌的价值主张、精神、信念和营销组合能够获得读者的认可与信赖，这是出版品牌所拥有的不会因时间流逝而消失的"本性"，是品牌在社会化过程中由其遗传基因和环境交互

---

① 卢泰宏、高辉：《品牌老化与品牌激活研究述评》，《外国经济与管理》2007 年第 2 期，第 17—23 页。

作用而形成的稳定的、带有倾向性的性状。借由出版品牌认同，读者可以找到有关出版品牌的精神、信仰、价值观和经营理念等答案。同时，对于出版品牌的认同可以使之变得丰满而充实，继而增加了出版品牌的知名度和美誉度，可以提高读者的感知价值、丰富品牌联想，让图书营销活动有更多的延伸空间。[1] 读者信任和忠诚是心理认同发展的结果。从心理学角度来看，信任和认同相比，需要较长时间的交互沟通和亲身体验，通过接触和了解，双方在知性和感情等心理活动的综合驱动下，形成了一种类似"契约"的态度，这种态度在商业上就表现为长期的、稳定的合作关系，虽然没有正式契约的约束力，但是对出版营销而言却有着实质性的积极意义。读者信任具体表现为读者会重复购买某个品牌的图书产品、对该品牌进行有利的口碑传播等。出版品牌管理尽管内涵复杂丰富，但是归结起来，从出版品牌的构建、提升到推广、拓展乃至延伸等环节，都是以获得读者的长期信任和忠诚为宗旨的。具体分析如下：

第一，出版品牌的可识别性和审美性是为了获得读者的信任和忠诚。出版品牌的识别功能主要是借助名称、标记、符号、图案或者这些要素的搭配组合，通过视觉传导机制帮助读者区分辨别特殊的产品或服务。其主要目的是为辅助读者辨认特殊的经营者，指导消费者迅速地获得关于经营者和产品的相关信息，这样，不仅可以让出版品牌的定位、内涵和核心价值迅速地传递给读者，而且可以促进消费者迅速地对该品牌产生心理认同，进而通过接触、交易和消费等环节，实现从识别到信任乃至忠诚的次第转变。需要特别指出的是，出版品牌的识别功能主要是通过个性化的外观设计，如出版企业的社标、丛书的风格化外观以及其他视觉设计的组合等，来体现以出版企业品牌为核心的出版品牌系统的特色，比如出版企业的经营理念、愿景目标、规模实力、行业地位、独特个性等就可以通过颜色、字体、图案、符号和标志等的创新性组合得到展示和传播。视觉识别系统的设计要在主要领导、资深编辑和核心员工的参与下，邀请专门的设计公司进行

① 孙习祥、吕永泽：《品牌管理的价值功能》，《光明日报》2009年7月14日第10版。

设计。理想的视觉识别系统应该在展示风格、宣传促销方面起到积极作用，同时必须与读者的消费心理相契合。

出版品牌除了视觉上的识别功能之外，还具有一定的审美功能。审美功能是指品牌在实用功能之外，还具备令人赏心悦目、精神舒畅、大方典雅、庄重均衡等外在的形式美。具体而言，品牌审美功能的表层意义是技术美的可感形态的直观彰显，它体现了读者追求精神愉悦的愿望；品牌审美功能的深层意义则体现了人们对技术美的本质追求——实现人在自然面前的物质和精神的双重解放和自由。成功的外观设计赋予出版品牌以独特的审美价值，有助于构筑美好的品牌形象。[①] 众所周知，出版品牌可以被视为一种符号系统，该系统通过个性化的"能指"来表达特定的"所指"，根据符号学和信息沟通理论，符号系统只是一种物质媒介，它的意义传递效果在很大程度上取决于双方的交互，换言之，品牌符号在联结交易双方过程中所扮演的角色是难以确定的，不同消费者的理解可能存在较大差异，这要求出版企业务必要注意出版品牌符号在承担识别功能和审美功能时，可能出现的理解和认知偏差，并通过适当的沟通策略来获得读者信任。总而言之，无论是识别功能还是审美功能，出版品牌传播的最终目的都是获得读者的长期信任和忠诚。

第二，出版品牌的信息功能是获得读者的长期信任和忠诚。出版品牌实质上就是一系列信息的集合，它包括有关出版企业、图书产品、编辑和作者、内容特色等非常丰富的信息。这些信息虽然不可能通过出版品牌标识全部体现出来，但是成熟的出版企业品牌，在一定程度上可以体现上述信息，通过这些信息读者就可以比较准确地认知出版企业与竞争对手之间的差异。从而可以通过出版品牌降低搜集交易对象信息的成本以及消费决策的成本，同时由于出版品牌可以表征图书内容的大致范围和主要风格，因此以出版品牌为导向可以帮助读者降低阅读消费风险，避免浪费时间和精力去读一本自己很不喜欢的书。有阅读经验的读者都有这样的体会，"拥有就等于被拥有"，一

---

① 孙习祥、吕永泽：《品牌管理的价值功能》，《光明日报》2009 年 7 月 14 日第 10 版。

本图书只有阅读到一定程度甚至全部读完后才能给出客观公允的评价，判断购买和阅读是否有价值，因此如果决策失误将会造成时间、金钱和感情的浪费。为了避免这种情况，理性的读者会选择将出版品牌作为参考依据和判断标准，通过信赖成熟的出版品牌来降低图书消费的不确定性，这是一种缺乏最优选择前提下的次优选择。

出版品牌的信息导向功能除了辅助读者做出正确决策之外，还可以帮助读者建立对出版企业的正面情感依恋，甚至产生忠诚信念。这是因为读者对于出版品牌的认同需要经历复杂的心理过程，其间出版品牌所传达的信息成为读者认识出版企业及其产品的主要渠道，因此出版品牌的信息功能是否得到充分发挥，对于促进读者的正面认知以至于产生崇拜信仰等有着重要的作用。从读者心理和行为的发展过程来看，读者的长期信任和忠诚属于出版品牌管理的最高境界，要达到这个境界必须通过互动和体验等中间环节。互动和体验阶段主要是为信赖奠定经验基础，让信任和忠诚能够在理性认知和判断的支持下得以延续和发展。

第三，出版品牌的沟通功能让读者认知与出版品牌管理实现有效对接，继而驱动读者从出版品牌的消费者转变为出版品牌的创造者。读者的身份在图书市场格局发生变化之后也需要顺势转型。读者通过沟通将消费体验、感受和想法传达给出版企业，并要求对方予以满足，这在现代出版营销中已不再是新鲜事，尤其是在数字出版领域通过社交网络和新媒体、论坛和博客等工具及时获得读者的回馈更为稀松平常。这种营销沟通发展到高级阶段就意味着读者实际上在参与出版品牌的创造。出版品牌创新的活力来自读者参与，个性化的定制需求往往可以由微观推向宏观，让出版企业从一个人的需求发现一群人的需求，找到属于自己的"蓝海"，发现以前未加注意的潜在需求。有效的品牌沟通可以打破企业自身思路的封闭性，为管理创新带来更大空间，同时基于交互式沟通的品牌更容易得到认同。

读者认同程度的提高主要依赖感知价值。图书产品的客观价值固然是出版品牌成功的基础，但是读者的感知价值在决定品牌信任和忠诚方面其实更为关键。而感知价值的提高则必须依靠出版品牌沟通。出版品牌沟通可以增进出版企业对于目标读者群的理解，同时有利于读者对出版品牌和相关产品的记忆，此外，在推出新图书产品过程中，及时的沟通还有助于推动读者的试读和购买。总之，出版品牌的建构和维系除了考虑出版企业的历史、实力、资源、技术等客观要素之外，还必须正视读者的强势地位，将交互沟通视为出版品牌管理的关键，通过市场调查和信息交流等方式来获得读者的品牌认知。比如，出版企业必须了解读者对于自身的认识，同时要了解读者对于该企业的期望和诉求，此外还要利用先进的信息技术来获得读者观念变化方面的信息，从而更好地按照读者需求的最新变化来进行价值的创造和传递。

第四，出版品牌的系统整合功能旨在获得读者的长期信任和忠诚。出版品牌的功能是多元的、复杂的，要而言之，它会影响到出版企业的宏观战略和微观运营两个层面。出版品牌不仅会对出版企业愿景使命的确立和长期战略制定产生影响，而且会影响到图书质量、短期促销、配套服务、公共关系等微观要素。因此，可以说出版品牌对图书营销管理具有整体性的影响，它会影响到出版企业经营管理的方方面面，出版企业应该以出版品牌为导向来整合内外资源、统筹自身与利益相关者的关系，从而实现良性、永续的发展。换言之，出版企业应该以品牌为统领性要素来构建经营管理系统，让各个子系统能够围绕出版品牌实现协同发展。在该系统中，出版品牌处于核心地位，经营管理的具体环节是各个子系统，不同子系统之间存在千丝万缕的联系，通过出版品牌这个纽带，它们交互作用、协调合作，实现系统功能的整体优化，为满足读者诉求进而取得读者的长期信任和忠诚做好准备。

在出版营销实践中，失败的出版经营者往往是因为出版品牌被"架空"，虚浮的广告宣传并没有实质性地影响出版经营管理，而只能让出版品牌沦为"面子工程"和"促销工具"，虽然一些短期刺激市场的措施可能会让出版企业在一段时间内获得高额利润，但从长远发展来看，这种将出版品牌"符号化"的做法是不理性的，会导致出版资源和市场机会的极大浪费。正确的做法是以出版品牌为导向来系统地整合各类经营管理活动，实现资源利用的集中化、聚焦化。比如，里德·爱斯维尔（Reed Elsevier）出版公司就一直坚持做精做透的理念，其主要业务领域集中于数字出版业务、法律图书出版和教育类图书出版，与世界上其他大型出版公司一样，里德·爱斯维尔也经历过兼并、重组等剧烈的变化，但是它的战略却一直非常清晰，以"向用户提供符合他们信息需求的最新解决方案"为宗旨，集中在上述业务领域追求实现突破，资源的分配和利用都是以此为基础。[①] 由此可见，出版品牌在出版企业的经营管理中应该发挥战略导向作用，只有这样才能通过系统、规范的营销管理实现品牌承诺，最终获得读者的长期信任和高度忠诚。

　　总之，从出版品牌管理的实质来看，获取读者长期的信任和忠诚，从而改善图书营销活动的效率是出版品牌管理的最终目的。出版品牌管理的直接对象虽然是出版品牌，但是出版品牌管理的成功却与整体图书营销活动息息相关，这就决定了出版品牌管理实践要有开阔的视野和全局的理念，也就是说务必要以读者信任为导向，通过规范化、系统化的营销努力打造卓越的出版品牌。

第三节　以读者信任为导向的出版品牌管理理念的确立

　　根据以上分析，读者信任在出版品牌管理活动中占据着非常重要的地位。出版品牌管理创新需要从理念和策略两个层面有所超越，设计科学、细致的执行方案来保证出版品牌管理的绩效。从理念的角度来分析，出版品牌管理应该以读者信任为导向，通过获取和维系读者的信任和消费来塑造强势的出版品牌。具体分析如下：

一　出版品牌的核心是获得读者的正面认知和长期支持

　　出版品牌和其他商品品牌存在类似之处，其核心本质在于读者的正面认知和长期支持。读者作为出版企业的客户，其消费心理和行为是通过出版企业的营销细节来感知的，因此出版品牌管理的一切活动

---

　　① *Reed Elsevier*（2009 年 7 月 7 日），2009 年 7 月 23 日（http：//203. 208. 39. 132/search? q = cache：l36Kjz5jcfoJ；www. microsoft. com/china/windowsserver2003/evaluation/cases-studies/ReedElsevie. mspx + Reed + Elsevier&cd = 2&hl = zh－CN&ct = clnk&gl = cn&st_ usg = AL-hdy28wrVStolyxe569VzS4TtXv5tIXpA）。

都是围绕着读者的心理和行为变化来开展的，否则，所有的营销努力都将徒劳无功。读者认同和支持是读者信任的基础，具体分析，读者信任主要有以下几种来源：

第一，出版物的性能质量是获得读者认同和支持的基础。产品的性能是消费者与企业交易获得的主要利益，因此品质优良是一个产品乃至一个品牌获得客户认可的关键，质量存在问题的企业根本没有资格谈论品牌建设。多年来，我国读者经过阅读消费实践对一些"老字号"出版社产生了高度认同，这种心理认同主要立足于图书产品质量的优越，比如读者普遍对于商务印书馆的语言类工具书，中华书局的传统典籍，三联书店的人文类读物等具有较高的评价和反馈，同时上述几种类型的出版物在同类产品中的销量也非常可观。可见，图书产品的质量是出版品牌的生命线，高质量可以保障读者和出版企业实现双赢。

读者评价图书质量的主要标准是内容资源，一般而言，内容资源主要由作者决定，因此出版企业要管理好作者资源，与优秀作者建立稳定的合作关系，同时编辑要经常与这些重点作者保持联系，在工作和生活方面关心他们。出版企业还要着眼于未来，有意地培养和扶植有潜力的新作者，为他们创造成长和学习的机会，鼓励引导其按照兴趣和天赋发展写作特长。此外，编辑加工的程度和水平也是决定图书质量的重要因素，比如相同的古典文学名著，不同出版社提供的版本就存在一定差别，究其原因就是编辑加工的深度和精度上付出的努力程度不同。实际上，编辑加工包括字体、行距、版式、注释等在内的一切细节，都可以体现编辑人员对读者的关怀和尊重，编辑加工的质量管理关键在于制定严密完备的制度，通过科学监控和检验来保证质量。形式方面的质量主要体现为审美价值的高低，这与出版品牌定位有关，同时要考虑成本控制和简单实用等因素，面对读者阅读需求多元且变化迅速，装帧设计的质量没有固定的统一标准，但是从原则层面来讲，必须坚持出版品牌的一贯风格，同时兼顾社会审美标准的演变趋势，并且及时吸收和回应读者的意见反馈，这是保证外观设计质量的关键。一言以蔽之，出版物的质量是出版品牌成功的重中之重，产品质量存在缺陷，消费者核心利益得不到保证，认同和信赖则无从谈起。

第二，出版品牌的个性特色是获得读者信任的关键。出版品牌是出版企业多年累积的结果，它的成功除了产品质量过硬之外，还必须要有自身的特性。理想的出版品牌犹如有生命的人，可以让读者产生拟人化联想，在读者心目中留下独一无二的印象，比如商务印书馆的权威与国际化，中华书局的厚重与本土化，三联书店的隽永与现代化，贝塔斯曼的诚信与周到服务，都构成出版企业性格的鲜明特色，在读者心目中获得了不可替代的位置，继而构成充满性格魅力的强势出版品牌。[①] 出版品牌的个性特色可以利用多种不同基因来塑造，比如有些出版社依靠地方文化特色，有些出版社利用国际合作优势，有些出版社借助传统文化积累，有些出版社主打配套产品的开发等，不一而足。无论如何，出版品牌的个性都应该体现出版企业对于读者的特殊关怀，出版品牌的个性不是为了标榜自己而设计的，而是结合出版物市场的具体情况，从读者的立场出发塑造的。基于人的角度来考虑，出版品牌的个性特色应该以读者诉求为起点来策划设计，在个性构成之后，出版企业就可以利用它和读者进行类似于人际交流的沟通，实现传播效果的最大化，让读者对出版品牌产生好感和信任。

出版品牌的个性特色不仅可以表现为多个方面，而且可以根据市场需求的变化而不断演进，也就是说，出版品牌的个性特色与出版企业的市场定位及其变化呈现同步变化的特征，但是无论如何这种品牌个性给读者带来的消费体验要保持稳定性和一致性。就本质而言，出版品牌的个性特色是出版企业差异化战略的重要构成要素，它主要通过有关出版品牌的人格特质的组合来表达和象征自身独一无二的定位，使得出版企业可以有效地与其他同行区别开来。出版品牌的个性特色不是出版企业单方面主观设计的结果，是由出版企业和读者通过交互沟通共同赋予的。根据相关研究，消费者对于品牌个性的认同度越高，则企业市场地位的效果越好，企业在市场份额和销售量等方面

---

① 薛可、余明阳：《出版社品牌力的五大构成》，《科技与出版》2008 年第 1 期，第24—26 页。

的业绩表现越佳。① 类似地，出版品牌的个性特色可以提供情感性的价值，让读者产生积极的品牌态度和消费行为。

第三，出版品牌承诺及其有效兑现是出版企业获得读者信任的基础。出版品牌在读者与出版企业之间架起了一座桥梁，将出版企业的承诺传递给读者，同时通过履行承诺而实现与读者关系的和谐，继而获得读者的认同和支持。具体而言，出版品牌承诺主要包括信赖方面的承诺和亲近方面的承诺两个层面。其中，信赖方面的承诺主要是指出版企业对自身实力、产品和服务以及未来发展等做出的承诺，而亲近方面的承诺则主要是对情感、伦理道德、个性和价格等做出的保证。② 可见，出版品牌承诺是出版企业就自身的定位、特色、利益、价值等对于读者做出的公开保证，它关系到读者对于出版品牌的认可和接受，同时出版品牌承诺的公开传播只是获得读者信任的第一步，更为关键的是出版企业要设法根据自身情况，言出必行地实践承诺，否则"轻诺寡信"则会失去市场基础和发展空间。

出版品牌承诺的兑现不仅体现了出版企业的社会责任观和读者服务观，同时也对出版企业的经营智慧提出了较高要求。具体而言，如何找准目标读者和品牌承诺的对接点，然后对准特定读者群设计营销组合来兑现承诺才是问题的关键所在。比如，广西师范大学出版社是一家身处边疆的地方性大学出版社，它的品牌承诺可以归纳为：为读者提供高水平的学术人文读物，为了履行这个承诺，近年来该社形成了以教育类图书出版为主，兼顾学术人文和珍稀文献的产品格局，同时在作者资源的选择和外观设计等方面力求高雅、浓郁的人文气韵，因此得到了国内读书界的广泛认同。从我国出版经营实践的角度考察，由于历史沿革和管理体制等方面的原因，我国出版企业的品牌承诺普遍具有较为浓厚的"政治色彩"，比如"面向广大读者""为读者服务"等，这种品牌承诺虽然"政治上正确"，但是从营销管理的角度分析，却比较缺乏执行性。这是因为一般出版企业受制于资源、

---

① 赵红、张晓丹：《基于品牌个性维度的品牌定位诊断方法及实证研究》，《管理学报》2010 年第 7 期，第 1039—1045 页。

② 苏华、肖坤梅：《品牌承诺：说到就要做到》，《中外企业文化》2009 年第 3 期，第 63—65 页。

规模、能力等因素，不可能为全国读者服务，也不可能满足各种类型的阅读需求，所以这种出版品牌承诺无法与目标读者需求进行对接，从而无法有效落实。因此，出版品牌的承诺要具体化、精细化，这样，出版品牌承诺的兑现就比较容易取得良好的绩效。

第四，出版品牌的拓展和延伸是为了获得读者的认同和支持。出版品牌的定位与内涵不可能一成不变，适时创新是动态适应市场环境的客观需要。出版品牌延伸主要是指出版企业在充分认清出版品牌实力的基础上，根据市场环境的变化和战略需要，借助已有品牌的影响力，扩展产品线的深度和宽度，或者实施多元化、跨行业经营。成功的出版品牌延伸可以增加品牌资产的价值，为读者提供新鲜的消费体验，增强出版品牌的活力，给出版企业带来丰厚的利润回报，但是如果缺乏科学的分析和规划，盲目的拓展和延伸也会带来很大的风险，例如损害已有品牌的形象，在新行业中败北，分散企业资源导致效率低下，等等。因此，出版品牌管理要正确地处理核心价值的稳定性与动态创新的风险性两者之间的关系，唯有如此，才能长期获得读者的信任和支持。管理的目的是获得一定的秩序和降低不确定性，但是外部环境是复杂而快变的，出版企业如何知变应变，实现客户、企业和环境三者的协同适应，是经营者要面对的重要问题之一。基于以上考虑，出版品牌的拓展和延伸应该在变化与不变之间实现辩证的平衡，具体而言，就是要正确地分析读者的心理需求，保持出版品牌的核心价值不变，同时在产品、服务、沟通等具体细节上要动态调适，使得出版品牌成为一个开放系统，以应对不断变化的市场需求。就风险规避而言，出版企业需要注意延伸产品与原品牌的关联度，此外，在跨行业经营中则可以考虑以原出版品牌为主同时使用副品牌的多品牌策略。总之，不管是变或者不变，出版企业考虑问题的基准点都应该是市场需求的变化，在准确地把握读者需求演变的基础上，结合出版企业的愿景和战略，科学安排出版资源，高效地发挥自身专长，设计创新型的产品和服务组合来维系读者的认同和支持。

总而言之，无论出版品牌的内涵多么丰富，出版品牌管理的具体策略如何复杂，出版品牌的价值观都必须以读者信任为导向，即通过资源整合和科学管理，实现出版品牌与读者信任的完美对接，借助读者的正面认知和长期信任来促进出版品牌的成长、成熟。出版企业作为品牌的提供者，它的目的不仅仅在于通过出版品牌来获利，更要通过独特的管理模式来整合各种资源、协调各种关系，最终获得读者的长期信赖，以及出版企业愿景的圆满达成。

二　出版品牌管理成功与否依靠读者信任状况来测度

衡量品牌成熟与否以及成熟程度的标准是一个相当重要且异常复杂的问题。中外研究者非常关心品牌管理的效果，许多人对于品牌成熟状况的测度问题给予了关注，提出了各种各样的测度指标，如品牌成熟度，品牌排名（包括品牌资产排名、品牌价值排名、市场占有率排名、知名度排名、美誉度排名等），品牌价值的会计核算，品牌关系测量，等等。这些测度方法的维度虽然存在差异，但是都在一定程度上反映了出版品牌管理的效益。笔者认为，出版品牌管理的测度固然可以借鉴上述方法，但是从根本上看，出版品牌管理绩效的考核应该从读者信任状况切入。因为出版品牌的内涵会随着环境变化而动态调适，出版品牌旗下涵摄的产品非常多元，如果从具体的品牌定位、产品销量、市场份额等层面进行考察，得出的结论不具有稳定性，而且还会随着不同企业、不同发展阶段而产生偏差。而出版企业与读者关系的亲密程度、可持续性和稳定性的测度则可以避免以上弊端，这是因为无论是产品、服务的最优化还是其他品牌管理措施的最优化，最终都会以读者信任的改进表现出来。因此，要科学测度出版品牌管理的效果应该从读者信任状况入手，这样才能综合先前方法的优势，进行觅根溯源式的考评。根据读者信任与出版品牌之间的关系，笔者认为可以从以下几个方面进行考察：

首先，读者信任表现在购买行为方面，主要是反复购买同一品牌的图书产品，这是读者信任最主要的表现。[①] 反复购买行为（repeat

----

① Arjun Chaud Huri，Morris B. Holbrook，"The Chain of Effects from Brand Trust and Brand Affect to Brand Performance：The Role of Brand Loyalty"，*The Journal of Marketing*，Vol. 65，No. 2（Apr.，2001），pp. 81 - 93.

purchasing behavior）以及一次性大量购买行为①本身就能够证明读者的好感和信赖，否则这种消费行为就得不到合理解释。在出版领域，读者信任主要表现为对图书的好感和信赖，在信息不对称的前提下，读者消费选择会有一定的品牌依赖，特别是对基于自身体验而认可的品牌会表现出特殊的感情和依恋。换言之，"读者—品牌"或者"读者—出版企业"的关系范畴在实际的消费中体现为"读者—图书商品"的关系。一般而言，读者在购书过程中，会对出版企业及其产品进行监督或者考察，但是当读者对某个出版品牌产生信任之后，就会相信该出版企业会自觉按照承诺来从事生产和提供服务，从而会略去或者简化监督考察的程序，这样，购买的速度、频次和数量等都会得到相应提高。简言之，读者对图书的态度是由其对品牌的态度衍生出来的，品牌信任实际上是在读者和企业之间营造一种氛围和环境，通过它诱导、刺激读者产生购买冲动，继而产生有利于出版企业的购买行为。正因为读者信任主要是通过购买行为表达的，所以出版品牌成功与否以及成熟的程度可以从读者购买情况察其端倪。

读者购买情况的具体测度在计算机等信息工具广泛使用的前提下是比较简单的，出版企业可以通过联网的方式获得经销商、零售商的销售数据。这里需要注意的是，读者购买情况还会受到竞争对手降价、促销和宏观经济走势等客观因素的影响，同时出版企业自身的价格变动和促销措施也会影响到读者购买。所以，简单地将分销商的数据进行加总不能客观地反映读者的购买情况。出版企业的营销总监应该在销售数据的基础上，参考利润和成本等财务指标，科学地考察读者的购买情况，进而分析读者信任的水平及管理中存在的问题。

其次，读者信任表现为价格敏感度（需求的价格弹性）的下降。这里的价格是相对价格，即该品牌的图书产品和同类图书的相对价格。在我国，由于收入水平和消费能力的限制，一般读者都会比较关注书价，价格变量在影响图书销售的诸多因素中占据比较重要的位

① 这种大量购买行为一般来说在图书消费领域是比较罕见的，但是也不乏有些个体读者会自发大量购买，然后将富余的图书送给亲友的可能性；此外，团体读者一般会对成熟品牌下属的产品表现出特殊的青睐，一次性购买多册是常见的图书消费现象。

置。然而，对品牌的信任在一定程度上可以降低读者的价格敏感程度，让读者在决策中将关注的焦点转向作者知名度、图书内容是否实用、风格是否符合自己的社会地位、售后支持是否有吸引力等其他因素上。其原因主要有以下几点：（1）品牌信任让读者相信出版企业的定价是符合其品牌定位的，独特的定位代表出版企业公开承诺会给读者以优于同类竞争者的产品和服务，这种承诺必须依靠超出同行的营销努力和资源投入来实现，它会给读者带来较高的产品附加值，所以定价稍高是物有所值的，合乎情理。（2）品牌信任让读者相信出版企业的定价代表了相应的成本支出。出版企业的营销成本是比较复杂的，一般读者是无法清楚地了解具体科目和数量的，因此读者判断价格是否在保证出版企业盈利的基础上与总成本相适应，具有很大的主观性。如果读者信任该品牌，则产品定价的合理性很容易得到认可。（3）读者信任使得读者认为该企业的定价相对于同行来说是正常的。读者信任是基于区分和鉴别的结果，通过对一系列同类品牌的比较和辨别，读者选择性地认同某个品牌，这就意味着读者认为该品牌所代表的产品、价格、配送、服务等全套营销组合整体上是优于同行的，所以定价稍高是可以接受的。基于以上考虑，读者信任会自动地引导读者接受出版企业的定价，在交易过程中降低对于价格因素的敏感程度，这就赋予了出版企业一定的定价自由，降低了成本控制和资金筹集方面的压力。

再次，读者信任表现为品牌背叛行为减少，出版企业占有的市场份额稳步上升。读者信任为什么可以减少品牌背叛行为呢？主要有以下几点原因：（1）读者的购书行为具有情境依赖的特征，就是说读者会根据先前的购买经验以及阅读感受等"效果评价"来指导后续的消费决策和消费实践，这种"实践理性"的思维模式决定了读者在经历数次成功的消费体验之后，会选择信赖某个出版品牌，降低背叛的频率。（2）读者的背叛心理来自其他竞争品牌的产品的吸引，如果读者已经对某个品牌产生了感情和依赖，则外来"诱惑"的干扰就可以相应降低。在一定程度上，读者信任一个品牌以后，对于同类竞争者的产品和宣传会表现出"漠视"，认知影响行为，其现实表现就是读者倾向认为阅读某类图书选择某个出版品牌就足够了，"左顾右盼"没有必要，如此一来，在消费实践中也会减少背叛。（3）品牌信任让读者会更加敏感，对于温馨而人性化的细节感受更为深刻，这有利于读者背叛行为的减少。读者对于营销组合的感知是整体性的，它既有对产品质量的评价，又有对售后服务等营销细节的评价，整体感知包含了上述多种因素的比较、权衡的结果。在售后服务失败的情况下，读者信任是影响读者会否萌生转换意向的关键性因素，信任的作用明显超过了消费者不满意和感知价值等其他因素。[①] 也就是说，如果出版企业的服务存在瑕疵，而读者比较信任出版企业，那么此时读者背叛的概率还是比较低的。（4）品牌信任可以提高读者背叛的转换成本，从而降低读者选择替代品牌的概率。寻找替代供应商的行为由以产生的基础是转换成本过低，因此从保持竞争地位的角度考虑出版企业应该设法提高转换成本。根据研究，转换成本与读者满意、读者感知价值等有着紧密联系。[②] 读者信任某个品牌意味着读者满意程度较高，读者的感知价值与品牌定位、承诺比较符合，读者体验到的效用超过了预期，因此读者信任意味着转换成本较高，读者背叛行为较少。基于上述原因，可以得出结论如下：出版品牌管理成功可以促进读者信任，读者信任会降低读者背叛的概率，而读者购买行为的稳定性和一致性，可以使出版企业降低经营风险、改善营销绩效，实现稳步发展。因此，出版品牌管理本质上是一个出版企业与读者建立亲密、稳固关系的过程，出版品牌管理的成功带来的直接结果就是读者和经营者的双赢。

最后，读者信任表现为读者会主动进行有利于出版企业的口碑传播。这种自发的、正面的口碑传播，等同于读者免费为出版品牌进行"现身说法"式的宣传，这种不带有功利性的推荐更容易被其他读者所接受，从而能对出版品牌的成长产生积极效应。出版企业取得读者信任的关键在于通过一致的、持续的营销努力，使得图书产品和服务

---

① 赵冰、涂荣庭、符国群：《服务失败情况下的消费者信任作用研究》，《中国软科学》2007年第2期，第118—126页。

② Zhilin Yang, Robin T. Peterson, "Customer Perceived Value, Satisfaction, and Loyalty: The Role of Switching Costs", *Psychology and Marketing*, Volume 21 Issue 10, pp. 799 – 822. Published Online: 24 Aug 2004.

与读者需求动态匹配，使读者产生满足感和愉悦感。这种基于人性考虑的营销努力，一旦取得了读者的认可，读者便会自发产生人际传播的冲动，将自己的消费体验以口头方式或者其他方式（如实时聊天工具）传播给其他读者，在这种情况下，这部分满意的读者就起到了出版企业的"编外营销人员"的作用。就读者购书和阅读行为本身而言，读者在复杂的、多样的图书市场中，寻找与自己兴趣、需要最为契合的图书，第一步就需要从市场上获取出版发行信息，了解图书内容和责任者等相关信息，这种正式渠道获取的信息虽然在数量方面占据优势，但是可信度却并不稳定，相比较而言，从亲友熟人处获得的信息更能够让读者放心。读者信任在某种程度上就是一种安全感，这种安全感源于读者和出版企业之间的隐形"契约链"，这种契约链通过读者之间的人际传播可以有效延伸、拓展，促进其他读者对该品牌产生信任。值得指出的是，荐书的行为既可以发生在普通读者之间，也可以发生在名家、权威和普通读者之间，其中后者的影响力更为强大，因此通过名家、权威来推荐本版图书是一种可取的品牌推广策略。

总之，读者信任在出版企业营销活动的诸多细节中都可以显示出一定的外在特征，通过观察和分析读者信任状况及其发展趋势可以测度出版品牌管理的成功程度。从经营管理的角度来看，将读者信任水平作为指标进行测量、考核，加以监管和控制，是有效地提升出版品牌管理绩效的内在要求。

三　通过沟通和体验获得信任是扩大品牌影响力的必需

消费者在购买行为中表现出的品牌导向行为和品牌依赖行为，既有客观的理性成分，也有主观的感性成分。不管是理性层面的利益权衡，还是感性层面的情感依赖，企业都应该慎重地加以对待，采取营销措施予以满足。笔者认为，针对读者从自身利益出发而产生理性权衡的诉求，出版企业应该加强生产和销售管理，以为读者提供性价比较高的产品和服务。而针对读者从感情联系出发的感性诉求，出版企业应该通过沟通、体验等多元方式，让读者在参与中实现与出版企业的互动和交流，得到感情和心理的满足。读者信任是建立在上述经营思路协调一致的基础之上的，只有实现二者的有机统一，才能保障读者两类需求的满足和出版品牌管理的成功。

出版品牌管理要遵循上述思路，既要在产品性价比方面构筑竞争优势，又要通过沟通和体验在感情层面锁定目标读者群。其中，读者和出版企业之间交互沟通，不仅有利于出版企业集思广益，启发营销创新的思路，同时也有利于读者深入感知出版企业在知识信息服务的个性化、人性化等方面做出的努力。从这个意义上来看，沟通和体验实际上是出版企业激励读者的重要因素，就沟通和体验的过程来看，读者通过初期的期待、中期的享受、后期的回味等不同层次的参与，全面、细致地通过感官、情感同出版品牌进行全面互动，继而获得心理的满足和愉悦。这种体验自然比仅仅获得图书产品更能令读者产生好感和信任。在图书品种繁多、品牌竞争激烈的出版物市场中，创设环境诱导读者以个性化方式参与消费实践，并在过程中形成值得期待的、美妙的、难忘的感受，是出版企业未来竞争的必然要求。根据刘建新和孙明贵的研究，读者通过沟通和体验，能够对某些刺激产生相应的内在反应，同时读者的感受还与出版企业为了满足读者的感情需求所开发的产品、服务以及相关氛围有关。① 其中，产品和服务主要涉及读者的参与，充分地参与能够让读者更容易接受营销创新的结果，同时还可以满足读者受尊重和自我实现的心理诉求。而出版企业通过创设环境和氛围来鼓励读者参与沟通和体验，则有利于扩大出版品牌的社会影响，为出版品牌的成功奠定坚实的市场基础。随着计算机和网络技术的发展，读者与出版企业之间的沟通具有良好的技术支撑系统，因此在品牌管理的过程中，出版企业需要在观念上重视读者沟通和体验，在战略决策时应该将沟通和体验等方案提上议事日程，设法让读者全面参与，同时要根据环境变化适时调整更新。尤其是当出版企业遇到品牌危机时，更应该通过交流取得读者的理解和原谅，将危机引致的风险削减至最低程度。

例如，由清华大学历史系副教授王奇负责的《中俄国界东段学术

① 刘建新、孙明贵：《顾客体验的形成机理与体验营销》，《财经论丛》2006 年第 3 期，第 95—101 页。

史研究：中国、俄国、西方学者视野中的中俄国界东段问题》一书中多处译名和资料出现低级错误的事件被媒体曝光后，社会各界除谴责学术风气沦丧之外，对于出版企业仓促出错也进行了舆论上的问责，该书出版者中央编译出版社立即停止发行此书，并就审校工作中的失误向读者公开表示歉意。除了对于其中将"蒋介石"翻译成"常凯申"等低级错误的原因进行解释之外，中央编译出版社还采取了以下措施：由该书作者邀请同行专家核对书中译名，重新校对审定全书，尽快推出该书的修订版；与清华大学人文学院、社科院哲学所共同举办研讨会，就书中观点和相关问题进行深入探讨；严格审查社内校对、审读人员的职业资格，实施图书质量责任制。此外，该社对报道此事的媒体表示"衷心感谢各界对我社的关心和提出的各种宝贵意见"；"同时对工作中出现的失误向读者表示由衷的歉意。我们一定认真检查工作中的失误，切实改进我们的工作，继续坚持出版的学术导向，固守学术品牌，以不辜负广大读者对我们的厚爱"。[①]"流言止于公开"，中央编译出版社在处理品牌危机的时候，较好地利用了网络、报纸等媒体，实现了与读者和社会各界及时有效的沟通和互动，体现了一个老牌出版社的质量意识和商业伦理，主动承认并妥善处置错误、允许媒体和社会监督等措施不仅没有损害品牌形象，而且塑造了负责严谨的印象。

诚如所知，网络具有去中心化的特征。在互联网这个虚拟世界中，每一个参与者都是主体，当读者成为一定意义上与出版企业"平等"的主体的时候，参与和体验就成为一种必然的发展趋势。前文述及，读者强烈的心理认同与全面体验有着紧密的联系，在管理实践中，出版企业尊重读者的体验需求，设计符合出版品牌定位的主题，继而围绕主题来营造体验的氛围，通过整合多种感官刺激的效果来在读者心目中留下深刻印记，继而产生持久的、稳定的心理共鸣和感情依赖。对于读者体验需求的关照符合"体验经济"发展的历史潮流，学者姜奇平指出，未来出版业应该关照读者的个性化体验需求，利用

---

① 吴越：《蒋介石译成"常凯申"续：出版社停止发行并道歉》（2009年7月2日），2009年7月30日（http：//www.sciencetimes.com.cn/htmlnews/2009/7/221028.shtm）。

"按需印刷"等技术创新的成果，从制造产品转向提供服务和体验，要把创造价值作为决策的基准点，在与读者亲密接触的第一线为读者提供符合其特殊体验需求的信息终端服务。① 也就是说，这种面向个性化体验需求的长尾服务是未来出版业发展的方向，倘若要顺应这种趋势，出版企业必须通过量体裁衣、对症下药式的沟通和体验等来获得读者信任，进而塑造和完善出版品牌。

本章小结

本章主要探讨读者信任视角下出版品牌管理理念的确立问题。就本质而言，管理既是一门科学，又是一门艺术，它兼摄哲学、科学、技能、实务等多种层面的内涵，一切管理活动概莫能外。由此推理，品牌管理同样应该在认知层面进行理念的更新、调适。出版企业在品牌管理的过程中，应该从愿景、使命和战略的高度出发，树立面向读者信任的管理理念，唯有如此，出版品牌管理策略的设计和执行才能保证其科学性和有效性。管理理念的调整是出版企业改善出版品牌管理绩效的第一步，管理理念必须符合出版物市场和出版营销发展的未来趋势。

读者信任之所以应该放在战略理念层面来看待，主要有以下几点原因：第一，读者信任在出版经营活动中的地位非常重要。如前文述及，读者信任可以让出版企业获得营销创新的"缓冲时间"，自主选择创新的时机和创新的类型。读者信任还可以强化出版企业的核心竞争力，减少出版品牌延伸过程中的交易成本，同时在多元媒体博弈的市场环境中可以有效地抓住读者的"注意力"，对抗其他媒体抢夺受众资源的竞争。因此，读者信任在出版经营活动中必须一以贯之，出版企业应该将信任关系的建构和维系放到战略高度去对待。

第二，出版品牌管理的最高境界是获得读者信任。从本质上看，出版品牌管理就是长期对读者关系进行引导和控制的过程，出版品牌管理和读者关系管理在时间维度上具有同步性，在行动方案的设计和

---

① 姜奇平：《未来的出版业》，《互联网周刊》2007 年第 9 期，第 106—107 页。

执行方面也具有交叉、重合的可能。出版品牌管理的成功离不开读者的互动和参与，读者对于可获得价值的理性权衡和感性体验都离不开互动和参与，在互动和参与的基础上出版企业和读者可以形成相互信任的良好关系，信任关系不仅对出版企业提升品牌管理绩效有利，而且能大幅度改善读者的福利，信任关系的长期维持能让出版企业和读者双方实现双赢的目标。因此，出版品牌管理的最终结果将表现为读者对出版品牌的信任和消费。

第三，出版企业应该以读者信任为导向，树立理性、科学的出版品牌管理理念。具体而言，面向读者信任的出版品牌管理理念主要包含以下内容：出版品牌管理的核心是设法获得读者的正面认同和长期支持，正面认同主要是指读者好感和信赖，长期支持主要是指信任关系可以长久维系，具有一定的稳定性和持续性。出版品牌管理的绩效可以依靠读者信任状况来进行测度。出版品牌管理效果的测度方法林林总总，各有长短利弊，但是究其实质而言，应该从读者信任状况等表征现象出发进行观测、控制，并根据反馈结果动态优化品牌管理的具体方案；品牌影响力的扩大要通过出版企业与读者的沟通和体验，借助沟通和体验获得读者的信任和支持，促进出版品牌的成长和成熟。

总之，出版品牌管理是一个以读者信任为导向，通过与读者有效地交互、沟通来持续优化营销组合，继而螺旋式逼近出版品牌定位的、复杂的资源整合过程。出版企业确立了正确的出版品牌管理理念之后，还要围绕读者信任这一核心主题，科学规划、理性安排、协调优化，争取出版营销活动的整体成功。在确立以读者信任为导向的出版品牌管理理念的基础上，下文将继续探讨如何以读者信任为导向，通过管理策略的科学设计和高效执行来落实出版品牌管理理念，以期达成出版品牌管理的目标。

第四章 基于读者信任视角的出版品牌管理策略的建构

第一节 读者信任在出版品牌生命周期不同阶段中的功能

在读者信任形成过程中,读者态度和行为会发生一系列复杂变化,这些变化是可以监管和控制的。从可操作性的角度考虑,出版企业根据读者在出版品牌成长不同阶段的表现,规划、设计管理方案,进而获得读者信任,是一条可行的管理创新思路。以下根据出版品牌生命周期不同阶段读者信任的变化来讨论出版品牌管理策略。

一 出版品牌的生命周期及不同阶段的特征

在出版物市场中,每个出版品牌就像一个有机体一样,也会经历从出生到死亡的整个生命历程,出版品牌生存的基础是市场需求,假设有一天没有读者对某个出版品牌感兴趣,那么这个出版品牌的生命也就走向了尽头。出版品牌生命周期具体是指出版品牌在外部环境、阅读需求、内部管理等复杂因素的影响下,呈现出从诞生、成长、成熟、衰退、死亡或更新等类似于生物成长的、有规律的复杂过程。出版品牌是策划编辑、装帧设计、渠道布局、售后服务、广告宣传等一系列营销努力的综合性结果,它的塑造、经营、维系和转型是一项复杂的系统工程,其发展具有非线性、非平衡的性质。系统行为受到复杂性机理的控制,经常会呈现发展时快时慢甚至突变的现象,同时由于出版品牌运作系统中各要素及环节之间存在关联互动关系,如果不能持久、有序地协调运作，一旦某些关键要素和环节出现问题，便会导致连锁反应，危机相继发生甚至系统整体摧毁。① 出版品牌系统演化的复杂性，究其根底，与读者信任程度的起伏演变有着复杂的互动关系。从协同演化角度看，出版品牌生命周期是基于读者心理和行为的影响而发展的，因此品牌生命周期阶段的划分和判定应该依据读者的心智模式、行为表征来进行，继而根据不同阶段的特征调整营销组合，从而取得读者信任程度的提升，扩大出版品牌的市场影响。有鉴于此，根据读者态度和行为演变可以将出版品牌的生命周期划分为出版品牌认知期、出版品牌美誉期、出版品牌忠诚期和出版品牌转移期四个阶段。以下根据这种分类来讨论不同阶段的具体特征，并在此基础上讨论如何设计和执行品牌管理策略。

　　第一阶段，出版品牌认知期。出版品牌诞生之后有一段时间是没有什么影响力的，而且读者根本不了解该出版品牌的内涵和特质。在这个阶段，读者会通过各种渠道获得有关出版品牌的信息，主要包括出版企业及其经营范围、图书产品的特色和优势、出版品牌的个性特征等信息，这让读者对出版品牌有了一定程度的知晓，为出版品牌的成长奠定了基础。一般地，出版品牌认知包括品牌核心价值认知和品牌延伸价值认知两个层面。由于图书产品创新的速度和频率非常高，因此出版企业必须将上述两种价值结合起来加以推广，实现两者的动态协同，才有利于读者获得准确、全面的印象。其中，出版品牌核心价值的认知主要是指读者对出版品牌最重要的联想和印象，包括出版品牌的功能性价值、情感性价值、象征性价值和体验性价值等内容。在出版领域，品牌核心价值主要是指当有人在读者面前提及这个出版企业时，读者首先能够联想到的事物、特征、图像、符号等。出版品牌延伸价值认知是指读者在了解出版品牌最核心的属性之外，对于出版品牌其他特殊的、细节性的内涵和特质的认识和理解。这两种认知的差别主要表现在读者投入的时间不同、关注的重点不同，比如出版品牌核心价值的认知需要读者投入的时间和精力较少，而且读者

---

　　① 白玉、陈建华：《品牌生命周期的形成机理及其管理控制》，《武汉理工大学学报》（信息与管理工程版）2002 年第 6 期，第 117—120 页。

只要对营销信息给予关注即可获得对出版品牌核心价值的印象。从分类认知的角度看，出版品牌延伸价值属于更深层次的认知对象，由于品牌延伸价值复杂程度较高，所以出版企业应该对读者的认知加以引导。

此外，出版品牌宣传应该在整合营销传播（IMC）思想指导下，有机整合各种传播渠道，如广告、公关、促销、新闻事件等，特别是在网络等通信基础设施和技术迅猛发展且不断完善的今天，出版企业要充分地收集和挖掘与读者有关的数据，在研究读者行为趋势和认知习惯的基础上，保持传播口径一致，为读者提供符合其接受习惯的品牌信息。在条件允许的情况下，还要从读者人际网络和信息网络入手，进行传播方案的策划、设计、优化，比如社交网络的发展就为利用人际关系进行传播提供了良好的技术支持。当然，出版企业在操作中还应该考虑到自身的资源、能力、定位等因素，在多种备选方案中重点突出某些媒体的功能，同时及时分析读者反馈，诊断问题并调整沟通方案，实现读者对出版品牌最大程度的认知，为读者接受品牌以及达成信任做好铺垫。

为提高出版品牌推广的效率，笔者认为出版企业在充分调查的基础上，应该本着尊重读者、交相互动的原则，从以下几个方面将出版品牌的内涵传播给目标读者：出版品牌的定位（比如出版企业是以提供高雅人文经典读物为主，还是以提供学术类出版物为主，定位信息的提炼必须做到简洁、清晰）；出版企业的历史；出版企业的地域优势（所在地不同决定出版企业在信息资源的获取、作者的联络、独特的文化积淀等方面是否具有优势）；出版企业的使命和愿景；经营者的管理哲学和经营理念（包括服务意识、亲和力、诚信度等）；国际合作情况（比如，科学出版社与施普林格等国际学术出版巨头合作出版科技类学术著作）；图书的特色（包括质量、功能、售后支持等，主要是要凸显差异性和唯一性）；印刷技术等方面的特长（在数字出版时代，出版技术上是否有优势对吸引和锁定读者而言至为重要）；等等。以上要素都是出版品牌推广中可能涉及的内容，在传播过程中面面俱到是没有必要的，突出重点、留下印象才是关键所在。

总之，出版品牌认知期的管理工作以让读者最大限度地了解和认识出版品牌定位为主，出版企业在沟通过程中要着重强调自身的优势和特色。此外，与读者之间的交互讨论、及时对话也非常重要，这样才能保证上述信息可以经过一系列复杂转换在读者头脑中产生意义，进而改变读者的认知和行为。

第二阶段，出版品牌美誉期。出版品牌在经过认知期以后，已经被市场上的读者所了解，经过出版企业的努力，出版品牌会进入美誉期。在这个阶段，读者获得的出版品牌信息越来越多，在这些信息的刺激下读者初步形成有关出版品牌的大致印象，在后续的消费实践中，读者会根据消费经验调整这种印象，包括正面强化或者负面削弱。如果出版企业在营销中能够始终言行一致，读者通过"察其言、观其行"，认为出版企业及其产品值得信任，那么积极的品牌印象会得到强化，此时，读者不仅认可该品牌的价值，而且还会自发进行有利的口碑传播。出版品牌美誉期的到来是认知期结束之后，出版企业对品牌精心呵护的结果。因为品牌知名度不等于品牌美誉度。品牌知名度的提高可以通过较高的传播频次和大量的促销措施来达成，但是品牌美誉度则需要每个服务细节的完善和持之以恒的营销努力。而且有些出版品牌的知名度高，但是并没有美誉度，因为读者没有从消费体验中获得满足感，所以对该品牌评价不高。因此，知名度的高低并不能作为判断出版品牌是否进入美誉期的标志。

出版品牌的美誉度是驱动出版企业提升竞争绩效的关键要素。作为可持续增长的竞争优势的主要来源，出版品牌美誉度代表出版企业与读者之间关系的良性发展。换言之，读者的品牌依恋赖以发生的前提是出版企业的声誉已经获得统计学意义上的大多数读者的认可和支持。出版品牌美誉度有利于促进购书行为的变化，比如读者会锁定某个品牌，长期大量购买或者计划在未来购买，推荐给亲友熟人，等等。古塔乔德赫瑞（Arjun Chaudhuri）和莫里斯·B. 霍尔布鲁克（Morris B. Holbrook）在实证研究的基础上指出，在产品和品牌级别（brand – level）等变量可控的前提下，品牌信赖和品牌影响力会综合作用，引致消费者的购买行为忠诚（purchase loyalty）和态度忠诚（attitudinal loyalty），而购买行为忠诚反转过来又会促进市场份额扩大，态度忠诚会带来相对较大的定价空间。① 在出版品牌美誉期，读者心理和行为会发生有利于出版企业的转变，比如在新书上市时，更容易获得读者青睐，借此可以降低新产品的市场推广成本、提高经营者的定价自由、扩大出版企业的市场占有率，使出版企业获得较为稳固的竞争优势，等等。

总之，出版品牌美誉期是在品牌认知期基础上发展的结果，其主要特点是读者对出版品牌的认可，进而产生一系列有利于图书营销的态度和行为。在这个阶段，出版企业应该借势而上，开发更多更好的图书产品、完善售后服务、扩大市场版图，认真呵护出版品牌在读者心目中的正面形象。同时，出版企业还要加强营销传播工作，让更多的读者了解出版品牌，尝试阅读本版图书。在组织内部，出版企业需要规范生产和销售的流程，真诚地为目标读者服务。从长期发展考虑，出版企业不能满足于已有的成绩，而应该设法升华读者的品牌依恋，顺利过渡到品牌忠诚期。

第三阶段，出版品牌忠诚期。出版品牌进入美誉期后，出版企业在盈利能力方面就已经具有较强的竞争优势，而出版品牌忠诚期的来临则将这种优势推向了顶峰。在这个阶段，读者对出版品牌产生了高度认同和强烈依恋，通过长期接触和消费体验，读者充分体认到出版企业产品和服务的优良品质，理性权衡后会对该品牌给予较高评价，同时从情感联系方面看，由于长期选购和阅读会让读者产生心理上的"路径依赖"，这种依赖既有情感依恋的成分，也有转换成本的考量。简言之，读者在消费体验的基础上，通过对性价比、情感依赖等多种因素的综合考虑，权衡不同品牌的利弊得失，最终选择忠诚于某个出版品牌。这种忠诚建立在"通过历史来推演未来"的逻辑之上，符合人类普遍的认知习惯。

由以上分析可以知道，读者忠诚于某个出版品牌实际上有风险管理的考虑。在信息不充分和有限理性的约束下，应对不确定性的关键在于

---

① Arjun Chaudhuri, Morris B. Holbrook, "The Chain of Effects from Brand Trust and Brand Affect to Brand Performance: The Role of Brand Loyalty", *Journal of Marketing*, Vol. 65, No. 4, 2001, pp. 81–93.

发挥决策者的主动性和创造性，预测事物未来发展的种种可能，进而通盘考虑内外各种因素，做出满意决策，将不确定性削减到最低程度，或者利用不确定性带来的机会获取更多效用。面对复杂多元的图书商品供给，读者的消费目标是相对明确的，在该目标的引导下，读者重点考虑如何以最低成本（包括时间、精力、感情、方便性等）获得符合阅读需求的出版物。在琳琅满目的备选商品面前，读者感到不仅是欣喜和愉悦，更有困惑与茫然，即便是有各式各样所谓"权威推介""名人推荐"，由于其公信力存在缺陷，也不能从根本上起到辅助选择的"导航"作用，在这种情况下，读者关注的焦点将会从向外转为向内，即通过亲身体验、人际网络等来获取信息，这种决策模式长期发展的结果就是对某些品牌形成依赖。因为读者的经验和亲友的意见最终会将备选品牌的数目减少到一定数量，变成忠诚于某一个或某几个出版品牌。综上分析，品牌忠诚是一连串事件（信息的搜集和分析、备选品牌的筛选、消费经验的总结、决策结果的调整等）的结果，它的形成与读者的消费经验、理性判断、感情依赖和个性偏好等有着重要的关联。

在图书市场上，读者的品牌忠诚主要表现为读者对于出版企业及其产品有偏向性喜好，会多次购买该品牌图书，或者说读者转而购买其他品牌的概率非常低。读者忠诚会给出版企业带来如下好处：首先，出版企业的运营成本会大大降低，尤其是开发新市场的费用和新产品市场推广的成本可以得到大幅缩减，这些费用对于品牌不成熟的出版企业是一笔不菲的开支，对出版企业而言，节省下来的资金可以用于产品开发或者售后服务的改进。其次，本版图书易于争取到较好的陈列货架，出版企业在发行渠道的安排和销售网络的布局方面具有更多谈判优势，在中间商和零售商逐步计划介入图书生产环节甚至创建自有品牌的情况下，这种渠道管理方面的优势就更有积极意义了。再次，每个忠诚的读者都是本企业的活广告，这种基于人际关系的宣传推广，有利于消解读者对商业媒体的"免疫力"，吸引新读者认知和接受该品牌。[①] 最后，读者忠诚还会强化出版企业内部员工的诚信

---

① 张曼玲：《承诺与忠诚：出版品牌的内涵分析》，《北京印刷学院学报》2005 年第 4 期，第 46—48 页。

意识和服务意识。因为出版品牌代表出版企业对读者的郑重承诺，体现出版人的集体信用，所以从长远来看，保持诚信、竭诚服务将成为出版企业可持续发展的最佳策略。总而言之，品牌忠诚期是出版企业营销活动的黄金阶段，管理者应该尽力设法延长它。

第四阶段，出版品牌转移期。出版品牌忠诚期对于出版企业的经营管理具有极为重要的战略价值，管理者应该设法延长它，但是出版品牌的发展与其他事物一样存在起伏消长，一个"发展波"到达高峰并持续一段时间后，难免会出现衰退的迹象，因此，理性的管理者应该在适当时机进行"发展波"之间的转换，借此来减少周期性规律给经营活动带来的影响，使出版品牌能永葆青春。在出版品牌转移期，出版企业应该根据读者需求的变化，调整品牌定位、品牌内涵、品牌形式等要素，以柔性的品牌战略、动态的品牌策略适应复杂多变的市场环境。前已述及，出版品牌信誉建立在读者长期信任和支持的基础上，而读者信任的形成又离不开全方位的参与，在参与设计、生产和体验之后，满意的读者才会渐渐产生信任的心理和行为，针对读者需求动态变化、多元趋异的趋势，出版企业唯一能做的就是在恰当时机进行出版品牌转移，通过营销组合的更新和调整适应读者复杂多变的阅读需求。

读者心理变化过程可以概括为："感觉——判断——体验——共鸣——再体验——满意——信任——忠诚"几个阶段，其中体验这个环节可能需要经历多次，这种正向的态度和行为才会固定下来。具体分析上述读者心理变化的过程：读者通过不同的途径获得出版品牌的信息之后，首先会产生初步的感觉，接下来读者通过理性分析产品的性价比、品牌的个性与自身需求的契合程度，决定去尝试体验，如果在消费过程中感到满意则会产生品牌共鸣，心理共鸣的加深和反复，又能引致读者信任乃至忠诚的产生和强化。笔者认为，读者信任产生的基础是读者利益诉求、感情诉求等获得了满足，而且这种满足是长期的、全面的、稳定的、一致的、可预期的。然而，必须明确的是，读者需求是动态演变的，它会随着政治、经济、文化等社会因素发生这样或那样的变化，因此试图"以不变应万变"将变得极不现实。复杂性科学的研究告诉我们，现实世界的发展是系统性的，不仅复杂多变，而且各种因素间的非线性关系很难准确认知，因此人类应该从系统性、动态性视角出发，将任何事物的发展都镶嵌到其所处的系统中去考察，分析事物发展不同阶段的特征，结合具体情境来制定对策，将不确定性降至最低程度。这就启示出版企业必须将出版品牌看成动态演进的过程，随时注意结合读者需求的最新变化调整管理方案和执行规则，以螺旋推进的方式逼近目标。换言之，出版品牌管理应该追求动态优化，通过权变来对准快速变化的读者需求。这要求经营者要搭建互动平台，让读者参与出版品牌转移的决策和实施过程，唯有深度参与其中，才能保证转移后的出版品牌仍然能获得读者认同，也只有深度参与其中，才能保证出版企业有效地应对变化、利用变化，甚至在条件成熟时创造变化，引领阅读消费和行业发展。

　　综上可知，作为出版企业最关键的利害关系者，读者的态度和行为在出版品牌成长发育过程中始终扮演着重要的角色。出版企业要实现永续发展，终极策略就是与读者形成共生关系，通过互利互信来驱动双方的协同演化。读者信任的发展具有阶段性和层次性，这就要求出版企业在铸造出版品牌时，务必随时关注读者信任的发展状况，在调查分析和趋势预测的基础上，理性地设计和优化管理方案，实现读者信任价值导向下出版品牌的健康成长。

二　读者信任在出版品牌生命周期不同阶段的功能

　　随着读者交易权力的上升，读者信任成为影响出版品牌价值的关键驱动因素。考察影响读者心理行为的多重要素，可以发现出版企业在不同阶段的营销措施会对品牌的成熟度产生影响，同时会改变读者的品牌态度和消费行为。具体分析，读者品牌态度的变化可以简化为两种情况：忠诚或者转换。导致二者差别的枢纽是读者对转换效率的预判。转换效率等于转换收益和转换成本的比率。转换收益是可以预期的，一般等于或略高于原有品牌提供给读者的价值，读者关注的焦点在转换成本上，转换成本低则选择替代品牌，否则维持品牌忠诚，继续购买该出版品牌的产品。而转换成本是一个因变量，它本身受很多因素的影响，所以出版企业要获得、利用和保持读者信任以谋求长期优势，必须根据读者信任度的变化有针对性地设计品牌管理方案以适应不同阶段的特殊需要。具体分析如下：

第一，读者信任对于出版品牌认知的影响。在出版品牌认知阶段，读者面对多元的出版品牌，由于经验和理性的局限，在接受品牌信息时有一定的盲目性和随意性。此时，如果读者在以前消费中对某个出版品牌有所了解，在使用过程中曾经有过满意的体验，那么在面对大量品牌信息时，读者就会选择性地注意自己熟悉的出版品牌的信息，或者与该品牌相近的、相关的、相似的出版品牌的信息，这样，运用读者信任就可以有效地改善品牌推广绩效。在认知心理学领域，"选择性注意"（selective attention）理论认为，由于同一时间内人可以注意到的信息量有限，所以对信息进行取舍、过滤，抑制对于某些信息的加工和认识是一种普遍的心理特征。① 由这个规律可知，读者的认知选择是一把双刃剑，读者的有意关注对某些出版品牌扩大市场影响显然有利，但同时也增加了新出版品牌推广的难度。所以，出版品牌认知阶段要充分利用读者信任的优势，或设法将本品牌与成功的品牌挂钩，通过建立关联（相关性）获得关注。总之，读者信任对于促进读者认知非常有利，出版品牌认知期应该充分发挥信任的功能，特别是在产品品牌延伸或者出版品牌更新之际，更应该利用读者对原品牌的信任来扩大影响的范围和深度。

从中国出版业的宏观管理机制、发展历史和竞争情况来看，由于出版涉及上层建筑、意识形态和文化安全，我国出版企业大多是"终身制"，缺乏规范的"退出机制"，没有通过市场机制有效地实现优胜劣汰，在文化体制改革之后，出版机构由事业单位转变为企业单位，产业化运营机制的引入要求出版企业在出版品牌管理方面必须有所创新，避免由于管理不善导致的效率低下和被市场淘汰。在出版品牌认知阶段，出版企业的工作主要是出版品牌推广，出版品牌推广主要体现在品牌延伸和品牌更新两个方面。分别阐述如下：首先，出版品牌延伸主要是指在开发新产品（一般是大型出版工程或者丛书、套书、系列书等）时，在原出版品牌旗下扩展性推出新的产品品牌。此

---

① 刘志华、陈彩琦、金志成：《选择性注意的理论及其发展趋势——认知神经研究》，《心理科学》2003 年第 4 期，第 709—712 页。

时，原出版品牌，特别是出版企业品牌，如果已经得到读者信任，那么就可以"借势"加以宣传，诱发读者对延伸品牌的了解和认可。如果原出版品牌影响力有限，则应突出新品牌的特色和优势，比如名称、形象、属性、服务等方面的差异。此外，出版品牌延伸还包括出版企业利用富余的资金和其他资源进入其他业务领域，从事多元化的发展，此时出版品牌推广工作的重点与上述思路大致相同，即优先考虑借助出版企业的品牌来宣传延伸后的子品牌，如果原出版品牌影响力优先，则可以考虑多品牌战略。其次，出版品牌更新是指在经营环境和市场需求发生变化时，出版企业顺势对出版品牌进行重新定位或修正调整。考虑到出版企业的正当利益、读者接受习惯以及经营的稳定性，出版品牌更新一般会选择螺旋推进的方式，既保持原出版品牌的核心元素，同时又要有所突破和超越。鉴于此，出版企业在宣传推广过程中，应该将继承和创新两者同时突出，让读者明白出版企业的品牌定位是不变的，原来公开许诺的服务态度和服务质量不会有变化，同时又要让读者知晓产品或服务的改进情况，以供其消费决策参考。

　　以上分析说明，在出版品牌认知期，读者信任虽然处在不稳定或不成熟阶段，甚至尚有待培养，但是在条件允许的前提下，经营者应该最大限度地发挥信任在促进读者品牌认知方面的功能，让更多读者知晓出版品牌的内涵及其变化。在出版品牌推广过程中，出版企业要着力突出品牌个性和品牌许诺，让读者了解并接受出版品牌最主要的特征。

　　第二，读者信任在出版品牌美誉期的影响。出版品牌的美誉度实际上是出版企业与读者在长期交易过程中，在双方信息不对称的前提下，在利害分割的过程和结果等方面，通过长期、稳定地遵循一定伦理道德和行为规范的市场表现，传递给读者的一种综合性信息。[①] 李瑞娥、张慧芳认为在市场交易双方力量的非对等博弈中，信誉作为一种"柔性"中介，可以让交易伙伴获得信任，从而增强和提升交易

---

　　① 文建东：《诚信、信任与经济学：国内外研究述评》，《福建论坛》（人文社会科学版）2007年第10期，第20—24页。

伙伴三种信心，即"近期成功交易的信心，长期合作博弈的信心，远期期望的信心"，在信心、信任和信誉三者的良性互动中，双方都获得了正的外部性效果。① 笔者认为，从读者角度看，为降低交易成本和减少不确定性，读者理性的选择是借助出版品牌美誉度，对某个或者某几个出版品牌建立信任，继而在信心的驱动下，与该出版企业进行长期合作博弈。简言之，读者信任在出版品牌美誉期的影响主要表现为让读者相信出版企业不仅在近期的营销活动中提供了可靠的效用和较高的价值，而且在长期看来这种卓越的服务品质是可持续的。

在以读者为中心的时代，读者满意是出版企业构筑竞争优势的关键，在长期营销努力之后，借由读者信任获得美誉度，是出版品牌管理务必遵循的战略逻辑。具体分析，读者信任在出版品牌美誉期可以发挥以下作用：首先，读者信任可以让读者更易接受出版企业的品牌定位和营销策略，这样，可以有效缩短出版品牌从认知期过渡到美誉期的时间。一般地，知名度和美誉度之间存在一定距离，知名度高的品牌不见得就有美誉度，但是如果读者在了解出版品牌信息之后，通过消费体验获得心理满足，进一步产生信任，那么出版品牌就很容易过渡到美誉期，因为读者通过体验，印证了出版企业品牌承诺的真实性，进而信心、信任乃至信誉就由此而建立起来。其次，读者信任是参与和沟通的结果，在与读者互动的过程中，出版企业获得读者对于产品、服务等方面的反馈，借此可以重新设计或者优化营销方案，通过更能贴近读者需求的营销组合提高读者满意度。同时，在沟通过程中，读者对出版品牌从初步知晓逐步过渡到产生好感甚至萌生依赖和崇拜心理，因此借助鼓励读者参与和沟通可以帮助出版企业在构建读者信任的同时，驱动出版品牌顺利过渡到美誉期。再次，读者信任在出版品牌美誉期可以驱动利润增长。从成本效益分析的角度看，出版企业在认知期的资源投入可能没有回报，因为读者可能在获得品牌信息后并没有产生认同心理，或者产生了认同但是没有马上实施购买，而是计划在未来购买该版图书。然而，在出版品牌美誉期，出版企业

---

① 李瑞娥、张慧芳：《信心、信任与信誉：和谐社会的制度资本》，《西安交通大学学报》（社会科学版）2007 年第 1 期，第 62—66、81 页。

的资源投入由于读者信任的作用会顺利转变为销量和利润，因此出版企业只要慎重地监控和改善读者满意度，就可以有效地获得高额利润，颠覆竞争对手。此外，根据安科·E. 克里图瓦（Anca E. Cretua）和罗德里克·J. 布鲁迪伯（Roderick J. Brodieb）的实证研究，品牌形象和企业声誉对于客户感知价值和客户忠诚的影响是不一致的，品牌形象的影响更加细微（more specific），而企业声誉的影响更加宽广（broader），① 在品牌美誉期，由于出版品牌形象已经具有一定的市场影响力，同时边际改善的可行性较高，所以出版企业应该调整管理方案，通过细节的完善来取得品牌形象的改进，继而促进读者感知价值和信任水平的提升。至于出版企业的整体声誉则与宏观管理体制、社会关系、公益服务等有关，这些都需要出版企业根据自身条件，有效地开展公共关系活动，处理好与相关公众的关系，获取他们的支持和理解。出版品牌形象和出版企业声誉最终还是可以通过读者信任程度体现出来的，因为品牌形象和企业声誉最终会影响到读者对出版品牌的认知。最后，强势品牌的打造不仅应该关注外界的评价和反应，同时也应该设法激发、诱导内部员工的能动性和创造性。没有出版企业内部员工的贡献，没有价值链各环节责任者行动的配合与支持，就没有出版品牌管理的成功。读者信任是外界对出版品牌的积极反应，它能够辅助出版企业在内部形成一种以品牌为核心的、战略性的组织文化，其始终如一的清晰性以及对于营销各环节的统摄性有利于驱动员工缩小对于品牌定位和实施方案等的认知差距，继而在品牌管理目标的引导下，推动出版品牌的健康成长和竞争绩效的有效提升。②

　　归结起来，作为出版品牌强盛的基因，读者信任在出版品牌美誉期的战略地位应该得到充分重视，出版企业应该设法利用读者信任促进出版品牌美誉期的到来，同时推动出版品牌梯度发展，使出版品牌

---

　　① Anca E. Cretua, Roderick J. Brodieb, "The Influence of Brand Image and Company Reputation where Manufacturers Market to Small Firms: A Customer Value Perspective", *Industrial Marketing Management*, Volume 36, Issue 2, February 2007, pp. 230 – 240.

　　② Leslie de Chernatony, "Brand Management Through Narrowing the Gap Between Brand Identity and Brand Reputation", *Journal of Marketing Management*, Volume 15, Numbers 1 – 3, April 1999, pp. 157 – 179.

尽快进入读者忠诚期。

第三，读者信任在出版品牌忠诚期中的作用。作为出版品牌成熟的关键驱动因素，读者信任在出版品牌发展过程中的积极作用是贯穿始终的。然而，比较而言，在出版品牌忠诚期，读者信任的驱动作用是最大的，对出版企业的营销活动影响最深。前已述及，在品牌忠诚期，读者会对出版企业的产品和服务表现出信赖和依恋，这种态度和行为形成的基础是读者理性地评估过品牌转换效率，经过权衡后，认为选择替代品牌并不理智，所以才会从信任演变到忠诚。简言之，读者信任在出版品牌忠诚期的作用主要表现为：一方面，有利于促进读者接受出版企业的图书产品和服务，增强读者的安全感和依赖感；另一方面，可以降低同类品牌博弈策略的有效性，提升出版企业的竞争绩效。

袁登华的实证研究指出，品牌忠诚的动因主要包括品牌信任、品牌认同、品牌习惯和品牌安全感等心理要素，而导致消费者进行品牌转换的心理动因则主要有诱因转换、不满转换、求新转换和轻视转换等。① 笔者认为，品牌忠诚和品牌转换实质上是一个问题的两个方面，品牌忠诚本身就意味着消费者对某个品牌具有偏向性喜好，从而会持续、大量购买，与此同时，品牌忠诚还表现为对其他品牌商品的低价、新鲜以及促销宣传等不敏感。换言之，在一定程度上，品牌忠诚就等于不进行品牌转换。因此，经营者获得消费者忠诚关键在于提高转换成本，或者说让消费者感到转换是低效的甚至是没有效率的，所以愿意持续购买同一品牌。就管理者行为路线而言，针对诱因转换、不满转换、求新转换和轻视转换等几种心理动因，出版企业应该实施特殊的营销项目，为读者提供个性化的产品和特殊化的服务，消除可能存在的隔阂与误会，不断地创新产品和服务的内涵，提高让渡给读者的价值，引导读者的态度向积极的方向发展，促使读者早日养成比较固定的品牌习惯。

在图书出版语境下，读者信任出版品牌主要针对的是出版企业履

---

① 袁登华：《品牌忠诚和品牌转换的心理动因探讨》，《心理科学》2009 年第 1 期，第 130—133 页。

行承诺的专业能力、行为意向和品牌品质①三个方面，在出版品牌忠诚期这个"黄金时段"，出版企业除了一如既往地履行承诺之外，还要根据竞争对手的营销策略，针对性实施"攻心术"，减少读者的不安全感和不满意感，同时顺应读者求新、求异、快变、猎奇等心理，在营销细节上给予关注和满足，比如适时改变装帧设计、赠品类型，接受多种支付方式，提高配送效率等，尤其对数字出版物使用过程中的难题，要根据读者反馈及时给以回应，进行符合其需求的、个性化的咨询和培训服务，让读者在使用过程中逐步形成"路径依赖"，养成品牌习惯，从而在潜移默化中抵御竞争品牌的诱惑，防止读者发生品牌转换行为。也就是说，出版企业巩固读者忠诚的过程中，要从多方博弈的角度出发，既要考虑如何刺激读者反复使用、多次体验，形成习惯性依赖，又要考虑如何引导读者抵御来自竞争者的诱惑，从而将读者忠诚的作用推向极致。

从出版品牌管理的角度来看，品牌忠诚期读者的行为特征以及消费中释放的信号，对于出版品牌管理有重要的参考价值，因而出版企业应该考虑长远，借助数据库技术和信息挖掘技术，将与读者交互中搜集的信息进行归类整理和分析研究，以备决策参考之用。品牌价值的增长根本上取决于读者的态度和行为，面向读者信任的战略选择决定了出版企业在品牌忠诚期应该系统、客观地总结成功经验，并在读者参与的前提下持续创新，促使双方信任关系持续发展。

第四，读者信任在出版品牌转移期的效用。读者信任的形成实质上是一个螺旋式推进的过程，其间会受到多种外部因素的干扰，因此试图被动应对读者需求的思路不能适应复杂多变的环境，出版企业必须灵活地针对市场变化创造性地从事图书营销活动。因为阅读需求变化剧烈而迅速，出版企业是难以准确把握的，甚至在某些情况下，读者本人也很难说清，需要出版企业根据科学的数据分析和趋势研究加以把握，加上出版技术进步速度加快，更是缩短了图书的市场寿命，这些都对经营者提出了更苛刻的要求，所以持续改变、动态适应成为

---

① 袁登华：《品牌信任研究脉络与展望》，《心理科学》2007 年第 2 期，第 434—437 页。

出版企业的必然选择。换言之，出版品牌管理必须坚持动态适应原则，在顺应读者需求的前提下适时进行出版品牌转移。

在出版品牌转移期，读者信任的作用主要是降低品牌更新的交易成本、维持读者的信心和依恋、借由读者的建议和反馈帮助出版企业走出经营困境，等等。读者信任是一种积极的心理状态，它可以让读者对出版企业形成正面认知，继而产生积极的合作态度。在出版品牌转移期，信任让出版企业更易于通过互动交流获得有价值的反馈，进而据此搜索和确定品牌更新的方向，或者改进营销方案，重新获得读者认同。在出版品牌转移期，出版企业应该重温组织的愿景、使命和价值取向，在综合考虑资源、能力、环境、竞争形势等要素的前提下，调整战略方向和发展思路，以更好地对准读者需求，重建互信合作的关系。

读者的态度和行为在出版品牌转移期与品牌忠诚期有较大差别。读者在产品和服务不太符合自己需求的情况下，就会产生转换意向，开始考虑选择替代性品牌，同时读者满意度和感知价值的作用被削弱。[①] 此时，出版企业应及时针对读者抱怨采取挽救或弥补措施，特别是要设法控制感知价值，从而转化读者态度和行为，保持读者的信任水平，比如敞开沟通渠道，让读者畅所欲言，欢迎读者就质量问题投诉和提出改进意见。即便上述措施没有取得预期效果，出版企业起码可以在读者心目中留下良好印象，读者会对出版企业持积极态度，这无疑会给出版品牌更新提供有力的支持。从后续发展看，如果出版企业希望找回流失的市场份额甚至颠覆竞争对手，那么在发展低潮期保留读者信任，是保存实力、徐图赶超的最佳策略。在市场变幻无常的情况下，经营风险控制的难度相当大，出版企业唯一有效的措施就是从客户入手，抓住具有忠诚潜质的读者，尽力提升这些优质读者群的终身价值。总之，交易是短暂的、多变的，而双方关系的长远发展则可以实现利润的持续增长和最大化，因此，无论是处于出版品牌成长的哪个环节，出版企业都必须从读者的利益出发考虑问题。

---

① 赵冰、涂荣庭、符国群：《服务失败情况下的消费者信任作用研究》，《中国软科学》2007 年第 2 期，第 118—126 页。

以上从读者信任在出版品牌生命周期不同阶段的功能的角度分析了两者之间的关系。研究发现，在出版品牌发展的各个阶段，读者信任都起到了关键性的驱动作用，这启示出版企业在制定品牌管理策略时，务必要考虑读者的心理和行为，并将其作为战略要素加以对待，根据所处环境和其他条件，设法引导读者信任的正向演变，使之符合品牌管理的整体战略和出版企业的愿景、使命。总之，出版品牌管理可以视为出版企业将目标读者和自身利害关系加以整合协调使之协同共进的一系列活动的总和，读者信任的演变与出版品牌的兴衰两者息息相关，理性的经营者应该促进双方良性互动，实现两者的共生演进。

三　读者信任与出版品牌的耦合机理分析

以上分析得出的结论是，在出版企业的经营实践中，读者信任和出版品牌管理之间存在不可分割的密切关系。读者信任的获取和维系在出版品牌管理中占据非常重要的地位，出版品牌管理的核心则在于读者信任的培养和巩固，两者循环作用、交互促进。因此，出版企业应该实现读者信任和出版品牌的动态耦合，通过两者良性互动，同时实现读者信任状况的改善和出版品牌管理的成功两个目标。以下就读者信任与出版品牌互动耦合的机制和模式进行探讨。

首先，从读者信任和出版品牌耦合的目标看，读者信任可以让出版企业聚集更多资源，成熟的出版品牌在吸引资源方面也有类似功能，出版企业获取读者信任和塑造品牌的目的都是突破资源的限制把握有利机会，因此读者信任和出版品牌耦合的目标是在市场博弈中获得可持续的竞争优势。就品牌管理而言，通过品牌提升竞争绩效是研究者的共识。因为一方面品牌是出版企业获得认同、赢得人心的战略性要素，通过出版品牌的魅力驱策读者感情，改善合作关系，颠覆竞争对手，这是经营者进行品牌管理创新的基本逻辑和核心动力；另一方面，品牌管理方案是否有效的评价标准是读者信任，如果读者不授信给出版企业，这些管理措施都归于无效，一切营销策略都没有意义。换言之，读者信任是衡量品牌管理成败的试金石。读者信任的培养将目光聚焦于客户，看似忽略了对竞争对手动向的考察，但是只要与读者关系处理得当，出版企业自然可以在竞争中取胜。这是因为读者的数量有限，同一主题的图书读者购买了某个出版品牌就不会再购买其他品牌。要而言之，品牌成功和读者信任是一个事物的两个方面，其目的都是帮助出版企业构筑竞争优势。从作用机理分析，读者信任是出版企业通过品牌承诺、质量控制、沟通互动、持续创新等一系列营销努力主动争取的结果，读者信任在促进品牌成长方面的作用是基础性和关键性的。而读者信任本身又是不稳定的，它会受到各种外部因素和读者主观感受的影响，因此，出版品牌管理就是要观测和控制读者信任的波动，借此实现出版品牌影响的最大化，培养可持续的核心能力。

企业竞争优势的获取和维持都需要消费者的认同和支持。在出版领域同样如此，出版企业的品牌承诺是在向读者做出提供一定经济价值和感情价值的保证，然后读者通过消费过程体验产品和服务获得对该品牌的印象，在这个过程中，会有许多干扰因素，出版品牌管理就是设法让读者的正面印象得到维持和强化，这就需要在产品和服务的品质上保持稳定，不能有太大的上下波动。有的出版企业在利润诱惑面前，忽略了市场机会转换为企业机会的基本条件，盲目进入自己不熟悉、不擅长的出版领域，导致品牌声誉出现问题，这种"机会陷阱"处理不慎极有可能导致信任危机。此外，出版品牌管理成功的源头活水在于不断创新，尤其是在读者消费选择的机会成本日益提高的前提下，出版企业的创新速度过慢将不能适应市场的快速变化。而营销创新成功的关键仍然是读者信任。卢泰宏先生在分析营销创新战略时，曾经提出过"适度创新"的概念，是指企业在创新幅度和创新点的选择方面，要根据消费者的感觉来进行取舍。[①] 出版营销创新虽然必须考虑竞争对手动向、自身薄弱环节、战略目标、专业能力和资源拥有量等因素，但是读者的感觉以及接受的可能则是需要考虑的首要问题，唯有以读者信任为导向，才能高效驱动出版品牌的健康成长，提高品牌管理的绩效。总之，从读者信任的获取和出版品牌管理

---

① 卢泰宏：《中国营销创新的 22 条军规》，《决策与信息》2005 年第 5 期，第 60—63 页。

的目标来看,两者在很大程度上具有一致性,即都是为了让出版企业在复杂多变的环境中延长竞争优势的生命周期。

其次,读者信任和出版品牌的耦合模式分析应该从两个维度切入:第一个维度是基于读者信任动态演进过程的耦合,即从读者信任的获取、维系、培养、利用、升华的角度研究二者的耦合性;第二个维度是基于出版品牌成长的耦合,即以出版品牌生命周期的划分为起点,分析和构建面向读者信任的出版品牌管理战略和策略,继而讨论双方利益关系共生演进的具体路径。从读者信任动态演进和出版品牌成长两个维度共同"施力"加以研究,不仅有助于出版企业科学地规划和设计品牌管理的战略和策略,改进出版品牌管理的绩效,而且赋予"为读者服务"和"以读者为本"等理念以更务实的内涵和意义,改善出版企业与读者之间的关系,更好地实现出版活动的社会价值和历史使命。从可行性的角度分析,读者信任的增长与出版品牌的成熟在时间维度上大致同步,读者信任增长的过程也就是出版品牌从认知期经由美誉期过渡到忠诚期的过程,至于出版品牌转移和更新则是另一轮读者信任增长的过程,因此,从时间角度看两者的耦合具有可操作性。从管理对象和管理内涵的重合性方面看,无论是读者信任的获取和维系,还是出版品牌管理,都需要管理者就读者的心理和行为变化进行科学的、精细的监测、引导和控制,整合一定的资源改善出版企业与读者之间的关系,因此,两者在管理对象和管理内涵上具有一定的相似性,有许多管理工作是可以系统规划、同步执行的。

读者关系管理和出版品牌管理都是复杂的系统工程,所以研究者应该注意问题的关联性和整体性。读者信任与出版品牌的耦合模式虽然是从两个维度切入的,但两者的作用却是交互性的、共时性的。换言之,读者信任水平的波动与出版品牌管理的状态呈现同步演进的特征,读者信任水平越高,出版品牌就越成熟,反之亦成立。所以,出版企业应该从全面营销的角度审视读者信任与品牌管理问题,实现两者的有机结合,比如在宣传推广、履行承诺、品牌转移的时候,不应该仅仅注意出版品牌资产的增长,而应该考虑读者的心理感受和接受习惯,否则一旦丧失对方信任,将会给出版品牌带来长久的、无法弥补的损失。从客户终身价值(customer lifetime value)的视角来看,出版企业要获得读者信任乃至读者忠诚，就必须从过去、现在和未来三个时间维度来分析读者的价值，设法建立长期的合作共赢关系。① 循着这条思路，在环境动荡多变的条件下，面对读者日益复杂、个性的阅读需求，出版企业唯一的选择就是鼓励读者全面参与营销和品牌管理活动，通过读者的全面参与获得认同、信任和忠诚，最大限度地提高读者未来可能为出版企业提供的收益总和。② 通过吸引读者参与，出版企业可以利用读者的知识提高营销策略的针对性，同时还能将读者提升到合作者的位置，从而为双方关系的实质性改善和可持续发展奠定基础。唯有将读者视为合作伙伴，从长远角度出发谋划双方关系，实现读者角色、地位的真正转变，才能有效改善读者信任状况，同时最大限度地提升读者给出版企业带来的收益，实现品牌资产的最大化。

再次，读者信任和出版品牌耦合的实践基础分析。中外出版业发展历史启示我们，读者信任可以驱动出版品牌的健康成长，而出版品牌管理追求的是读者的共鸣和信赖，所以读者信任和出版品牌的互动耦合具有坚实的现实基础。具体而言，读者的阅读选择为了规避较高的时间、精力、感情等机会成本，一般会参照一定标准，比较常见的有新闻报道、专家评介、出版品牌、作者声誉、亲友推荐等，这些参考标准的选用虽然因人而异，但是总体而言在购买和阅读之前，通过一定的信息渠道和人际网络获得出版发行和品牌方面的信息，在对质量、价格、功能、服务等相关信息掌握到一定程度后，读者才会决定是否购买，这是常见的消费决策程序。在消费经验积累到一定程度之后，读者会锁定某些出版品牌，信任并长期购买这些品牌的图书商品。这种选择过程实际上是读者品牌信任感建立并逐步强化的过程。既然读者信任对于阅读消费有如此重要的作用，那么借助读者信任来强化出版品牌是可行的。比如，通过读者信任来强化出版品牌的声誉，进而影响更多不了解该品牌的读者的消费选择，扩大出版企业的

---

① 黄建江：《基于顾客终身价值的关系营销策略分析》，《商场现代化》2007 年第 6 期，第 114—115 页。

② 朱俊、陈荣秋：《不确定环境下的顾客关系管理》，《华中科技大学学报》（社会科学版）2006 年第 1 期，第 56—60 页。

市场影响力。再如，利用读者的信任宣传新产品和新业务，增加产品创新和多元化战略成功的概率等。

从关系管理的角度来看，读者属于出版企业的利益相关者，出版企业使命和愿景的达成，有赖于读者的自愿合作，而合作的前提是获得对方的认可和信任。也就是说，当读者感到双方的交易是互惠的，他们才会认为出版企业是值得尊重和信任的，进而读者才会自愿与出版企业合作，将自己的信息、知识等传递给出版企业，以及与之建立长期的合作关系等。读者品牌信任的结构是非常复杂的，Patrica Gurviez 等人的观点比较具有代表性，他们认为品牌信任属于心理变量的范畴，主要包含了三种假设，即：一是能力假设，就是品牌可靠度（Credibility），指消费者对于品牌在产品性能和功能等方面为自己提供满足的期望；二是诚信假设，就是品牌诚信度（Integrity），指消费者对于出版企业做出承诺和履行承诺的预期，即消费者相信企业的许诺是真实不虚的；三是善行假设，就是品牌善行度（Benevolence），是指企业是否会大度地、持续地考虑消费者利益的品牌能力和经营动机，这种善意的营销哲学会给读者带来安全感。① 以上假设涉及经营者的能力、品质和善意三个维度，同样，读者信任也涉及利益考虑（主要是计算出版物及服务的性价比）、情感考虑（主要是对出版企业善意的考察）和理性考虑（主要考虑出版企业成功履约所需的自愿和能力等状况）等。可见，读者信任的形成需要出版企业从利益、情感和理性等多个维度满足读者的期望与需求。从读者信任的形成机制来看，读者通过亲身体验和人际传播等方式获得品牌信息，继而进行逻辑上的理性推理和感情上的经验总结，综合考量之后决定是否授信给某个出版企业。可见，成本效益分析实际上贯穿读者信任形成过程的始终，这决定了出版企业必须时刻关注读者的心理需求和反馈意见，从而针对性地设计和优化品牌管理策略，在动态调适中提升品牌管理绩效，同时有效地实现双方信任关系的建构和维持。

最后，从实际操作层面分析，读者心理和行为的监测和控制是读

---

① Patrica Gurviez, Michael Korchia, "Proposal for a Multidimensional Brand Trust Scale", 32nd *EMAC Conference – glasgow Marketing: Responsible and Relevant*, 2003.

者信任和出版品牌耦合的切入点。如前所述，读者信任和出版品牌之间存在相辅相成、相互依赖的关系，那么实现两者良性互动、共生演进的路径到底是什么？分析读者信任和出版品牌的发展规律，可以发现，读者心理和行为的变化是两者健康发展必须关注的关键要素的"交集"。一方面，读者信任本身就是一种态度的外显，它与读者的消费预期、亲身体验、认知评价等心理活动有关，同时读者信任也是一种消费行为，它表现为持续购买、大量购买、主动推荐、价格敏感度下降、漠视竞争者的优惠等，而这种态度和行为的正向发展就是信任关系建立和强化的核心内容；另一方面，出版品牌管理的实质就是出版企业通过系统性努力，尽力降低读者需求复杂演变带来的不确定性，从而使得出版品牌可以稳步发展，为出版营销活动的整体成功提供有力的支持。因此，出版品牌管理必须监控、引导读者心理和行为等变量，借此改善读者信任的水平，否则降低经营风险、实施有序发展的管理目标将无法达成。因此，从具体操作层面考虑，出版品牌管理要实现与读者信任的耦合，关键是对读者心理和行为的监测和控制。

随着互联网和 IT 技术的日益进步，出版企业可以借助即时通信工具以及数据挖掘技术，及时获得读者心理和行为变化方面的资料，然后针对性地设计出版品牌管理方案，通过引导读者心理和行为的变化以促进出版品牌的良性发展。利瑞（CO'Leary），拉奥（S. Rao）和佩里（C. Perry）通过一家大型澳洲数据库公司提供的数据分析认为，现代化的企业完全可以将互联网营销（Internet marketing）和数据库营销（database marketing）结合起来，通过两者的有机联动提升客户关系管理的绩效。例如，互联网的使用可以让企业更准确、更迅速地获取消费者信息，节省成本支出，亲密互动和改进关系。[①] 该研究主要分析了网络技术和数据库技术联动作用的效果，实践中出版企业需要将 IT 技术人员和营销人员组织起来，通过互动协作将读者心

---

① CO' Leary, S. Rao, C. Perry, "Improving Customer Relationship Management Through Database/Internet Marketing", *European Journal of Marketing*, Vol. 38, No. 1, 2004, Issue 3/4, pp. 338 – 354.

理和行为变化等信息充分地加以挖掘和分析，预测读者消费行为的变化趋势，为出版企业的品牌管理提供支持。在传统经营环境中，技术人员和营销人员之间的直接对话大多稀少，导致彼此之间对对方业务内涵缺乏了解，因此，从组织管理角度看，出版企业的高层领导要支持技术人员与营销人员之间的沟通与合作，为他们创造有利的机会和气氛，在组织内部形成互相尊重、协同创新的良好氛围，努力促成技术人员和营销人员之间的通力合作。目前，国内出版企业的信息化水平已经允许实施上述思路，这在客观上为读者信任和出版品牌的耦合提供了技术方面的支持。随着数字技术的日益进步，利用网络和数据库技术不仅是出版品牌管理的内在需要，同时也是出版营销管理全面创新的必然要求。出版企业应该顺应时势，积极地转变观念，引进上述管理工具，通过管理的科学化、精细化革命，促进读者信任水平的大幅度提升。

综上可知，读者信任和出版品牌可以实现互动和耦合，尤其是在互联网技术和数据库技术飞速发展的情况下，竞争格局的复杂变化要求出版企业必须适应新形势，通过对读者心理和行为的监测、控制来获取和维系读者的信任，进而以此来追求品牌影响力的最大化，实现出版企业的使命和愿景。同时，从价值观层面来看，出版活动永远不能单纯地将盈利作为唯一目标，而应坚持为读者精神文化需求服务的经营理念，坚守文化人的角色定位，宣传科学技术知识，传播先进社会思潮，① 这要求出版企业充分利用一切技术创新成果，根据读者需求的动态演变，整合一切可以驾驭的资源，在满足读者效用诉求的同时实现自身的发展壮大，真正地将双赢的理念落实到出版营销管理的每个环节。

第二节　以激发读者信任为导向的品牌认知策略

出版营销活动的实质是寻找买卖双方利益的"黄金分割点"，利益的公平分配和合理共享是市场交易顺利进行和持续发展的关键。出版品牌管理的意义在于降低"寻找"成本和"监控"成本，以最小的代价来促成出版企业和读者之间的合作。读者信任在出版品牌管理

---

① 吴平：《不能毫无保留地拥抱市场》，《编辑学刊》2002 年第 5 期，第45—48 页。

中的战略地位，决定了出版企业在品牌生命周期的每个阶段都应该得到充分重视，即出版企业需要通过有效的营销组合来赢得和维系读者信任，进而提高出版品牌管理的绩效。

一 读者核心利益的精准分析和有效定位

在买方日益强势的今天，读者通过私下交流结成需求链（Demand Chains），通过对分销商的掌控，形成读者联盟与出版企业就产品、价格、服务等问题进行讨价还价，这种互动方式的跳跃式变迁，要求出版企业整合技术要素，更为精准地捕捉读者的感觉和追求，唯此方能保证新产品有理想的销路。众所周知，出版品牌管理成功的关键在于有效地满足读者诉求，通过利益共享争取双赢，最终实现出版企业的愿景和使命。为达成目标，出版企业的起步工作是搜集读者核心利益方面的信息。读者核心利益是品牌管理的逻辑起点，精确分析读者核心利益诉求及其变化是出版品牌定位的前提，对于读者核心利益诉求缺乏正确、及时的认识，就没有办法通过营销组合予以满足，更遑论获取读者信任。数据挖掘（Data Mining）技术的成熟为出版企业分析需求信息提供了必要的工具支持，但是读者核心利益的分析和确定是一个复杂的问题，一方面有关读者心理、行为和交易历史信息的搜集和分析要求准确、翔实、全面，因此信息渠道不能仅限于网络，而应将交易现场的反馈与其他渠道获得的信息综合起来，加以归类整合，以求全面客观。另一方面信息的更新要及时，因为读者核心利益变化迅速，如果信息过于陈旧，即便信息挖掘技术再科学，得出的结论也没有价值。所以，基于以往交易行为来分析读者需求是不够的，通过互动沟通实时获取读者反馈，并加以科学分析和预测，才是有效应对快速变化的关键。从内容产业发展趋势看，出版企业针对个体读者实施"一对一"营销（One – to – One Marketing）将变得不无可能，为此出版企业建构读者数据库，通过数据挖掘技术掌握读者需求及其演变，进而改善双方关系，这将成为一种理性的选择。[①] 简单

---

① Peppers Don，Rogers M.，Doff B.，"Is Your Company Ready for One to One Marketing"，*Harvard Business Review*，No. 1 – 2，1999，pp. 151 – 160.

说，出版企业要针对每个读者建立个人信息库，将读者在以往交易中的资料以及读者实时反馈的信息加以分类整理，以求为读者提供独一无二的人性化服务。

读者的核心利益诉求是品牌核心价值定位的基础，核心利益诉求满足的程度决定读者是否会对出版品牌产生好感和信任。同时，核心利益诉求变化的加快要求出版企业应该注意信息的时效性，亦即要及时取得第一手的有关读者心理感受和兴趣转移趋势的信息。出版企业可以通过读者俱乐部、专门论坛、调查问卷、电子邮件、电话联系以及卖场沟通等方式来获取读者信息，比如读者的职业类别、教育背景、社会阶层、文化水平、价值观念等。[①] 同时，可以通过报纸、电视、网络等大众媒体获得有关文化思潮、流行时尚等信息。此外，编辑工作者则可以通过人际关系网络了解作家的创作意向、写作计划、学术兴趣等。在全面收集以上信息的基础上，可以建立营销信息数据库，通过有效的管理，挖掘其中潜藏的商机。例如，MBA 教学案例库就应该根据教师和学生的反馈进行内容更新，同时可以根据学生的人脉发掘其他商务类书籍的供求缺口，进而根据市场需求开发符合此类需求的出版物。再比如，新东方教育科技集团就利用自己的外语培训方面的教学经验和教师资源，出版了大量的外语教程、外语学习辅导书和人生励志系列读物，这些图书市场表现的成功很大程度上就与新东方教育科技集团在教学过程中对学生核心利益诉求的了解和认知是分不开的。

在分析读者核心利益诉求之后，出版企业应该根据阅读需求，针对性地进行品牌定位。出版品牌定位根据读者偏好差异可以分为两类：其一，在出版物形式趋于数字化、虚拟化的今天，读者越来越重视内容资源的品质和特色，所以出版企业在品牌定位的时候，需要突出自身在内容资源方面的优势和特长，比如擅长某个学科门类书籍的编校、在某些类型出版物的出版方面经验丰富等，尤其是学术类数据库出版更应该从内容结构的差异上突出独有的特征。其二，在图书功能越来越多元趋异的情况下，出版企业可以根据读者核心利益的不同

---

① 郑丽芬：《出版社的数据库营销》，《大学出版》2008 年第 1 期，第 47—52 页。

在更大范围内制造差异，例如可以针对中学男生的阅读需求将自身定位为青春期男孩励志读物的内容提供商，这种市场深度细分的做法在读者需求日趋个性化的情况下是一种必然的发展趋势。出版品牌定位的实质是出版企业依据读者核心利益诉求，就有关产品和服务的品质、功能、个性、价值等进行的公开承诺，这种承诺的真伪是需要读者在消费过程中逐步去鉴别的，因此，出版品牌的定位要考虑出版企业自身的实力，不能定位太高或者过于宽泛。品牌定位是品牌管理的第一步，后续的严格兑现承诺以取得读者信任、喜爱和忠诚，需要准确的品牌定位予以支持。所以，出版企业在品牌定位阶段必须从战略前景出发，充分调查和分析读者需求、市场博弈情况、行业发展态势等，结合自身资源和能力，进行指向战略目标的、精准的品牌定位。以下从战略理念和传播策略两方面对此进行剖析。

二 以读者信任为导向的出版品牌定位战略

出版品牌定位关系到出版企业在一定时期内的核心任务和工作重心，而且还会影响出版企业的长期发展方向，因此管理者应该站在战略的高度予以慎重对待。定位（Positioning）既是一种理念，又是一种方法。品牌定位的核心在于企业要在消费者、潜在消费者以及其他利益相关者的心目中建立与竞争者的差异，进而获得独一无二的位置。[①] 定位思想的提出者杰克·特劳特（Jack Trout）认为，定位的思路来自企业外部而非内部，但是"一旦在外部找到了能被顾客优先选择的差异化定位，它将立即被引入到企业内部"，从而引导经营方向，决定企业的组织结构、产品规划、运营策略、内外沟通等，不论企业"身处行业的何种竞争地位"，都应该"根据外部竞争环境确立行得通的定位，然后再规划内部的运营"，从而获得较好的业绩和利润。[②] 简言之，品牌定位虽然由高层管理者研究决定，但其成功的关键却在于对市场的准确分析，如果对消费者以及潜在消费者的心理和行为没

---

① ［美］汤姆·邓肯：《整合营销传播：利用广告和促销策略建树品牌》，周洁如译，中国财政经济出版社2004年版，第44页。
② ［美］杰克·特劳特：《定位的来源与发展：四种战略形式》，《中外管理》2007年第B05期，第59—87页。

有充分、清晰的认识，对同行的竞争策略没有详尽、深刻的分析，那么定位成功的概率将微乎其微。同理，出版品牌定位的成功也要处理好读者利益、市场竞争和品牌承诺等诸多因素之间的关系，凸显出版企业的品牌与竞争对手之间的类的区别，集中营销火力力求在读者心目中获得不可替代的位置，成为满足某种特殊阅读需求的供应商的代名词，比如许多读者一提到辞典就首先想到商务印书馆，一提到古典文献就自动联想到中华书局等著名的出版企业。

　　出版品牌定位是基于读者核心利益的战略取舍，其成功的关键在于综合考量内外种种因素，搜索、辨识并逐步明晰出版企业能够通过何种营销组合满足读者需求，赢得读者的认同和好感，进而通过读者信任塑造和强化竞争优势。定位的实质是在发现和制造差异，正确的定位要求出版企业考虑读者需求、竞争态势等多重因素，进而根据读者的心理和行为的特征、偏好，对其进行细分，然后根据自身的战略、能力、资源等情况，选择服务的方向和范围。出版企业品牌定位的目标是获得读者信任，这就要求在进行品牌定位时必须与目标读者或者潜在目标读者进行"对话"，通过互动沟通了解读者需求，然后寻找两者的契合点。蔺全录和葛俊峰在诊断品牌定位的常见病症后认为，企业单方面从主观出发进行定位，不能保证品牌定位和消费者认知完美契合，为了解决这个问题，企业应该"充分了解消费者对品牌定位的心理认知过程"，通过对话与互动"找到品牌的核心理念与消费者心理的契合点"，并从诸多竞争品牌的"空隙"出发，通过本企业产品的特点和优势作用于消费者的心理认知，"进行能够打破消费者原有的品牌心理位序、重塑消费者原有认知"的品牌定位。[①] 因此，出版品牌定位应该坚持互动调适的原则，通过对话和参与了解读者的品牌认知，进而根据竞争情况和读者心理进行出版品牌定位。

　　此外，出版企业的营销创新也离不开读者参与，读者贡献的知识是出版企业弥补内部学习机制不足，以更好地实现组织内部和外部知识资源的有机整合，从而获取竞争优势的关键。高忠义和王永贵分析

---

　　① 蔺全录、葛俊峰：《基于消费者心理的品牌定位模型设计》，《商业时代》2008 年第 22 期，第 27—28 页。

认为在顾客角色实现转移的情况下，企业要改善竞争绩效，必须有效
利用和管理顾客头脑中的知识，对于那些创新特征明显的顾客，企业
应该对他们进行管理，挖掘其中潜藏的资源。[①] 尤其是在出版品牌定
位创新、出版物开发创新、业务流程创新，以及技术成果利用创新等
方面，吸收读者的知识，利用读者的创意来提高创新的速度和质量，
在图书营销中变得越来越重要。而要落实读者参与出版品牌定位，关
键在于设法调动读者互动沟通、交流信息、共享知识的愿望，使读者
自愿参与其中。从操作策略看，出版企业应该根据市场调查获得的资
料，结合读者数据库中读者购买的历史记录，综合分析读者核心利益
诉求及其演变，然后再考虑相关因素做出决定，在决策过程中，为了
应对需求演变的复杂性，务必适时与读者互动，通过鼓励读者参与，
及时吸收读者反馈，使出版品牌定位与读者认知可以"无缝"契合，
从而更有效地获得读者的认同和信赖。在具体实践中，时机和方法的
选择是鼓励读者自愿参与定位的关键。出版企业应该根据数据库中的
信息，分析读者参与度的高低、读者投入资源的类型，读者创新的主
动程度，读者经验和知识的丰富程度等，据此将读者进行细化分类，
有针对性地设计支持读者参与的具体方案，[②] 比如在创意产生阶段吸
收读者知识和思想，在品牌形象设计过程中利用读者的经验和建议，
在产品导入阶段参考读者的反馈信息，等等。读者参与程度的高低与
参与频率、参与过程的体验等有关，出版企业在引导读者参与的过程
中要注意这些因素的刺激作用，设法提高读者参与的机会，使得读者
通过参与获得愉悦的感受，这样，才能使得读者养成参与的习惯，更
好地接受出版企业的品牌定位和产品、服务。

为说明上述观点，现以培生集团的案例加以论证。培生集团年营
业收入约80亿美元，其中的大部分来自教育出版部门。作为全球一
流的教育出版机构，培生集团在世界英语教材出版中排名第一，在美
国学校和高教市场排名第一。近年来，在数字化浪潮的冲击下，许多

---

① 高忠义、王永贵：《用户创新及其管理研究现状与展望》，《外国经济与管理》2006
年第4期，第40—47页。

② 朱俊、陈荣秋：《顾客参与产品创新的时机和方法》，《武汉理工大学学报》（信息
与管理工程版）2007年第8期，第33—37页。

人认为教育出版数字化转型前景堪忧，部分大型出版商甚至出售了教育出版业务。培生集团顺应读者迅速、个性地获取教育信息资源的要求，将数字化转型的重点放在内容优化方面，不仅把纸质书转化成电子版，而且增添了许多附加价值。其中最重要的就是教学"评估"内容，将传统内容与先进技术结合，进行数据库管理和课程优化设计，借此可以跟踪学习效果。以上努力取得了丰硕成果，统计显示大约 25000 所美国学校在使用培生电子产品，学校利用培生技术掌握学生出勤率、成绩分布等，进行个性化教学管理。在拉美有 900 万名学生使用培生的教学产品。在香港大约 80% 的英语学习者在使用培生产品。同时，培生集团在技术和服务方面增加投入，2008 年培生集团收购了一个名为"电子大学"的网站，专门提供远程教育。此外，培生集团还向机构客户提供在线服务，提供包括 4000 种信息类图书的在线数据库。为实现纸质书和在线服务的互动，培生集团还设计了特殊链接，利用它可以快速找到所需内容，包括文字、图书、图像等，完全类似于使用在线图书馆。传统阅读方式是从头读到尾，而在线学习是选择性的、交互的，学生如果遇到疑问，可以在线查询答案。培生公司有许多分公司，如金融时报集团、高等教育出版集团和企鹅出版集团等，各分公司的内容资源可以全球共享，读者如果需要可以自由地检索使用。此外，培生集团还通过教科书不断改版和教学互动等来改进教育质量，这种出版商主导教育的商业模式是培生集团教育出版品牌定位的核心所在。[①]

透视培生集团品牌定位的经验，可以得出如下启示：一是应对技术革命的最佳策略是将最新的技术成果引入营销创新中来，结合最新技术修正出版品牌定位，这在数字出版技术迅速发展的当下具有一定的必要性。二是读者核心利益诉求在技术变革的情况下会发生漂移，出版企业应该适时进行角色的再认知，比如在数字环境下出版商的身

---

① 陈昕：《数字出版中西对话四：培生教育内容优化与附加服务》（2008 年 6 月 25 日），2009 年 8 月 23 日（http：//203. 208. 39. 132/search？q＝cache：y8qXQobLBRUJ：www. epuber. com/%3Fp%3D2378＋%E9%99%88%E6%98%95＋%E5%9F%B9%E7%94%9F%E6%95%99%E8%82%B2%E5%87%BA%E7%89%88&cd＝1&hl＝zh－CN&ct＝clnk&gl＝cn&st_ usg＝ALhdy2995JyDbr50ExztXVwlqLy－Dq0i_ g）。

份就变为内容提供商，内容资源的深度加工再次成为制胜的关键。三是出版企业的品牌定位不能画地为牢，适度渗透到相关的领域，可能会出现新的转机。比如培生就参与教学管理和效果测评等，这有助于扩大品牌的市场号召力，以及发现新的有吸引力的细分市场。四是根据读者核心利益诉求的变化实现不同职能部门甚至不同传媒机构之间的战略联盟。读者期望"一站式"获取所需知识，这种需求超越了单体出版企业能力和资源所能达到的限度，只能通过战略联盟的方式来予以回应。由此，可以预见未来单体企业间的竞争极有可能被企业价值网络间的博弈所取代。

三　以读者信任为导向的出版品牌传播策略

如果我们承认品牌定位是出版企业为自身发展选择一个方向，那么出版品牌传播就是要让读者知晓出版企业在经营范围和重心方面的取舍。品牌的本质是经营者的承诺及对承诺的兑现，它是经营者和客户之间的一纸无形合约。出版品牌传播是出版企业就服务范围、内容、品质等公开做出的郑重承诺。由于出版品牌定位的最终效果取决于读者的接受程度，所以出版品牌传播应该坚持读者导向原则。换言之，要针对读者信息接受习惯和媒介偏好等来构建双向互动式的传播策略。传播学理论认为，要在信息传播过程中凸显"受众导向"，必须考虑如下几种因素：①

第一，个体特征导向。个体特征导向是指出版企业为让品牌尽快获得读者信任，必须根据读者的个体特征进行传播内容、传播方式和传播渠道等的选择和安排。个体特征主要指读者个人在需求、态度、价值观、智力、经历、预存立场等方面的差异，它决定了读者对出版品牌信息的理解和接受会存在较大差异，比如一个家庭主妇对于相对论、考古类的图书兴趣就不会很大，因此有关此类图书和出版品牌方面的信息一般不会引起她们的兴趣和关注。再如，普通家庭主妇和学者专家类读者相比，对时尚类畅销书的信息也会持不同态度，这些都

---

① 胡河宁、邰旻：《论品牌传播的受众导向策略》，《学术界》2005年第6期，第74—81页。

需要出版企业给以区别对待。当然，读者的个体特征也会随着时间的推移而发生变化，因此，出版品牌传播策略的设计必须考虑某些读者群的成长性。例如，很多针对成功女性读者的图书或杂志会吸引女大学生的注意力，这是因为部分优秀的女大学生未来会成为成功女性，因此，在选择受众时应该考虑到女大学生读者。

第二，心理特征导向。心理特征导向主要指读者在面对大量、离散的出版品牌信息时，会将有限的注意力集中指向与目的相关或与利益相关的信息刺激上，与之相应，读者的选择性注意、选择性理解、选择性记忆，应该成为出版企业在传播力度、质量、情感联系和互动参与等方面进行策略安排的依据。读者的选择标准一般与其阅读目标和核心利益有关，出版企业应该在出版品牌传播策略设计时，周详地考虑读者的取舍标准到底是什么。然后，根据读者心理特征设计或调整出版品牌传播方案，以有效地激发读者正面的价值联想，为后续的对话、认同和合作奠定坚实的基础。读者的心理特征一般是比较稳定的，出版企业可以根据营销数据库中的读者的意见反馈、媒介选择、消费经历等历史记录进行分析，对读者接受信息、学习记忆过程中表现出来的规律性特征进行总结归纳，并在传播出版发行信息的过程中加以运用。

第三，社会特征导向。社会特征主要指读者的性别、年龄、教育背景、薪酬收入、身份职业等方面的特征。社会特征使读者形成不同的社会群体，他们在价值标准和认识习惯上有较多相似性，因此他们对品牌传播的注意和反应形式以及媒介的选择上具有一定"交集"，比如针对老年读者喜欢读报纸杂志与青少年读者喜欢上网的差异，不同出版企业在品牌传播媒介的选择上就应该有所取舍，这样，既能降低传播成本，又能改善沟通效果。社会特征除了影响媒介选择之外，还会影响读者对于信息内容的认知、判断和评价，比如同样的信息内容，教育背景不同的读者在理解水平上就会存在差异，因此，即便传播的主题一致，宣传文案的表述也要考虑读者的教育背景等因素。

第四，文化特征导向。社会文化环境和风俗习惯的不同会造成读者在信息的接受和理解方面存在差异，出版品牌传播应该考虑和应对这种差异，尤其是在出版国际化发展的背景下，出版品牌传播必须慎重应对地域文化差异带来的屏障,尽量消除不同文化习惯造成的审美偏好和接受心理上的抵制。例如,天津"狗不理"包子在我国北方城市广为认可,但是港澳同胞却对这个名称难以接受,最后不得不改成符合当地文化习俗的"喜盈门"。① 一般商品尚且如此,以精神文化为核心价值的图书产品更应该注意文化特征问题。在出版企业实施跨国经营的过程中,不同国家之间的文化差异带来的风险更高,因此,在营销传播方案设计过程中,一定要注意做足前期调研工作,同时要聘请专家论证或咨询熟悉当地文化的顾问,尽量避免文化隔阂阻碍当地读者接受出版品牌及出版物产品。

在考虑以上因素的前提下,出版企业对读者信息接受的特征就有了比较全面的认识,进而可以针对性地迎合读者,在传播过程中突出品牌的特色和个性,同时以读者喜闻乐见的方式传递信息。此外,出版企业要整合各种渠道,以"统一口径"传播品牌信息,并须及时关注读者反馈,注重读者体验和参与过程中传递的细节性信号,许多创新思路都是从这些看似细微的环节中诞生的。

以倡导"整合营销传播"闻名的唐·E.舒尔茨认为,在新媒体提供互动沟通技术支持的前提下,企业务必认清消费者已经取代性地掌握了市场控制力的现实,顺应趋势鼓励消费者参与营销,但是企业传播的信息消费者不一定收到,即便收到也不一定会购买产品,因此营销制胜的关键是"请注意消费者",即要准确掌握消费者需求,通过多种渠道予以满足。② 舒尔茨虽然非常重视营销传播的功能,倡导企业在针对最终客户传播营销信息时,应该集中渠道、统一说法,但他其实更重视消费者体验以及市场需求在营销中的战略核心地位。用这种思路分析出版品牌传播问题,笔者认为有以下几点必须引起高度重视:首先,出版品牌定位之后,为获得读者的信任,进行品牌传播非常必要,但是更为重要的是时刻关注读者需求的动态变化,并设法整合资源予以满足。其次,出版品牌传播要重视读者接受状况,如果

---

① 杨林:《浅谈品牌传播如何跨越文化差异》(2007 年 12 月 18 日),2009 年 8 月 26 日(http://wwwbig5.hljnews.cn/by_ xwcb/system/2007/12/18/010099843.shtml)。

② Don E. Schultz, "Integrated Marketing Communications", *Journal of Promotion Management*, 1540 – 7594, Volume 1, Issue 1, 1992, pp. 99 – 104.

传播方案的效果和效率不理想，那么就应该及时根据读者特征进行调整，重新整合信息渠道，改善读者的品牌认知。再次，我国出版企业长期以来对终端客户（即最终购买和阅读的读者）的营销传播重视不够，在市场控制力转移到读者的前提下，传播重心的投放应该有所调整，因为中间商毕竟也是以服务终端读者为目的，所以与中间商取得合作，改善针对终端读者的沟通是当下的紧要任务。最后，出版企业及分销商务必坚持诚实信用原则。既然是公开承诺，就应该实事求是，这样，在后续营销中才能保证言行一致，进而通过"一以贯之"的行动获得信任。总之，出版企业要系统考虑定位、实力、媒体、受众等，在综合权衡各种因素的基础上，根据读者的接受习惯和心理偏好进行出版品牌传播，最终要借由出版品牌定位在读者心目中形成的独特位置激发积极的品牌联想，进而由品牌联想带来销售量的增长和市场影响力的扩大。

第三节 以获取读者信任为导向的品牌美誉策略

品牌承诺只是基础性工作，关键在于承诺的严格履行。读者的默契和信任不是自然生发出来的，出版品牌进入美誉期的关键在于承诺的高效兑现。从社会资本理论的视角分析，出版企业通过社会联系或社会关系获取的有利于经营目标达成的资源都可以归入社会资本的范畴。基于这种思路，读者信任当属出版企业最为重要的社会资本之一。两者关系可以概括为：其一，出版企业的社会资本是出版品牌的基础和核心，树立出版品牌良好声誉和正面形象的实质就是经营和累积社会资本；其二，出版企业的社会资本为出版品牌竞争赢得了较大的价值空间，基于双方关系的社会资本为出版品牌管理创设了较好的市场基础和外部环境。① 所以，出版企业在品牌美誉期应该发挥读者关系资源提升品牌管理绩效的作用，通过读者信任驱动出版品牌价值空间的扩张。那么，出版企业在品牌美誉期应该如何取得读者信

---

① 崔鑫：《品牌竞争与社会资本关系研究》，《管理科学文摘》2003年第9期，第61—64页。

任呢？

一　读者核心利益诉求漂移对出版品牌维护的影响

随着社会的演进和个人的成长，读者的核心利益诉求不是一成不变的。读者核心利益诉求的动态演变导致出版企业的经营环境变得风险重重，阅读需求呈现出无概率可循的高度不确定性，出版企业应对失当就可能导致读者的不满和背叛。因此，经营者只能随时关注需求变化，以持续创新去适应复杂快变的环境。一般而言，阅读需求会受文化思潮、社会热点、流行时尚、时事政策等的影响，同时也与个人的生活、工作、学习、社交、娱乐等有着千丝万缕的联系，因此，它会呈现出多元、趋异、离散等变化特征。由于读者核心利益诉求会随机漂移，出版品牌定位很可能会对读者失去吸引力，因此品牌维护便有了更高的难度和更大的价值。读者信任的获取和维系是一个动态完善、螺旋改进的过程，出版企业不可能"毕其功于一役"，因此，出版品牌维护工作将在出版品牌管理的整个过程中占据相当大的比例。

外部环境的动荡难测、读者心理的多元趋异、技术工艺的快速更新等因素，决定了作为满足读者需求和欲望主要载体的出版物不能不进行适应性创新。而产品创新赖以成功的基础是对顾客利益诉求的精准把握。阅读需求属于精神文化需求，具有动态快变、多元个性等特征，在社会思潮、流行文化、权威影响、学校教化、媒体引导等作用下，极易发生演变和转化，笔者将其统称为"读者核心利益漂移"（the drift of the core benefit of readers）。读者核心利益漂移具体是指在阅读市场、营销策略和技术工艺发展的前提下，读者核心利益在原基础上迅速发生的较大变化，这种变化依附于技术工艺等支持因素的进步，是原有读者核心利益的发展和创新，其本身对读者有一定的价值。[①] 在图书产品日益同质化，营销创新乏力的现阶段，读者核心利益漂移要求出版企业深入洞察读者需求演变，对自身角色重新定位，即分析和把握读者核心利益的漂移情况，根据读者核心利益的演变情

---

① 李航、田辉：《产品概念的新视角：核心利益漂移》，《未来与发展》2007 年第 7 期，第 49—52 页。

况，针对性地进行产品开发和品牌定位。简言之，出版企业在品牌维护阶段应该设法根据读者核心利益的漂移情况调整管理策略。

首先，读者核心利益诉求漂移会导致供求错位，原有的营销组合和品牌策略将失去吸引力，信任危机爆发的概率增大，品牌维护难度提高。读者核心利益诉求漂移意味着需求发生变化，在买方市场格局中，买方的选择权是至高无上的，需求的变化必须得到关注和回应，唯有如此交易才能顺利地进行，尤其是买方在面对多元选择时，来自竞争品牌的诱惑往往可能对本社品牌造成致命威胁。目前，出版物市场的竞争非常激烈，某些主题（如文艺类、明星传记类、中医养生类）图书的出版，存在数量众多的竞争者，一旦某些选题市场表现良好，就会有大量的出版企业及时跟进，进行模仿和改进，推出相似内容的出版物。这时，出版企业理性的做法就是调整图书的品种、数量和服务的内涵等，动态适应需求变化，特别是出版服务方面的创新，在增加读者感知价值方面起着越来越重要的作用。值得指出的是，团体读者（如高校图书馆和其他教育文化机构）一般采取定期采购的方式实施购买，这类需求相对比较稳定，其核心利益诉求漂移较为缓慢且有规律可循。所以，出版企业应该侧重对个体读者核心利益诉求漂移情况给予关注和回应，而对团体读者则可以采用签订"定期合约"①的方式来维护自身正当利益。总之，读者核心利益诉求漂移是出版企业在出版品牌维护期必须关注的重点。

其次，关注读者核心利益诉求的漂移情况，并针对性给以回应是维护出版品牌的内在要求。在出版品牌的维护期，读者对出版企业及其产品有了一定了解，这种基于消费体验的认识与出版品牌定位基本相符，否则读者会选用替代性品牌。但是，这种认识并非固定不变，

---

① 注：合约是交易双方共同达成的一种非价格性利益协调机制，在调整交易双方风险和利益分配比例过程中，签订合同并严格执行可以降低一方"道德风险"或选择替代品给另一方带来的风险和不确定性，将未来合作关系提前以合约条款的形式规定下来，虽然可以使得双方保持持续的联系和利害关系，从而有利于企业控制对方和化解风险，但从可持续发展的角度来看，企业还是应该及时针对需求变化做出产品和服务供给方面的调整，因为签订合约虽然降低了破坏性变更给企业带来的风险，但同时也限制了顾客的多元选择和消费福利，以及顾客参与价值创造、分享知识给企业带来的建设性变更、多元化资源和意外机会。

由于读者的核心利益诉求在不断演变，如果图书产品和服务没有及时调整，那么读者的认识就会发生不利于出版企业的变化。这种态度和行为的转变对出版品牌管理提出挑战，要求出版企业在灵活性和应变性方面有所提升，特别是要提高觉察读者核心利益漂移情况的敏感度，否则出版品牌的信任状况就会危机重重。出版品牌维护的本意就是要在出版品牌的定位和内涵获得读者一定程度认同的基础上，设法根据读者需求的最新变化改善营销组合，促进双方信任关系的深入发展，因此，出版企业必须分配专门的人力进行读者核心利益诉求漂移情况的跟踪调查，同时根据需求变化做出管理策略上的调整。

最后，随时关注并满足读者核心利益诉求漂移，一方面保证了读者不同时期阅读需求的持续满足，另一方面是出版企业获利的必然要求。出版品牌获得读者信任是双方协同合作的结果，需要投入大量的资源，对于产权独立的企业而言，消耗资源却不能盈利的行为是难以为继的，因此从正常运营的角度考虑，抓住读者核心利益诉求是保证销售业绩的必然要求。出版业自改革开放以来发展迅猛，图书市场上呈现品种繁荣的景象，但是需求却疲软不振。比如1998年图书品种较上一年增长了8.7%，但是总印数却下降了0.9%，总码洋中有近40亿元是滞销书，其中一般图书滞销积压比重竟然高达30%。[1] 可见，部分图书产品并不符合市场需求的变化，因此，出版企业在品牌管理过程中重视读者核心利益的捕捉和把握，既是赢得和维持读者信任的需要，也是自身生存和发展的必需。图书供给数量的增加并不等同于出版生产力的充分释放，因为供给结构若不符合市场需求的变化，这种供给将是无效供给，对提升产业实力没有意义，因此不论是考虑品牌管理和利润增长，还是谋求行业发展空间扩展以及国际竞争力提升，对于读者核心利益漂移的关注和回应都非常重要。

客户至上的营销趋势要求企业关注消费需求复杂的动态演变。在出版品牌美誉期，品牌管理的焦点应该放在关注及满足读者的核心利益诉求漂移上，因为读者信任的形成是一个螺旋式推进的过程，不存在一劳永逸式的"万能"方案，出版企业必须做好迅速应变的准备，

---

① 周吉友：《注意力经济与图书营销》，《出版广角》2003年第1期，第40—41页。

根据市场变化，柔性地做出调整和回应。出版品牌美誉期是读者信任发展的关键期，前一阶段形成的好感和认同，如果没有得到巩固和强化，就有可能降低甚至丧失。

二 读者品牌态度的变化对出版品牌美誉度的影响

读者的品牌态度会由于多种因素而发生有利或者不利变化，这些变化会对出版品牌的美誉度产生正面或负面影响，这是本节内容的一个隐含性假设。一般来说，进入美誉期的出版品牌已经为目标读者群所知晓，此时读者的品牌态度主要取决于经营者从外部施予的刺激，根据经营者营销行动的不同，读者的品牌态度大致可归纳为以下几种：

第一，读者综合考虑自身消费体验和多种品牌信息后对出版品牌产生信任。这是最理想的情况。读者在体验到卓越的出版物品质之后，产生满意的心理感受，结合熟人的口碑传播等，对该出版品牌产生信任，相信出版企业可以始终如一地履行承诺。在互联网日益普及的前提下，为了改善读者的品牌态度，出版企业可以利用互联网来构建互动交流平台，与读者自由沟通信息，激发有利于出版企业的电子口碑（electronic word – of – mouth）。在具体操作中，读者的社会交往要求、经济刺激要求以及对其他读者的关心、提高自身价值的潜在期望等值得关注，因为这些要素能激发读者参与电子口碑传播的热情，出版企业可以根据激励因素的不同对读者进行分类，进而采取差异化的激励措施。[①] 例如，出版企业可以建立专门论坛，鼓励读者针对本版图书发表意见和建议，并对热心参与者给予优惠，比如吸纳为俱乐部成员，给予价格折扣或赠送礼品等。总之，改善读者体验主要是通过提高产品和服务的品质实现的，而品牌信息传播效率的提升则需整合多种信息渠道，设法激励读者进行正面口碑传播，扩大出版品牌的影响力和感染力。

---

① Thorsten Hennig – Thurau, Kevin P. Gwinner, Gianfranco Walsh, Dwayne D. Gremler, "Electronic Word – of – mouth Via Consumer – opinion Platforms: What motivates consumers to Articulate Themselves on the Internet?", *Journal of Direct Marketing*, Volume 18 Issue 1, pp. 38 – 52, Published Online: 30 Jan 2004.

　　第二，读者对于产品和服务的细节存在不满，但是基于以前的品牌认知，仍然对出版品牌持观望态度。这种态度对出版品牌管理是一种挑战，因为读者既有可能在该阶段失去品牌信任，同时也有可能改变由于产品或服务瑕疵带来的不满，促使读者恢复对该品牌的信任，甚至顺利进展到品牌忠诚期。那么，出版企业如何设法让读者消除不良印象并尽快进入品牌忠诚期？从读者满意指数来看，读者对某个出版品牌满意与否主要与下列几种因素有关：读者的预期（主要包含：对产品和服务特色的预期；对产品和服务可靠性的预期）；读者的感知质量（主要包含：对特色的感知；对可靠性的感知）；读者的感知价值（给定价格下对质量的感知；给定质量下对价格的感知；品牌信息的一致性），在上述因素的综合作用下，读者总体满意度主要是由实际感知同预期的差距以及实际感知同理想产品的差距决定的。总体满意度高则读者抱怨（又可分为正式抱怨和非正式抱怨两类）的频率下降，重复购买的可能性增加。① 由此可见，读者满意度是一个综合性概念，它既与出版物及服务的性价比有关，又与读者的感知与预期有关，是心理活动和消费体验综合权衡的结果。在图书评论、广告宣传等营销传播方式的公信力不断受到质疑的今天，出版品牌信息的一致性成为影响读者评价的关键因素。具体而言，品牌信息的一致性是指出版企业要用同一声音与读者沟通，在读者心目中塑造统一的品牌形象，而且读者获取的品牌信息应该是连续的而非断裂的，此外品牌许诺与产品性价比之间不应该有太大差距。在处理读者观望态度的时候，出版企业还需要注意关注和慎重处理读者的非正式抱怨，因为读者的非正式抱怨会潜在地腐蚀读者信任，而且不易于被发现。

　　第三，由于对出版企业产品和服务的缺陷高度不满，读者信任的初始存量急剧下降，部分读者甚至失去对该品牌的信任。品牌管理无小事，出版品牌进入美誉期后，这类读者的数量虽然不多，但是其引发的负面影响却不容轻忽。20 世纪 60 年代，卡多索（Cardozo）首次将"顾客满意"的概念引入营销学时，就提出顾客满意会促进顾客

---

① 张新安、田澎、张列平：《顾客满意度测评模型》，《系统工程理论方法应用》2002 年第 9 期，第 248—252 页。

的再购买行为。① 严格说来，在顾客满意和再购买行为之间，起关键作用的是顾客的再购买意愿（Repurchase Intension）。相应地，顾客不满则会对再购买意愿产生不利影响。在出版营销过程中，由于产品和服务本身的缺陷或者产品和服务与需求不符而导致读者不满的情况发生后，根据个人性格和习惯等特征的不同，有些读者会选择通过正式渠道表达抱怨，有些读者则会潜在抱怨或者不发表认可看法，但是内心已失去了再购买意愿（Repurchase Intension），产生品牌转换的意图。这些行为都会导致品牌影响力下降，读者流失，出版企业获利能力因此而降低，同时不满的读者如果向熟人抱怨，将会造成更大的损失。因此，从品牌管理的全局考虑，出版企业应该站在战略逻辑转换的高度，针对读者不满采取针对性的解决方案，比如安排专人接受投诉和处理抱怨，建立论坛让读者发泄不满和发表意见、建议，等等。在互联网迅猛发展的前提下，如果出版企业只重视读者推荐系统（Reader Referral System）的建设，忽视读者不满和抱怨的妥善处理，那么这种品牌信息的不一致，将会导致读者的质疑和顾虑，从而对出版品牌的美誉度造成冲击和损害。

尽管许多学者认为顾客满意与顾客忠诚之间的关系十分复杂，但是大部分学者同意顾客满意会导致顾客忠诚的论点。② 这个规律在出版营销领域同样有效，以读者感知价值为基础的读者满意度在出版品牌美誉期的作用尤为关键，读者满意与否以及满意度的高低，对于读者信任的深入发展、读者忠诚的形成都起着非常重要的驱动作用，因此，出版品牌管理应该重视不同的读者态度在品牌美誉期的影响，通过控制、引导读者信任的良性发展来促进出版品牌尽快进入忠诚期。

三　以读者信任为导向的出版品牌维护策略

上述分析达到的理解是，读者信任在出版品牌美誉期的作用非常大。因此，经营者应该加强对读者信任的引导和控制，使之对出版品

---

① Richard N. Cardozo, "An Experimental Study of Customer Effort, Expectation, and Satisfaction", *Journal of Marketing Research*, Vol. 2, No. 3（Aug., 1965）, pp. 244 – 249.

② 白长虹、廖伟：《基于顾客感知价值的顾客满意研究》，《南开学报》（哲学社会科学版）2001 年第 6 期，第 14—20 页。

牌的成长产生正面影响。从本质上讲，读者信任属于心理和情感的范畴，出版企业分析和认识读者并在此基础上优化业务流程和营销方案，其目的就是要留住有价值的读者，以提高营销绩效和品牌影响。因此，出版品牌维护的关键在于通过系统性管理创新和营销努力增加读者信任存量、培养读者忠诚。这是从战略逻辑角度分析的结果，就现实操作方案而言，出版企业可以考虑从以下几个方面切入：

第一，在准确分析读者核心利益诉求漂移情况的基础上，通过优化营销组合满足读者的最新需求，甚至提供超越读者期望的让渡价值。如果将读者信任视为出版企业社会资本的有机组成部分，那么这种社会资本是非契约性的。分析契约的本质可以发现，通过条款提前规定一定时期内双方的责权利，约束可能出现的投机行为，以降低交易的不确定性，是市场经济条件下契约的主要功能。而对于非契约性关系，则需要借助双方的良性互动和协调沟通，尤其是地位较低的一方要关注地位较高一方的需求变化，通过及时沟通协调，提升合作的绩效，增加信任存量，将一次性交易关系变成长期合作关系。从以上分析出发，以读者信任为指向的出版品牌维护工作，应该积极寻找双方利益的交汇点，通过有效地满足读者期望获得信任。接下来的疑问是出版企业如何在实践中提高营销方案的针对性，以对准读者的需求变化？

从心理学视角分析，需求是指"个体感受到的匮乏状态"。[①] 读者需求既有显性的一面，如顺应流行文化的潮流，读者会产生时尚、娱乐方面的阅读需求，同时它又有隐性的一面，有时候连读者本人也不能明确地意识到或者用语言精确表达。所谓"隐性"需求是指读者"为获取深层次的精神满足产生的或客观事物与刺激通过人体感官作用于人脑所引起的一种潜意识的、未明确表述的，并能够实现或者超越其期望的心理要求和行为状态"，由于隐性需求具有潜在性和复杂性，所以出版企业往往"看不见"，但是从营销创新的角度看，隐性需求才是挖掘需求、突破创造的关键。隐性需求的界定可以从信息

---

① ［美］菲利普·科特勒：《科特勒市场营销教程》，俞利军译，华夏出版社 2001 年版，第 4 页。

认知和价值感知两个维度切入，信息认知是指读者和出版企业"对于需求的认知状态"，而感知价值则表示双方"对于需求层次的感知和满意水平"，因此出版企业要创造新价值，必须设法把握读者的隐性需求，利用人类学、心理学、宗教学、文化学等学科提供的读者心理性格、文化习俗、潜在愿望等方面的知识，结合阅读市场发展态势，准确识别并满足读者的隐性需求。[①] 要做到这一点，出版企业必须彻底改造现有的业务流程和组织架构，以提高自身的灵活性和应变性。比如，从业务流程再造的角度看，销售部门的员工在第一线直接接触读者，对读者的意见、建议和行为反应最有发言权，因此，他们在读者隐性需求的分析和挖掘方面的看法应该得到策划和编辑环节的重视。从组织架构方面分析，隐性需求的挖掘和读者需求的趋势研究对不同部门、不同环节之间的信息共享提出了更高要求，因此，组织架构的设计应该考虑到信息沟通效率的问题。

第二，对于持观望态度的读者，出版企业需要采取相应措施激发其对品牌的认同感和信任感。客观地分析观望态度产生的深层原因是促进读者信任深入发展的枢纽。具体分析，影响读者态度的因素主要有经济因素、情感因素、其他因素。其中，经济因素主要指读者对性价比的感知、判断，感知价值在影响读者态度中的作用非常关键，读者是否满意在一定程度上取决于读者感知价值与心理预期的比较，高于或者等于心理预期时读者会感到满意，否则不满意；情感因素主要指读者在阅读消费过程中，对于出版品牌的心理依恋等情绪反应，情感因素主要是由双方长期互动形成的，它与读者的偏好、性格、文化、信仰等有关。读者对于出版品牌感情越深，信任程度越高，选择替代品牌的成本越高；其他因素则是指诸如个人习惯、偶然事件、行业发展等其他影响因素。总体分析，经济因素的考虑属于理性关注的范畴，是读者动用理性思维对效用、成本等进行综合权衡；而情感因素和其他因素则属于感性关注的范畴，是读者通过接触、体验、沟通等对品牌形成的认识和感知。这两者交叉作用、相互影响，共同形塑

---

① 罗永泰、卢政营：《需求解析与隐性需求的界定》，《南开管理评论》2006 年第 3 期，第 22—27 页。

着读者对出版品牌的整体印象，进而读者将这种印象与最初的预期进行对比，形成自己的品牌态度。因此，对于持观望态度的读者，出版品牌维护的关键在于努力增加读者信任存量，使读者恢复对该品牌的信任。

从操作层面考虑，出版企业应该通过以下努力实现上述思路：首先，对于理性读者而言，性价比的提高是促使此类读者改善品牌态度的关键。理性读者大多受过良好教育，逻辑思维相对发达，对商品的性价比比较看重，针对他们出版企业应该根据其个性需求，提供周到的、个性的、精细的知识信息服务，以较高的效用吸引这类读者。其次，对于较为关注情感因素的读者，出版企业应该重视打"感情牌"，通过人性化产品、人性化定价、人性化服务、人性化沟通来占领读者心理的制高点。互联网为提高出版营销的精确性提供了技术支持，比如出版企业可以通过网上读者俱乐部加强和读者的情感沟通，诱发积极的心理反应，网上沟通可以淡化商业色彩，减轻读者的不安、顾虑，让读者产生归属感、信任感、参与感，俱乐部成员之间的自由沟通对于读者准确获取自己感兴趣的产品信息，选择真正符合自己偏好和需要的出版物，提供了更有效的帮助，而且读者的感情诉求也能得到较好的满足。① 最后，对于其他影响因素，出版企业应该根据具体情况相机行事，解决读者的疑虑与困惑，在读者心中树立正面品牌印象。例如，对于读者特殊需求的尊重，设法满足读者的个性化服务需求，对于读者的疑问进行合理解答等都可以让读者恢复对出版企业的信任，重新建立与出版企业之间的合作关系。总之，只要出版企业举措得当，读者的观望态度是可以向积极的方向转换的。

第三，对于强烈不满的读者，出版企业需要理性、艺术地处理抱怨，挽救出版品牌在他们心目中的形象，设法使其向好的方向转换，或者将消极抵制态度和负面口碑降至最低程度。读者在购买和阅读过程中可能会遇到这样或者那样的问题，比如图书印制质量缺陷、产品配送差错、阅读器使用困难等，都会让读者感到不满甚至恼怒。这些

---

① 刘晓丹、许力：《变"推"为"拉"的图书营销新模式——例谈出版社的网络营销》，《出版发行研究》2009 年第 5 期，第 41—43 页。

问题有些是营销工作本身的不足引起的，有些是读者缺乏专门训练或双方沟通不畅导致的，服务失败的归因虽然存在差别，但都会对出版品牌产生不良影响，所以读者的抱怨应该引起经营者的足够重视。从抱怨管理效率的角度考虑，有效的补救措施应该根据读者归因和态度的差别进行规划和实施。当然，治本之策是事前预防，即根据出版品牌管理的需要，设计科学的读者服务失败预警系统和抱怨管理预案，这样，在营销工作失败的情况下，可以根据具体情况进行调整，然后用于处理读者的抱怨。以下从读者归因和态度的角度入手，探讨具体的应对、补救策略。

日本学者清水省三在进行了包含 148 个样本的调查之后，将顾客抱怨的原因分为以下四种："（1）品质、功能、金额方面的原因；（2）服务和接待技巧方面的原因；（3）顾客自身的原因；（4）天灾等不可抗力因素及不明原因。"[①] 在感到不满的情况下，顾客可能采用正式抱怨的方式发泄不满，也可能不进行正式抱怨。一般地，顾客抱怨形式主要包括：直接向企业抱怨，向相关机构投诉，抵制购买，告诫亲友等。[②] 出版业向内容提供商转变的趋势预示图书产品之外的服务和沟通的地位日益重要，抱怨管理的战略性和经常性将逐渐突出。因此，出版企业应该理性认识读者抱怨。读者抱怨表面上看来是对出版品牌管理的一种挑战，但出版企业如果能加以创造性地利用，也会产生积极的意义，比如抱怨给出版企业提供了改正和赢得信任的机会，认真听取意见有利于提升品牌形象和塑造良好口碑，此外抱怨中传递的知识信息可能会成为改进产品和服务的标准和依据。[③] 所以，为了让读者钟情于出版品牌，出版企业应该及时主动、合理有序地解决读者抱怨。具体而言，抱怨管理的关键在于分析、识别抱怨的真正原因，然后有针对性地进行沟通和采取补救措施。在问题解决之后，出版企业应该借此机会进行学习和提升，比如完善质量标准、改善组

---

① ［日］清水省三：《不怕顾客来找碴》，李慈茵译，大众文艺出版社 2003 年版，第 16—21 页。

② 同上。

③ 王永贵、徐宁：《经营顾客资产的艺术——顾客抱怨的补救与转化》，南开大学出版社 2007 年版，第 170—176 页。

织架构等，以预防类似错误的再次出现。笔者认为，合理的读者抱怨处理程序是：对读者致谢—引导抱怨—诚挚道歉—适当解释—表示理解和同情—重新提供产品和服务—给予赔偿—提高后续产品和服务的质量—跟踪反馈—改进工作流程和质量管理。[①] 抱怨管理至少要让读者留下这样的印象：即使出版企业在营销中存在某些缺陷，但是从长期统计结果来看，出版企业产品和服务的总体质量是高于竞争者的，或者说出现缺陷的概率是低于竞争者的。而且出版企业在认知到不足的时候，能够承担责任并表示改进，其服务态度是善意的、真诚的。

概括而言，出版品牌美誉期是出版品牌发展的关键时期，读者信任的存量是不断增加，还是由于管理不善而逐渐减少，端赖出版企业的统筹协调。以上讨论紧扣读者的态度变化，无非是要告诫出版企业，在出版品牌管理的过程中，应该时刻关注读者态度的演变，通过细节的"万无一失"满足读者的利益诉求，在满足甚至超越读者期望的基础上，获得和强化读者信任，使出版品牌顺利进入生命周期的下一阶段。

第四节　以强化读者信任为导向的品牌忠诚策略

出版品牌美誉度日益增加，对出版企业的盈利能力和市场份额都产生了积极影响。从长远看来，双方关系处于这种状态还远远不够，因为享受美誉度的出版品牌不止一个，读者到底该最钟情于谁？所以，出版企业应该努力强化读者信任，让读者对该品牌产生高度忠诚。一般情况下，品牌忠诚会给经营者带来很多好处，比如利润收入增加、正面口碑传播、读者愿意接受溢价、寻找替代的概率降低、市场开发费用减少，等等。所以，出版企业应设法建立和维持品牌忠诚。

---

① 王永贵、徐宁：《经营顾客资产的艺术——顾客抱怨的补救与转化》，南开大学出版社 2007 年版，第 215—216 页。

一　出版品牌影响力的增长及对读者的影响

出版品牌影响力主要表现为读者信任和依赖的程度。读者信任存量越大，说明出版品牌影响力越深越广。根据黄磊的研究，品牌影响力的增加对消费者的影响主要表现为：重复购买次数增加；挑选、购买时间缩短；价格敏感度下降；对竞争品牌及产品态度冷漠；对产品质量事故的承受程度更高。[①] 成熟的出版品牌对阅读消费的影响主要表现为以下几个方面：

首先，成熟的出版品牌可以让读者排除价格因素、约束问题和其他诱惑的影响，[②] 在阅读消费中表现出一定的偏好性和专一性。这种现象主要是因为读者"试错"代价太高，时间、精力和情感等成本居高不下，尤其在生活节奏日益加快的现代社会，阅读时间本身就相当有限，而且时间属于不可再生资源，一旦投入就无法挽回。所以，忠诚于成熟品牌则成为反复权衡后的理性选择，其具体表现就是购书有较强的倾向性。比如，同类主题的学术图书 A 出版社的定价可能高于 B 出版社，同时 B 出版社负责的图书在离读者住址较近的书店可以买到，而 A 出版社的图书则必须邮寄或上网购买，但由于 A 出版社品牌相对比较成熟，读者还是会克服阻力，选择购买 A 出版社负责的图书。在阅读消费中读者对品牌依赖的程度比日用品消费更高，因为出版物品质辨别的复杂性更高、双方信息不对称现象更严重，一本书的价值往往只有在阅读后才能给出合理评价，学术数据库的使用更是需要长期使用才能准确进行价值评估，所以借助品牌的导向作用可以简化交易程序、降低交易成本，规避由于认知能力局限导致的决策风险。

其次，成熟的出版品牌使读者在购买过程中，对于相对高价、质量瑕疵、创新滞后、外部诱惑、负面口碑等具有更高的容忍力。一般而言，信任是读者与出版之间的"特别合约"，读者信任在某种程度

---

① 黄磊：《顾客忠诚》，上海财经大学出版社 2000 年版，第 81—85 页。

② 韩经纶、韦福祥：《顾客满意与顾客忠诚互动关系研究》，《南开管理评论》2001 年第 6 期，第 8—10 页。

上意味着读者自愿放弃原本拥有的监督和控制权，因为他相信出版企业在交易中会诚实履行承诺，按照约定标准提供产品和服务，甚至大度地超过许诺提供较高的附加价值。对于交易对象的内容和形式，由于其日益复杂，而不再是读者关注的焦点，或者更准确地说，读者由于动用理性的成本过高而放弃去认识这个"黑箱"，这样一来，一方面读者重视出版品牌的成熟度和影响力，越成熟的品牌越能给读者带来安全感。另外，读者对于认定的品牌在一定程度上表现得不敏感，只要它没有和竞争者拉开明显差距仍会维持信任。由此可见，信任是出于交易双方理性算计的结果，读者为了降低交易成本授予信任，出版企业为了降低合作成本而"诚实交易、信守合约、真诚合作"，因此，出版品牌是"工具理性的"，难免具有"功利主义的色彩"，但是其经济功能和社会效益却不容忽视。[①] 读者信任所代表的"信任—合作"关系的规范性和稳定性，对于整个出版物市场的健康发展有利，毕竟信任关系的建立和维系需要持续投入大量人力和资源，只有当信任存量增加到一定水平时，读者的信任才转化为高度忠诚，出版企业才可以获得可观的经济收益。分析信任关系的演变轨迹，可以发现信任关系实质上是一种激励机制，它激励出版企业持续投入资源、履行承诺、改善产品和服务，这显然比通过宣传促销技巧刺激购买的做法更有利于整体社会福利的提升，尤其是读者利益在这种良性的博弈机制中将会得到有效保证。因此，成熟的出版品牌必然能够实现经济效益和社会效益的有机结合。

此外，成熟的出版品牌可以促使读者传播正面口碑信息，吸引更多读者使用该品牌，刺激读者主动分享个人知识，参与营销创新活动。出版企业关系营销的最高境界是读者参与创新，为经营活动注入源源不断的活力。从知识管理的角度看，出版企业内部的知识共享在促进管理创新和应对市场变化中的作用固然重要，但是来自外部读者的知识分享在知识经济时代的图书营销中尤为关键。基于长期合作框架下的读者参与创新，不仅可以增加出版品牌的"黏性"，而且可以

---

① 程民选：《信誉：从社会资本视角分析》，《财经科学》2005年第2期，第73—78页。

利用读者"头脑中的知识",发挥读者作为"创新者"的"个体创造力"。创新的"民主化"趋势不但可以让出版企业吸收读者在技术改进和细节完善方面的创意,同时领先型读者可以提前产生新的阅读需求,并敏感地发现解决需求的营销组合方案,通过合作进行产品开发,出版企业无疑可以捕捉市场先机,在产品和服务创新方面制造优势,同时也可以通过互动沟通强化信任关系,让读者信任的程度得到持续增长。①②③ 探索读者与出版企业之间信息交流和知识共享的合理方式,有利于出版品牌影响力的扩大。反过来,鼓励读者参与创新机制的建立又有助于出版企业管理读者的知识和创意,为出版品牌的成长寻找更多的外部支持。就读者心理而言,个人创造力的发挥可以实现个人价值、满足参与心理、获得成就感以及增强对新产品的认同,这些心理诉求的满足虽然是图书阅读功能之外"附加"的成分,但是在内容主题日益同质化的今天,这些"额外"的价值将在竞争中发挥越来越重要的作用。

综上所述,读者对于成熟度高的出版品牌会投入更多关注,读者信任发展到最高阶段的表现就是品牌忠诚,忠诚的读者不仅会表现出特殊的购书偏好,而且会自发传播有利的口碑信息,同时对服务过程中存在的瑕疵会表现得比较宽容,相信出版企业可以及时改正。此外,在条件允许的前提下,读者会自动参与营销创新,为出版品牌的进一步成长提供知识、创意等方面的支持。

二 出版品牌的个性和风格对于读者忠诚度的影响

出版品牌吸引读者长期关注和支持的关键在于品牌个性和风格的形成。读者倾向于接受富有特色和自成风格的品牌,因此,出版企业应该以最合适的方式与读者互动,通过品牌个性和风格的塑造维系读

① 吴伟、李兆友:《国内外关于用户创新的研究综述及未来展望》,《东北大学学报》(社会科学版)2009 年第 1 期,第 19—24 页。
② 高忠义、王永贵:《用户创新及其管理现状与展望》,《外国经济与管理》2006 年第 4 期,第 40—47 页。
③ 王永贵、司方来、姚山季:《顾客创新研究回顾、整合框架与展望》,《南京社会科学》2009 年第 5 期,第 59—65 页。

者忠诚。出版品牌管理的战略意图是通过一系列营销努力，获得读者的信任，在信任发展到一定水平时，可以获得相应的经济收益。然而，读者信任是一个不断演进的变量，它起伏不定、变幻莫测，因此出版企业需要坚持动态优化、螺旋推进的原则。也就是说，出版品牌管理应该以读者信任为纽带，不断寻找双方利益的新的平衡点。按照经济学的基本假设，读者是追求个人利益最大化的消费主体。就精神文化消费而言，读者利益最大化主要不是以图书商品的物质功能为判准的，而是注重心理、感官等多维度个性需求的满足。具体而言，出版品牌个性和风格对读者产生的影响主要有：

首先，出版品牌的个性和风格是保证读者信任存量持续增长的关键。出版品牌个性和风格本身就说明出版企业与同行相比拥有更为优秀的专业能力和服务意愿，一个不愿意用心或者缺乏能力的经营者负责的品牌是缺乏吸引力的，这是因为品牌个性和风格的塑造是以读者认同为基础的，如果品牌个性和风格不为读者接受和认同，那么这种品牌个性和风格就没有价值可言，而要获得读者认同，负责的态度和卓越的能力缺一不可。前已述及，出版营销的一大特征是新产品数量多，有些出版社每年会推出数百种新书，这种产品创新的频率在其他行业非常罕见，这就要求出版品牌必须具有个性和风格，以明显的差异化特征吸引读者。新产品开发属于品牌延伸的范畴，在品牌延伸过程中，读者信任维持的关键是对于品牌个性和风格的认同，根据国外学者的实证研究，如果忽略是否适合的问题，那么品牌延伸不会对核心品牌（一般是指占优先地位的企业品牌）的品牌个性造成不利影响。[①] 同理，在出版企业推出新产品的过程中，品牌个性和风格突出的出版企业负责的出版物更容易得到认同。也就是说，一旦读者认同出版品牌的个性和风格，则后续的产品开发和市场推广的交易成本将会大幅降低，同时新产品上市和新市场渗透的成功又会提高读者对出版品牌的认同度和忠诚度，两者交相作用，层次不断提升。

---

① Adamantios Diamantopoulos, Gareth Smith, Ian Grime, "The Impact of Brand Extensions on Brand Personality: Experimental Evidence", *European Journal of Marketing*, Vol. 39, No. 1/2, 2005, pp. 129 – 149.

　　其次，出版品牌的个性和风格是促进读者品牌感知演变正面发展的基础。出版品牌的个性和风格一般会通过代表性的象征物、标志、图书的内涵与品质、装帧设计或者形象代言人进行传播，以期在读者心目中留下深刻的印象。具体的表征方式主要包括某些特殊的图案和文字等艺术造型，比如商务印书馆的馆徽就会出现在图书的书脊和封面等位置，成为读者辨识商务图书的关键性指针。至于通过演艺界和文化节的明星做形象代言人，在近年来更是为许多出版企业所热衷，比如王刚、何炅、侯耀华等明星就受邀为甘肃文化出版社、大连理工大学出版社和郑州大学出版社的品牌图书进行代言，[①] 虽然延请明星代言人的做法在业界还存在不少争议，但是只要代言人的文化品位、艺术气质、公众形象符合出版经营范围，而且能够引起一定的话题和风潮，那么使用代言人在吸引读者注意、增加销量方面就能起到实质性的作用，而且有些代言人的形象可以融入出版品牌，成为出版品牌的个性和风格不可或缺的组成部分，[②] 这样，就能通过活泼、亲切的方式贴近读者，激发读者的兴趣和注意，改善读者的消费体验。总之，无论是通过哪种方式表征出版品牌的个性和风格，出版企业都能够进一步拉近与读者之间的距离，让读者对出版品牌产生更为深刻的正面感知。

　　出版品牌的内涵和形式等并非一成不变，顺应内外部多种因素的变化，出版企业在产品和服务细节上有所调整是非常正常的，但是从传播沟通效果角度考虑，出版企业应该保持既有的品牌个性和风格，尤其是为了保持出版品牌在读者心目中独具一格的形象，代表品牌个性与风格的象征物等不能随意改变，否则读者的品牌感知就可能发生不利于出版企业的变化。因为读者会认为产品和服务如果泯灭个性或者放弃了对独特风格的追求，那么就意味着出版企业没有"一以贯之"地履行先前的承诺，这种前后不一致的表现会让读者产生不安全感，从而逐渐失去对该品牌的信任。国外相关研究认为，引导消费者

　　① 凌云：《出版社为何热衷寻找形象代言人？》（2004 年 6 月 3 日），2010 年 5 月 11 日（http：//news. xinhuanet. com/book/2004 – 06/03/content_ 1504346. htm）。
　　② 舒晋瑜：《出版界形象代言人浮出水面》（2002 年 11 月 27 日），2010 年 5 月 11 日（http：//www. people. com. cn/GB/wenyu/66/133/20021127/875726. html）。

更新有关品牌个性特征推论的两种机制是：（1）那些易于受到品牌个性特征影响的消费者以新信息中的特性含义（the trait implications）为据更新自己的初始推论；（2）那些不易受品牌个性特征影响的消费者则根据新信息中包含的可评价含义（the evaluative implications）更新自己的初始推论，此外，品牌个性特征的易接受性在消费者推理过程中起缓和作用。① 由此可见，无论是对于新品牌信息中哪类因素比较关注，消费者对于品牌个性的推论都与品牌信息的易接受性有关，这就说明出版企业在构建品牌个性的时候，应该坚持换位思考的原则，尽量坚持既有个性和风格，因为个性化的事物更容易被受众记忆和接受。同时，品牌个性和风格如无必要不宜随意变动，避免增加读者感知和评价的难度。

　　复次，出版品牌的个性和风格是读者的价值观、社会角色和感情依恋等诉求赖以实现的凭借，出版品牌的象征性价值在忠诚期起重要的纽带作用。在读者消费理念和消费方式日益感性化的前提下，出版品牌凸显个性，甚至通过"人格化"来树立独具一格的品位和格调，都是为了打动和感染目标读者，让读者通过购买和阅读彰显身份地位、经济实力、受尊重程度、展示社会角色以及炫耀人格特征、趣味修养等。例如，在西方社会中，"我消费什么，我就是谁"，人们通过阅读同一本书而进入某个社交圈子，成为常用的人际交往技巧，这足以佐证鲜明的出版品牌已经成为读者宣扬个性、价值观和精神信仰的"工具"之一。理论溯源的结果显示，"品牌（Brand）"在字源上就有"烙印"的意思，这种区别和提醒功能发展至今，其原始作用在消费社会中以更高水平得以"复活"，成为彰显读者归属感、身份感和荣誉感的一种媒介。从逻辑的角度剖析，品牌的个性和风格是商品符号体系的核心要素，在符号价值日益重要甚至超越使用价值（功能性价值）的情境下，交易双方关系的处理离不开符号化生产，也就

---

　　① Gita Venkataramani Johar, Jaideep Sengupta, Jennifer L. Aaker, "Two Roads to Updating Brand Personality Impressions: Trait Versus Evaluative Inferencing", *Journal of Marketing Research*, Volume: 42, Issue: 4, Cover date: November 2005, pp. 458 – 469.

是要利用和放大品牌的符号象征功能。① 虽然麦克卢汉和波德里亚等对消费社会中商品符号的过度生产和过分崇拜给予了有力的批判，认为这是竭力进入、操纵和宰制消费者无意识大脑的意识形态，但是不可否认商品符号价值之所以能够被利用甚至被"滥用"，确实有着深刻的社会基础。因为消费活动本身就有个体张扬个性的初始含义，"消费这个词的本来意义就是人们追求作为个性生活过程的多样性"，② 在阅读过程中读者的精神性消费明显具有敞开其潜藏的"乌托邦冲动"的功能，即在通过感观与心理参与间接地获得感觉层面的"救赎"和满足的同时，对现实生活的缺陷和不公进行质疑与批判。③ 消费者本身对于"虚"的符号价值的需要决定了企业必须进行符号化生产，也就说消费者在获得"实"的使用价值的同时，对于"象征着时尚、前卫、个性、地位的符号"具有强烈欲望，④ 这要求出版企业必须提供个性和风格化的出版品牌和出版物产品。

正如波德里亚描述的一样，消费者"所信仰的，是标志的无比威力"，"富裕，'富有'其实只是幸福的符号的累积"，⑤ 在阅读消费领域，这种品牌个性和风格带来的精神依恋和心理满足相当重要，特别是时尚、娱乐、流行读物的消费领域更是如此。比如，女作家安妮宝贝的系列小说和散文，就以其时尚、小资、高雅、清冷、惊艳、叛逆的风格受到年轻女性白领的追捧，她们甚至以阅读安妮宝贝为傲，分析安妮宝贝畅销的原因，虽然见仁见智，但是必须承认的是她的特色非常鲜明，"佛家的空无""杜拉斯的顽固""道家的清静"以及"伍尔芙的孤寂"等多种思想元素，在她的作品中达致"形而上的平

---

① 陈月明：《商品符号与符号消费》，《浙江社会科学》2006 年第 6 期，第 137—141、150 页。

② ［日］堤清二：《消费社会批判》，朱绍文译，经济科学出版社 1998 年版，第 98 页。

③ 宋伟杰：《从娱乐行为到乌托邦冲动——金庸小说再解读》，江苏人民出版社 1999 年版，第 5—6 页。

④ 陈月明：《商品符号与符号消费》，《浙江社会科学》2006 年第 6 期，第 137—141、150 页。

⑤ ［法］波德里亚：《消费社会》，刘成富，全致钢译，译林出版社 2000 年版，第 8—9 页。

衡"，这在信息井喷的时代，很容易攫取读者的注意力，阅读安妮宝贝的书成为年轻女性白领的时尚选择，这在本质上是由于该读者群现实生活中的压抑，刺激内心的相应渴求，而这种心灵的不安与孤独，只能通过阅读获得慰藉和宣泄，① 而安妮宝贝的系列图书恰好能够提供相应的情感附加值，满足这类读者的上述诉求。这种发自内心深处的依恋和崇拜造就了一大批忠诚读者，这些读者对品牌个性和风格的高度认同虔诚专一且持久不衰。

最后，从审美体验角度看，作为艺术品的出版品牌，只有具备独特的个性和风格才能激发读者新的想象和体验。西美尔（Simmel）认为"审美沉思和诠释的本质在于：独特的东西强调了典型的东西，偶然的仿佛是常态的，表面的和流逝的代表了根本的和基础的。似乎在任何现象中都蕴含着富有意义和永恒的东西"，② 也就是说在西美尔眼中，即便最平淡和琐碎的社会形式也能折射出社会生活的总体意义。出版物作为凝聚着作者、文字编辑和美术编辑、生产工人劳动和智慧的艺术品，它的个性和风格能够给读者带来"陌生化"的体验，让读者通过好奇和探索心理的引导，产生新鲜的审美联想，进而通过体验出版品牌及相关产品和服务的独特意蕴，享受西美尔强调的"富有意义和永恒的东西"，亦即"从各种艺术片段中发现整体，从短暂的瞬间寻求永恒，从个别的存在跃升到普遍"。③ 以上分析显示，缺乏个性和风格的出版品牌仅仅是既有审美经验和审美图式的"同义反复"，它会让人产生"审美疲劳"，俗套和平庸将会抽空读者的体验意趣，让读者产生厌烦情绪和感到不满。因此，品牌性格的塑造是出版品牌发育到一定阶段的必然要求。其实，出版品牌的个性和风格并不抽象，它涵摄一个时代文化思想进步的整体性成果，同时又反映出版企业独特的历史积累，以及出版工作者的才华、创意，具有"小中

---

① 谢不周：《疏离·高雅·小众——中国现当代女作家生存哲学研究之安妮宝贝》，《出版广角》2008 年第 8 期，第 44—45 页。

② D. Frisby, ed., *Georg Simmel: Critical Assessment*, London: Routledge Press, Vo. 2, 1994, p. 55.

③ 欧阳彬、朱红文：《社会是一件艺术品——西美尔的"社会学美学"思想探析》，《天津社会科学》2005 年第 2 期，第 65—69 页。

容大"的文化承载和传递功能。借助出版品牌的个性和风格，读者可以"窥斑识豹"式地了解典型意义上的文化精粹，同时也可以体验经营者的"良苦用心"，从而提高对该品牌的认同和信赖程度。

由此可见，个性和风格是出版品牌生存的根本。没有性格的出版品牌在成长过程中将会困难重重，读者信任来自理性权衡和感情依赖的"合力"作用，图书的内涵和品质固然是品牌成功的基石，但是如果忽略读者感情和精神方面的个性化诉求，那么出版品牌的命运依然岌岌可危。出版品牌个性和风格的形塑是一项长期任务，出版企业应该以读者忠诚为终极指向，坚持不懈地做好这项艰巨而重要的工作。

三　持续创新与出版品牌忠诚度的提高

从本质上分析，读者的品牌忠诚度依然具有成长性，这意味着出版品牌进入忠诚期之后，出版企业不仅要设法维持读者忠诚，同时还要强化读者忠诚，使读者忠诚度实现螺旋式上升。分析品牌忠诚期读者心理和行为的变化，可以发现：读者忠诚于某个品牌并不等于出版企业的产品和服务会一直令读者感动，读者的需求尤其是内容题材偏好是善变的，出版企业要想促进品牌忠诚的深入发展，必须通过动态改进的方式来实现。简言之，持续创新是驱动出版品牌忠诚度提升的必然路径。

首先，持续创新是不断提高读者转换成本的内在需要。关于顾客忠诚的含义，理查德·L. 奥利弗（Richard L. Oliver）给出的经典性界说是："一种对偏爱的产品和服务的深深承诺，在未来都持续一致地重复购买和光顾，因此产生了反复购买同一个品牌或一个品牌系列的行为，而不管情境和营销力量怎样影响，都不会产生转换行为。"在奥利弗看来，顾客忠诚是由认知、情感、意念和行为四个等级序差型层次构成，是顾客的购买意识、心理偏好和消费行为的统一。① 这

---

① Richard L. Oliver, *Satisfaction: A Behavioral Perspective on the Consumer*, New York: McGraw-Hill, 1997. 转引自邹德强、王高、赵平、王燕《功能性价值和象征性价值对品牌忠诚的影响：性别差异和品牌差异的调节作用》，《南开管理评论》2007年第3期，第4—12页。

个内涵分析启示出版经营者：读者忠诚是长期投入、逐渐形成的结果，竞争品牌的营销努力随时可能"腐蚀"读者忠诚，使读者产生转换意图。其他相关因素，如读者个性的坚强程度等也会影响品牌忠诚的维持和发展。因此，面对出版品牌忠诚期出现的管理难题，通过持续创新提高转换成本成为出版企业的不二选择。因为持续创新可以不断改善读者对于出版物产品优越性的感知，提高社会纽带（social bonding）① 的影响力、个人性格的坚韧程度，② 而这些都与品牌转换成本有关。一般认为，转换成本（Switching Costs）是指顾客从一个供应商转向另一个供应商的过程中发生的所有支出的总和，它主要包括：搜寻交易对象的成本、毁约的损失以及重新缔约的成本、消费习惯和心理情感方面的成本、设备更换成本、转换中发生的相关利益损失等。③ 转换成本实际上是一种障碍和壁垒，根据"理性经济人"假设，转换成本越高，读者选择替代性品牌的可能性越小。分析转换成本的类型可以发现，转换成本与出版企业的产品和服务的成本控制、多样性和兼容性等有关，也就是说，如果出版企业提供的产品和服务价格低廉、品种丰富、兼容性强、更新及时，那么读者就会忠诚于该出版品牌，出版企业可以留住这部分读者。而成本控制、品种创新、功能价值提升等都和持续创新密切相关。如果出版企业停滞不前，那么在上述各方面就不能保持相对优势，这时留住读者就存在问题，读者忠诚度就会被瓦解，更遑论深度发展。

其次，出版营销各环节的持续创新是读者进行购买风险管理的必然要求。出版品牌发展到忠诚期时，读者信任的存量积累到一定水平，然而读者忠诚某个品牌仍然存在不确定性，毕竟忠诚意味着长期接受该出版企业提供的产品和服务，这在知识数量剧增的时代，无疑

---

① 注：社会纽带的意义在于，消费者通过模仿和从众行为，获得周围人的喜欢和接受，从而建构属于自己的社会关系网络。

② Richard L. Oliver, "Whence Consumer Loyalty?", The Journal of Marketing, Published by: American Marketing Association, *Fundamental Issues and Directions for Marketing*, Vol. 63, 1999, pp. 33-44.

③ 桑辉、王方华：《顾客转换成本研究综述》，《哈尔滨工业大学学报》（社会科学版）2006 年第 2 期，第 102—108 页。

是具有风险的：既然知识和信息数量猛增而且分布离散，读者偏爱某个出版品牌，会不会不利于高效地获取知识信息？在传统的出版分工格局被打破后，出版企业可以随意进入任何领域，此时倾向性地购买某个出版品牌的产品有无必要？如果大量读者忠诚于该品牌，疏于监管，该出版企业会不会在创新方面有所懈怠？等等。诸如此类的问题都是读者会遇到的疑问，读者具有风险意识是正常而且合理的，而且尽管读者的风险态度有风险厌恶、风险中性和风险偏好等差别，但是总体而言，读者对于影响阅读消费目标达成的不确定性的认知和判断还是会影响到出版品牌管理活动。应对上述问题的关键是出版企业要设法让读者"放心"，也即让读者通过观察、对比发现经营者确实在通过持之以恒的创新不断地超越读者期待。

具体而言，出版品牌忠诚度的提升要求出版企业在价格、产品、服务、沟通等各个环节为读者提供额外的利益，才能留住读者，让读者长期忠诚于该品牌。也就是说，出版企业通过持续地创意出新，为读者创造更大的让渡价值，读者才允许出版企业分享这些价值的一部分。比如，一些休闲性质的文艺读物，它的功能就是让读者在工作之余获得精神松弛和休息、改善心境和情绪，它带给读者一定的效用，让读者享受到审美愉悦和精神舒适，因而读者也会认可出版企业的努力。如果出版企业坚持不断创新，及时向竞争对手和国内外同行学习知识、技术和能力，那么读者就有理由认为选择该品牌是安全的，或者说风险比较低。稍微展开一点分析，出版企业持续创新实际上是在向读者等利益相关者释放一个信号：本企业在组织学习、创新能力、流程完善、管理变革方面是足以令客户放心的。出版企业通过这个信号，能降低信息不对称给读者带来的焦虑，促使读者坚持已有选择而不再"左顾右盼"。因此，尽管个体读者的风险态度不一，但是通过持续创新让读者放心是非常必要的。

再次，持续创新一方面可以强化营销系统的资源整合能力，使出版企业客观上具有为读者提供最优产品的可能，另一方面可以降低读者的期望值，从而有利于改善读者的品牌认知质量。这是因为出版企业持续创新的市场表现，在一定程度上会让读者调整内心的期望值，改变过高或者不当的心理预期，这样，读者就更容易获得满足感，品牌管理自然成效斐然。基于读者信任的战略逻辑告诉我们，出版企业应该进行适度创新，所谓"适度创新"就是说不能单纯追求技术层面的突破，而要关注读者的需求和期望，能让读者接受和满意的创新才是适度的。这里的"度"是在与读者互动过程中经过反复比较修正之后确认的。再深入一层，出版企业积极的市场表现本身就具有的信息交流功能，可以让读者变得不那么"苛刻"，读者会认为既然对方已经足够努力，态度诚恳而且行动有力，那么自身的期望值也应该适当调整。如此，市场博弈均衡的结果就会有利于出版企业，在复杂多变的环境下，读者的"妥协"无疑可以帮助出版企业提高竞争绩效。所以，从驱动读者调整期望值的角度出发，出版企业应该持续创新。

市场交易过程具有校正消费者决策错误的功能，在阅读消费中，这种校正功能的发挥一方面依赖读者对价格等营销信息的掌握和分析，另一方面出版企业在各个细微环节的表现都会被作为决策参考依据，其中包括出版企业在技术、产品、服务等方面的创新。换言之，持续创新会提升读者的品牌认知质量（Perceived Quality，或译为知觉质量、品牌认知度等）。品牌认知质量是指消费者根据特定目的，与其他品牌相比，对产品和服务的全面质量或优越程度的感知状况。[①]认知质量和实际质量并不等同，认知质量虽然以实际质量为基础，但是它毕竟是消费者的主观理解和判断。消费者对产品和服务质量的判断标准和个性感知，有时甚至比客观质量更重要，特别是当产品和服务的内涵比较复杂的时候更是如此。出版企业的持续创新不仅可以改进实际质量，而且能动态适应读者判断标准的变化，有效地提升读者对品牌形象的整体认知。

最后，持续创新可以激发和深化有利的品牌联想，从而为促进销售和品牌忠诚奠定坚实基础。吴新辉和袁登华从认知心理学的角度对品牌联想进行了深入研究，认为"品牌联想是给予消费者主观认知

---

① Keller Lane Kevin, "Conceptualizing, Measuring and Managing Brand – Based Customer Equity", *Journal of Markting*, Vol. 57, No. 1 (Jan., 1993), pp. 1 – 22, Published by: American Marketing Association.

的，在大脑记忆网络中与品牌结点直接或间接联结的信息结点"，也就是说，品牌联想是消费者接收到某一品牌信息刺激时会自发想到的其他信息，这些信息可能是"品牌本身的信息（如品牌知觉、经验、评价、定位等）"，也可能是"品牌以外的信息（比如情景、个性、人物、时空等）"，在消费者的记忆系统中，"品牌结点与信息结点通过直接或间接的链接方式形成联想网络，构成一个联想群，反映着独特的品牌形象"。① 从品牌联想内容和建立过程看，品牌联想并非越多越好，核心的品牌联想才是提升品牌绩效的关键因素。持续创新在优化产品质量、及时回应读者个性需求、动态适应技术和环境变化等方面有着无可比拟的优势，因此可以作为核心品牌联想的内容予以激发。

由于品牌联想的建立和强度的增加遵循人类学习机制中的练习强化律，因此根据消费者学习程序的差异，企业在消费者品牌联想建立过程中可以采取以下两种策略：（1）"让品牌和产品属性简单独立地同时重复出现"；（2）"通过让新联想与已有联想建立一种积极有利的联系，促进新联想的建立，并增加已有联想的强度"。② 第一种策略强调简单的重复在消费者记忆机制中的刺激作用，持续创新作为品牌之外的信息结点，可以做简单重复式的传播，以增加品牌联想的强度，持续创新的成果是连续产生的，因此这种重复在具体内容上会有一定的变化，不会让读者感到厌烦或腻味；第二种策略的核心是新旧信息的交互作用促进品牌联想整体效果的改善，出版企业持续创新的内容是动态演变的，将具体的创新细节作为线索有序地传递给读者，既有利于新联想的建立，又有利于旧联想的强化。因此，无论从哪种策略出发，出版企业坚持不断创新，对促进积极品牌联想群的深层发展，进而促进品牌忠诚都有积极的意义。

总之，在出版品牌忠诚期，出版企业要坚持创新，从整体流程和关键环节入手，不断地优化改进，提升读者的信任和忠诚。虽然生生不息地创新是一种战略逻辑，在每个阶段都是必要的，但是由于进入

---

① 吴新辉、袁登华：《消费者品牌联想的建立与测量》，《心理科学进展》2009 年第 2 期，第 451—459 页。

② 同上。

忠诚期后，经营者常常会陶醉于市场占有率和销售利润等方面的业绩而滋生懈怠心理，所以此时强调持续创新具有特殊的意义。对于读者潜在的、根本性阅读需求的发现和满足是一个渐进式逼近的过程，每个小型的改善行动都不容忽略，在出版品牌忠诚期，这种持续的超越、突破甚至转型仍然是出版企业应该坚持的一种战略选择。

第五节 以维护读者信任为导向的品牌延伸策略

品牌延伸是品牌生命力的主要体现之一，如果将品牌视为有机体，那么品牌延伸就是其呼吸吐纳、新陈代谢的机能。从品牌健康发展的角度分析，读者信任在出版品牌延伸阶段同样具有重要作用。所谓出版品牌延伸（Publishing Brand Extension）具体是指利用原出版品牌的力量推出新产品或者开拓新市场。[①] 品牌延伸在出版营销领域扮演着重要的角色，而且发生频率极高。出版品牌的成熟有赖于系列化、体系化产品的成套推出，如此才能取得较好的市场反响。延伸后的品牌旗下的产品和服务的内涵有所更新和变化，此时读者信任能否继续保持就成为驱动品牌资产增值的关键因素。一般地，出版企业品牌在出版品牌谱系中占据优先地位，出版品牌延伸大多不涉及企业品牌，而常常发生在图书产品（线）品牌、编辑品牌、发行品牌等子品牌上。因此，读者信任在品牌延伸阶段的主要任务在于，如何使新旧品牌内涵之间交互作用，强化读者信任的程度，避免由于操作不当导致读者背叛。

一 出版品牌延伸在图书营销中的普遍性和复杂性

出版品牌延伸是一种常见的营销现象。在我国的出版界，一般的出版社每年推出上百种甚至数百种新的图书，都是司空见惯的事情。随着呆板的专业分工格局被打破，产业化发展的趋势要求出版企业在出书范围上不能画地为牢，务必要转变经营观念，柔性应对复杂多变的市场。出版品牌延伸既然是一种常态，那么如何提高品牌延伸的绩

---

① 朱德武、陈培根：《品牌延伸需要彻底的观念更新》，《管理世界》2004 年第 5 期，第 147—148 页。

效，为出版品牌资产增值提供支持，就成为管理者必须深思的重要命题。一般地，出版品牌延伸尽管时有发生，但却并不一定都能对原品牌形象和市场绩效产生正面影响，由于时机选择不当、交流沟通不畅、新旧衔接不良而导致延伸效果不佳的实例比比皆是。而要慎重、科学地进行出版品牌延伸，首先要搞清楚出版品牌延伸的复杂性体现在哪些方面。具体分析如下：

第一，品牌名称使用不当引起的新旧出版品牌存在相容性问题，导致读者认知困惑，从而对原出版品牌产生不利影响，导致辨识混乱，腐蚀读者信任。从逻辑上讲，出版企业应该在延伸品牌名和原品牌名之间建立某种联系，保持相当程度的一致性、连贯性。比如，出版企业可以"使用原品牌名、母子品牌、品牌变形、合作品牌，甚至包括以原品牌的声誉作担保推出新的品牌"，就相容性而言，新旧品牌名之间应该尽量避免冲突，以防"非但不能利用两个品牌的影响力，反而会削弱任何一个品牌的影响力"。理想的方案是，尽量使新旧品牌名称的"识别元素之间能相互协调或者存在互补性"，从而使两者之间产生协同效应，取得合作品牌应有的品牌影响力。[①] 世界著名大学以校名为品牌推出的优秀出版物就常常能够取得良好的市场效应，比如《剑桥文学史》《剑桥科学史》与剑桥大学一样在读者心中享有盛誉，《牛津辞典》在英文学习者眼中地位崇高，而哈佛大学的案例教材则是 MBA 教学首选，美国麻省理工学院的《MIT 认知科学百科全书》在全球拥有约 30 种文字的译本，被奉为跨越多学科的"圣经"，复旦大学依托自身无形资产为原品牌，以教学科研优势为基础，开发出原创教学图书品牌"复旦博学"系列，包括新闻与传播系列、公共关系学、MBA 前沿系列、MPA 系列等 20 个学科，该品牌的命名、标识和解说词，既彰显复旦大学的名校声誉，又融入儒家古训"博学而笃志，切问而近思"，实现了新旧品牌名称的和谐相容。此外，武汉大学和上海交通大学等大学出版社也着手发挥在其法律和信息技术等领域的学科和作者队伍优势，争取创立更多高校教材

---

① 朱德武、陈培根：《品牌延伸需要彻底的观念更新》，《管理世界》2004 年第 5 期，第 147—148 页。

出版品牌。①② 这些将出版企业品牌和系列产品组合起来使用的方式，可以有效地解决新旧品牌之间可能存在的冲突，但是如果产品质量不佳，也会"连累"出版企业的整体品牌，这是出版企业必须要注意的问题。即新推出的产品必须在质量、风格、档次等方面与出版企业品牌的整体定位相一致。

第二，原品牌拓展到新的细分市场时，由于市场调研不充分或者其他失误，导致读者认同度不高，产生读者不信任，从而稀释了原出版品牌形象。原品牌拓展到新的细分市场一般情况下会沿用原品牌。比如，商务印书馆开发电子辞典，科学出版社和施普林格出版公司合作开拓国际学术读物市场都采取了上述做法。在这种情况下，如果经营者没有进行充分调研，对读者的阅读偏好和适应能力等缺乏深刻认识，那么这种品牌延伸就可能遭到失败。因为读者信任建立在对原品牌认知和体验的基础上，这种品牌态度是否能够"平移""嫁接"到新品牌上，取决于新市场的竞争态势、品牌生命周期、沟通互动能力等，③ 由此可见，品牌认同的延续才是品牌延伸成功的关键。只有读者主观上高度认同，出版企业才能从品牌延伸中获益，否则只会削减原品牌的竞争力，对读者信任存量的增加不利。从战略高度考虑，市场拓展成功与否和出版品牌定位关系密切，这就是说，在出版品牌创立的初始阶段，就需要注意品牌定位的弹性，而一旦确定了核心价值和个性特征，就应该在品牌延伸阶段尽量坚持不与已有的品牌核心价值和个性特征相抵触，核心价值的包容性是履行上述原则的战略引擎。④ 在实践中，出版企业需要做好以下几点工作：⑤（1）在进行出版品牌定位时，要从品牌文化、价值观的

---

① 刑晓芳：《依靠名校无形资产树立原创教材新品牌"复旦博学"系列海纳百川》（2000 年 12 月 21 日），2009 年 9 月 18 日（http：//www. rwfd. fudan. edu. cn/shuyuan/kong-gu/fudan. htm）。

② 安齐：《"复旦博学"：一个出版品牌的诞生》（2003 年 6 月 18 日），2009 年 9 月 18 日（http：//www. sinobook. com. cn/press/newsdetail. cfm？iCntno＝890）。

③ 卢泰宏、谢飙：《品牌延伸的评估模型》，《中山大学学报》（社会科学版）1997 年第 6 期，第 8—13 页。

④ 翁向东：《品牌延伸的七大铁律》，《中外管理》2003 年第 3 期，第 46—48 页。

⑤ 韩经纶、赵军：《论品牌定位与品牌延伸的关系》，《南开管理评论》2004 年第 2 期，第 46—50 页。

高度出发，强调品牌的情感属性或自我表现属性，这样的品牌定位在后续经营中可能根据市场情况和经营需要适度进行伸缩、调整；（2）出版品牌定位要充分考虑未来延伸的方向和可能，尤其要考虑服务内容之间的互补性、替代性和转移性；（3）在出版品牌延伸过程中，必须坚持和发扬原品牌的核心价值，不可盲从躁进，否则无异于"杀鸡取卵"。只有做到以上三点，出版企业才能借助读者对原品牌已有的联想，使品牌影响力渗透到新的细分市场，以缩短新品牌被读者接受的时间，减少开辟新市场的费用，降低延伸失败的概率。①

　　第三，出版企业推出新产品时，仍然使用原品牌，但由于产品与出版品牌的核心价值和主流形象不相符，或者与读者需求变化不吻合，从而削弱了读者信任。如上所述，读者的接受和认可才是品牌延伸成功的关键驱动因素。当出版企业推出新书时，实际上是在利用已有的出版品牌实施多元化经营，通过产品的丰富最大限度地开发出版品牌的市场价值。但是，多元化经营天然地会带来识别困惑："爱屋及乌"的消费方式到底可不可取？既有消费经验能保证未来产品和服务的品质吗？因此，出版企业借力原品牌推出新产品时，务必注意引导读者态度和行为，尤其是重视"核心识别"元素的作用。范秀成和高琳的研究指出，品牌认知影响品牌延伸，其中反映"品牌最重要和最稳定的本质元素"代表品牌的"本性"和"精髓"，属于品牌的"基因（DNA）"，这些元素能使品牌变得独特和有价值，可以称为"核心识别"。核心识别决定品牌延伸的范围。而扩展识别则是指"能为品牌带来更丰富的内涵，同时使品牌识别表达更完整的元素"，扩展识别影响品牌延伸的内容。品牌核心识别并非一成不变，当核心识别的内涵随环境、战略、资源等因素而变得更加丰富时，"其识别层次也不断提升，与之相应的品牌延伸范围也会不断扩大，同时延伸成功的几率也会增加"。② 在出版语境里，新书的推出一般都与出版企业的品牌相关联，此时核心识别表现为出版企业的服务理念、传统

---

　　① David A. Aaker, Kevin Lane Keller, "Consumer Evaluations of Brand Extensions", *The Journal of Marketing*, Vol. 54, No. 1（Jan., 1990）, pp. 27 –41.

　　② 范秀成、高琳：《基于品牌识别的品牌延伸》，《天津大学学报》（社会科学版）2002 年第 4 期，第 333—337 页。

优势、文化信念和价值理想等的综合。拓展识别则体现为在"品牌伞"的庇护和提携下，出版企业凸显出的新鲜感和创新点。只有将核心识别和拓展识别统一起来，才能有效地帮助读者顺利进行信息筛选，调整记忆结构，增加读者认同新品牌和深化信任的可能。更重要的是，当出版品牌核心识别发生更新和升级时，传播沟通和认知引导工作就更为重要，比如当出版企业进入全新出版领域时，就应该在品牌形象的重塑上下大力气，同时营销传播工作的重心也要进行相应的调整。

以上从品牌延伸的三种主要方式切入，探讨了出版品牌延伸过程中的常见问题，得出的核心结论是：品牌管理是一种长期投资，在出版品牌延伸过程中，存在多种复杂情况，都有可能导致读者信任的丧失，这要求出版企业必须认真分析读者背叛的原因，并采取相应的措施加以化解，以保证出版品牌健康发展。

二 出版品牌延伸中读者背叛行为的原因

出版品牌延伸可能会导致读者信任存量的减少，甚至会出现忠诚读者流失现象，此时出版企业需要思考和回答如下问题：读者背叛对出版品牌的发展有何影响？读者为什么会背叛出版品牌？留住读者的关键到底何在？这些问题的求解仍然要回归到读者心理和行为层面，因为出版品牌创立和巩固的关键在于读者的反应。读者背叛主要表现为选择替代品牌或使用替代产品，或者暂时不购买相关主题的出版物。简要分析，读者背叛出版品牌的原因主要有：

首先，出版品牌延伸过分地远离原品牌的核心价值，导致读者认同障碍，继而引发负面态度，失望的读者只能选择替代品牌。当出版企业推出的新产品与原来的定位关联度太小，读者在心理上无法接受延伸品牌，就有可能产生背叛行为。比如，日用品行业就有许多品牌延伸失败的案例，"活力28"实施多元化战略选择生产矿泉水，结果根本卖不出去，因为消费者无法在洗涤品和饮用水之间进行品牌印象的顺利切换。① 类似地，如果某天商务印书馆决定出版少儿漫画图书，

---

① 肖明超：《消费者品牌印记对品牌延伸和管理的启示》（2005 年 8 月 9 日），2009年 9 月 20 日（http://esoftbank.com.cn/wz/46_8162.html）。

而少儿漫画与大部头的外语词典、学术经典之间可以说毫无瓜葛，读者自然会感到难以接受。一般地，出版品牌延伸应该围绕品牌核心价值定位进行，耗费出版资源于不熟悉或不擅长的领域，不会给出版企业带来利润和成长。简言之，成功的出版品牌延伸大多都是系统化、结构化、有组织、有指向的经营创新。也就是说，延伸品牌给读者的印象不能有太大的隔离度，延伸品牌最好能够涵盖在原品牌的系统之内，由原品牌带领子品牌健康发展，从而形成结构层次清晰、子品牌关联互动的出版品牌谱系。该出版品牌谱系虽然包含多个子品牌，但是这一系列出版品牌及相应的产品都遵循相同的经营理念和核心价值观，在服务态度、质量标准等方面不会有太大差别。

　　其次，出版品牌延伸后，新产品和服务不能满足读者需求，殃及原出版品牌。有的经营者认为，品牌延伸就是要扩大市场影响力，所以出书范围辐射更多门类是合理的，而且可以引领读者需求的演变。然而，事实上出版营销是与读者感知的博弈，获得读者好感的基础是以读者为中心，人性化地满足读者需求，如果经营者单单从自身利益出发进行品牌延伸，而不是提供读者最关心的产品和服务，那么就会失去公信力，令读者感到不满，转而寻找替代品牌。这实际上就是品牌延伸失败给出版企业带来的"株连效应"。值得指出的是，出版品牌延伸后的新产品和相关服务给读者带来的感知价值才是影响读者信任的直接因素，因此品牌延伸失败的出版企业在进行补救时，应该从读者感知价值入手，挽回读者信任，降低其转换意图，减少利润和信誉损失。[①] 读者感知价值与出版物真实价值之间存在差距是正常的，但是如果差距过大就会导致读者认为新产品和新服务的效用不能令自己感到满足，此时出版企业除了设法改善产品性价比之外，还要及时获得读者的反馈，分析影响读者认知价值的关键问题到底何在，然后有针对性地采取补救措施，避免信任危机的爆发和蔓延。此外，在出版品牌延伸过程中要注意创新型产品和服务质量的控制，以卓越的内涵和品质来维持读者的信任和支持。

---

　　① 赵冰、涂荣庭、符国群：《服务失败情况下的消费者信任作用研究》，《中国软科学》2007 年第 2 期，第 118—126 页。

最后，在出版品牌延伸过程中，原出版品牌旗下的核心产品和延伸产品之间的市场地位交替变化，当延伸产品占据比较优势时，读者就会将注意力聚焦在延伸产品上，这将导致读者放弃对原品牌旗下核心产品的钟爱。① 这是因为一个品牌名称代表两种甚至两种以上有差异的产品必然会导致消费者"认知的游离和模糊"。② 读者品牌认知会受到其他信息干扰，这种干扰可能是竞争品牌发出的，也可能来自延伸后的子品牌。子品牌成长壮大以至"喧宾夺主"在书业并不罕见，许多词典类出版社推出电子词典后，纸版词典销量大幅降低，市场占有率萎缩，就是典型例证。这种子品牌之间的"竞食效应"是出版品牌延伸的"陷阱"。要控制"竞食效应"，出版企业在品牌延伸时，必须注意读者的主观评估和感知反应，保证延伸品牌与原品牌营销资源投入方面的平衡性是避免"竞食效应"的关键。比如，在产品延伸方面，同一主题图书新版上市时，可以将新版和旧版"捆绑"起来宣传，在突出新版图书的创新之处和特色的同时，可以对旧版图书实施打折优惠促销，这样，就可以避免本版图书之间的"自相残杀"，而且可以最大限度地提高销量和利润。

总之，出版品牌延伸并不一定都能取得成功，由于品牌延伸不当而导致读者不满和选择替代品牌的现象在出版界屡见不鲜，所以出版企业制定品牌延伸策略时，应该从读者对品牌核心价值的认知出发，兼顾读者利益和企业效益，寻找出版品牌延伸的"合理边界"，提高出版品牌延伸成功的概率。

三 出版品牌延伸中的读者信任维护策略

以上分析达成的理解是，出版品牌延伸行为利弊共存，出版企业要想提升品牌延伸的成功概率必须设法维护读者信任，引导读者对延伸品牌的认知、态度和行为，同时要革除经营中可能存在的弊病，降低读者背叛的可能。出版企业进行品牌延伸一方面会吸引新的读者群

① 柴俊武、万迪昉：《品牌延伸利弊与延伸绩效述评》，《预测》2004年第4期，第26—32页。

② Wilson L. O., Norton J. A., "Optimal Entry Timing for a Product Line Extension", *Marketing Science*, No. 8, 1989, pp. 1–17.

的关注和消费，另一方面就是要锁定和留住原品牌的忠诚读者。以下几点策略可供参考：

第一，出版品牌延伸范围和边界的确定在品牌定位之初就需要考虑。必须无条件承认的是，出版品牌生命周期中到底会发生哪些变化是难以准确预测的，然而这并不等于说在出版品牌创立的初始阶段，出版企业不能考虑品牌延伸问题。因为成功的品牌延伸不能与品牌核心价值存在太大"距离"，而出版品牌的核心价值是在品牌定位阶段就确定的，所以管理者在进行品牌定位时就应该充分考虑品牌延伸的方向和空间。换言之，出版品牌定位要有一定的弹性，比如应突出出版企业在知识传播和服务方面的价值取向，而不要太过具体地规定出书的范围。在复杂快变的市场中，出版品牌核心价值也可能发生变化，此时，出版企业同样应该在品牌延伸的可能空间中，寻找那些能够维系读者信任的、相关度最高的领域进行延伸。这样，就容易得到读者的接受和认可，避免认知困惑与心理反感，更大程度地获得读者的信任和依赖。在数字出版技术迅速发展的情况下，出版品牌延伸范围和边界的变革更为普遍和正常，但是从内容提供商的身份来看，内容的定位和品质的档次等还是应该作为出版品牌核心价值中优秀的成分加以继承和保持，同时出版企业在和阅读器生产商、软件开发商合作开发数字出版物的过程中，应该选择那些符合自身品牌定位要求的战略伙伴，这样，通过协同努力就能保证出版品牌在读者心目中的地位不受影响。

第二，出版品牌延伸过程中出版企业要随时和读者沟通，引导读者接受延伸品牌和延伸产品，同时通过互动交流增强认同，让读者全程参与，从而打消读者顾虑，深化读者信任。出版企业与读者的互动式交流应该贯穿品牌管理的整个过程，这有利于改善关系营销的绩效，驱动品牌价值的增加，[①] 品牌延伸阶段读者认知可能存在困惑和游离，因此通过及时有效的沟通澄清疑惑、增加认同就显得尤为必要。这一阶段与读者沟通的主要内容有：告知读者品牌延伸的具体内

---

① Tom Duncan, Sandra E. Moriarty, "A Communication – Based Marketing Model for Managing Relationships", *The Journal of Marketing*, Vol. 62, No. 2（Apr., 1998）, pp. 1 – 13, Published by：American Marketing Association.

涵，比如介入新的专业领域，推出新型出版物产品，提供新型附加服务等；引导读者接受延伸品牌的特色和优势，同时使其正确认识延伸品牌与原品牌的关系；更新读者的品牌印象，让读者接受出版品牌内涵方面的创新；等等。一般而言，如果出版品牌延伸涉及功能性价值的变化，那么在象征性价值方面就应维系原来的定位，这样有利于读者认知和接受，也即在沟通过程中需要凸显功能价值的增值和变化，同时又告知读者原有的象征性价值保持不变。出版品牌延伸过程中的传播沟通任务可以通过广告、公关、新闻事件、赞助教育事业、参与公益活动、图书外观标志等途径进行，同时网络媒体的运用也变得越来越普遍，比如出版企业可以通过网站与浏览者进行交互沟通，宣传出版品牌延伸过程中的创新设想，了解读者的感受和体会等反馈，解答读者的疑惑和顾虑等。

第三，出版品牌延伸过程中除了强调新旧品牌之间的相关性和相似性之外，还要适当地给予读者一定的优惠，增加读者情感依恋和再次购买的概率。一般而言，契合度高的出版品牌延伸更易得到读者认同，读者信任维系起来成本较低，而对于与原出版品牌差距较大的子品牌，则需要在营销传播和促销策略方面多下功夫，比如可以通过价格优惠或附送赠品等方式促进读者对于子品牌的接受，降低市场推广的障碍和阻力。从读者立场来看，适当的优惠可以提升读者的感知价值，让读者产生自己受到重视的心理认知，改善了出版品牌在读者心目中的整体印象，强化了读者的信任和忠诚。当然，这种促销措施的运用要考虑成本问题，同时过度的促销优惠会刺激短期大量购买，但从长期看来可能对出版品牌的发展并无好处。这是因为读者大量购买之后会在未来的一段时间内减少购买量，而且图书大幅度打折会给读者以定价虚高不实、产品质量档次较低的不良印象，此外价格优惠和附送赠品会引起竞争对手的模仿和攀比，如果超过一定限度将会导致不良的效果，对整个产业的发展都会产生负面影响。因此，价格优惠和附送赠品等促销方式的运用要综合考虑多种要素。

以上分析基于这样一个事实，即品牌延伸的接受和认同程度与读者信任高度相关。出版企业的专业能力和可靠性等因素综合作用、长期积累所形成的读者信任在品牌延伸中起着至关重要的作用。在"出版品牌—读者"关系范畴中，读者的消费体验、感知价值、满意程度和品牌公信力是决定出版品牌延伸成功与否的关键，然而在读者高度参与出版流程的情况下，品牌信任在促进读者接受延伸品牌过程中起到的作用比读者满意更大。① 因此，在品牌延伸过程中，出版企业一方面要设法利用品牌延伸的机会增强读者的信任，提高读者的忠诚度，另一方面先前累积性投入形成的信任关系对品牌延伸的成功将起到较大的促进作用。简言之，成功的出版品牌延伸既依赖于已有的读者信任，又可以深化读者对出版品牌的信任和忠诚。

本章小结

本章主要探讨出版品牌管理的具体策略。根据面向读者信任的出版品牌管理理念，出版企业应该以推动读者关系良性发展为本，结合出版品牌成长壮大的规律和出版企业的战略、资源和能力，在与读者互动的基础上不断设计和优化营销管理策略，实现出版品牌和读者信任的共生演进。本章的主要内容有：

第一，分析读者信任在出版品牌生命周期不同阶段的功能。首先，界定出版品牌生命周期的概念，参考读者心智模式和行为演变将出版品牌生命周期分为认知期、美誉期、忠诚期和转移期四个阶段，阐述不同阶段中读者态度和行为的特殊表现。其次，分析读者信任在出版品牌生命周期不同阶段的功能。信任有助于读者选择性地关注品牌信息，对出版品牌认知有促进作用。信任能够降低交易成本和不确定性，有利于出版品牌获得良好的声誉。在品牌忠诚期，信任关系既可以增强读者的安全感和依赖感，又可以降低竞争品牌对读者的诱惑力。在品牌转移期，信任可以维持读者的信心和依恋，提高读者对子品牌接受和认同的概率。最后，建构读者信任与出版品牌之间的耦合模型。就耦合目标而言，两者都以获得和维持竞争优势为旨归，目标

---

① Elena Delgado – Ballester, José Luis Munuera – Alemán, "Brand Trust in the Context of Consumer Loyalty", *European Journal of Marketing*, Volume: 35, Issue: 11/12, Year: 2001, pp. 1238 – 1258.

高度一致；从耦合的切入点分析，应该整合两条路径，一是基于读者信任状况动态演进过程的耦合，二是基于出版品牌成长过程的耦合，出版企业应该以读者关系改善为导向，统筹两条路径，实现协同共进。由两者耦合的现实基础看，阅读消费和出版品牌管理都离不开对读者信任的关注和追求。从操作层面考虑，应该从读者心理、行为的监测和控制入手，实现两者的耦合。

第二，分析如何以激发读者信任为导向落实出版品牌的认知问题。首先，读者信任建立在自身的利益诉求得到尊重和满足的基础上，所以出版企业需要对读者的核心利益诉求进行精密分析和准确定位，在互联网发展的情况下，出版企业可以利用即时通信工具等技术进行读者需求数据的收集、挖掘和趋势研究。其次，要以读者信任为导向进行出版品牌定位。在品牌定位过程中，要积极发挥读者参与的功能，利用读者的经验和知识进行营销创新。最后，在出版品牌定位之后，出版品牌要进行广泛的传播沟通。为获得读者信任，出版品牌传播要以受众为导向，根据读者的个体特征、心理特征、社会特征和文化特征等设计和优化传播策略，改进传播效果。总之，出版品牌的认知应该和读者信任的建立结合起来进行。

第三，以获取读者信任为导向的品牌美誉策略分析。首先，读者核心利益诉求会随着诸多因素的变化而不断漂移，这将带来供求错位、认知困惑等问题，因此出版企业应随时关注读者需求变化，并做出适当的回应和引导。其次，读者态度变化对出版品牌美誉度的影响分析。读者态度可分为信任、观望和不满三种，分别会对品牌管理产生不同影响，出版企业需要根据读者态度的差异设计不同的管理策略。再次，为了维护出版品牌美誉度应采用的策略：分析读者核心利益诉求漂移情况并通过最优营销组合予以满足，提高读者信任的程度；通过性价比的提升和感情诉求的满足获得观望类读者的认同和信任；对于心怀不满的读者要巧妙处理抱怨和投诉，挽救出版品牌形象，改进读者的认知和评价。

第四，以强化读者信任为导向的品牌忠诚策略分析。首先，分析成熟的出版品牌对读者心理感受和消费行为的影响。具体表现为对该品牌有特殊偏好和专一的购买倾向，对较高定价、质量瑕疵、创新滞后、外部诱惑、负面信息更能容忍，主动传播正面口碑信息，积极参与出版企业的营销创新，分享自己的知识和创意。其次，出版品牌的个性和风格对读者忠诚度的影响主要有：保证读者信任存量持续增长；促进读者形成正面认知；帮助读者实现个人的价值取向、社会角色和感情依恋等感性诉求；激发读者的艺术审美潜能。最后，分析持续创新对提高读者忠诚度的意义。出版企业的持续创新可以提高读者的品牌转换成本，降低读者的风险敏感度，调整读者期望值，激发和深化有利的品牌联想。通过出版品牌个性和风格的塑造，以及营销管理的持续创新，就能促进读者信任不断深化，引导出版品牌顺利地进入忠诚期。

第五，以维护读者信任为导向的出版品牌延伸策略分析。首先，出版品牌延伸在出版营销中普遍存在，而且可能衍生许多复杂问题，如延伸品牌名称使用不当引发新旧品牌不相容，原品牌形象被稀释，导致认知困惑和信任危机等。其次，剖析出版品牌延伸中读者背叛的原因。主要的原因包括：远离原出版品牌的核心价值定位；延伸后的图书产品不能满足读者需求导致读者不满；子品牌"喧宾夺主"等。最后，出版品牌延伸中读者信任的维护策略分析。给出建议如下：在出版品牌定位之初就考虑未来品牌延伸的范围和边界；在品牌延伸过程中及时与读者进行沟通交流，通过互动参与增强信任；新旧品牌之间保持一定的相关性和相似性，同时给读者一定的价格优惠或附赠礼品等。总之，出版品牌延伸活动要始终注意读者忠诚度的维系，要设法与读者之间保持融洽的伙伴关系。

本章内容是本理论体系架构的核心部分，策略建议具有指导操作的实用价值。在建构读者信任和出版品牌耦合模型的基础上，结合出版品牌生命周期规律，分析了出版企业可以采纳的具体方案。接下来，本书将就出版品牌管理实践中存在的若干误区进行剖析，并给出对治策略。

第五章　出版品牌管理实践中偏离读者信任导向的误区及其超越

　　品牌管理作为营销学的重要研究领域，在众多学者的努力下取得了巨大的进步，在许多问题上专家们的见解渐趋一致。正如前文所分析的，读者信任在出版品牌管理乃至出版营销的整体流程中都起着非常重要的作用，信任关系的建立和维系是出版品牌管理自始至终应该坚持的主线。这主要是因为从时间的维度分析，读者对出版企业及其品牌的信任对出版营销的正面影响可以持续较长一段时间，这在一定程度上给出版企业带来相对稳定的读者群，从而降低了经营中的不确定性。而从空间的维度分析，读者信任可以由一定数额的读者群扩展到新的细分市场中，尤其是读者之间的私下推荐能加速这种市场开拓，从而可以最大限度地放大出版品牌的市场影响力，为出版企业的持续发展吸引更多的资源、创造更多的机会。因此，读者信任关系的激发和引导应该贯穿于出版品牌管理的始终。然而在出版品牌管理实践中，仍然存在这样或者那样的误区。这既有出版业产业化发展历史较短，实践经验不足的影响，同时又有其他方面的复杂因素。分析出版品牌管理走入误区的深层原因并给出应对方案，是本书不可回避的任务。

第一节　出版品牌形象宣传和品牌承诺兑现之间的内在张力

　　出版品牌形象宣传是促进读者认知、增加品牌知名度、获得读者回应的不可或缺的营销环节，借助出版企业的宣传读者可以了解出版品牌的定位、内涵和个性等信息，这为读者后续的消费决策提供了必要的参考，也是读者信任关系建立的第一步，因此，出版品牌形象宣传应该受到出版企业的充分重视。但是，在现实中常常存在出版企业在促销宣传时过分夸大、浮华，让读者难以置信的现象，这与出版品牌管理以读者信任为指向的宗旨不相符，长期来看对出版品牌的健康成长不利。出版品牌形象宣传的目的不是简单地获得广告效应，刺激读者短期内大量购买，而是出版企业向读者做出的郑重承诺的一部分，出版品牌形象宣传与出版品牌承诺之间常常会存在内在张力，一旦处理不当则会导致读者无法接受出版品牌定位和品牌承诺，对出版企业传播的品牌信息产生怀疑。这无疑不利于出版品牌的正常发展。出版品牌形象的塑造和维护贯穿于出版品牌管理的整个过程，因此，出版品牌形象宣传策略的设计应该基于长期发展的考虑，不能简单地认为大量使用广告、制造新闻事件、攀比性的促销手段等就可以让出版品牌在读者心目中获得良好的印象。

从两者的区别分析，出版品牌形象宣传重在强调出版物产品和服务的特色，突出出版企业在营销组合方面与竞争对手之间的差异，而出版品牌承诺的重点则在于向读者传递出版企业服务的诚意和关心读者的善意。换言之，出版品牌形象宣传侧重出版企业的营销能力和服务质量，而出版品牌承诺则侧重出版企业的诚实信用和善良意图。两者的重点有所不同，前者主要是从出版企业的能力出发，而后者则强调出版企业处理读者关系时的诚心、善意，以及公正进行商品交换的公开意思表示。由此可知，两者虽然都有传播品牌信息，克服信息不对称的障碍，辅助读者进行消费决策，促进交易达成的功能，但是在侧重点上存在细微差别，所以在操作中应该区别对待。出版品牌形象宣传与出版品牌承诺的内在张力来自两者的功能差异。如果出版品牌形象宣传太过功利，追求轰动的广告效应，就会给出版品牌承诺造成一定的"压力"。广告作为大众传播媒介，它的具体功能是让"一个符号参照另一个符号、一件物品参照另一件物品、一个消费者参照另一个消费者"，而不是参照某些"真实的物品""真实的世界或某个参照物"。① 换言之，读者通过

---

① ［法］波德里亚：《消费社会》，刘成富、全志钢译，南京大学出版社2000年版，第134—135页。

宣传只能获得虚拟的印象，由此产生"从众"的心理和行为，所以广告宣传如果过分张扬，就会使读者形成过高的预期，此时出版品牌承诺只能"水涨船高"，然而"轻诺必寡信"，出版企业许诺过高实现起来难度自然较大，一旦出现服务失败或者产品缺陷等差错，"说到却做不到"，则会失去读者的信任。此时，出版品牌宣传和出版品牌承诺之间的矛盾就会被激化，导致读者的态度和行为发生不利于出版企业的转变。

一 出版品牌宣传中的浮夸虚饰及其负面影响

从理论层面讲，在市场经济中，交易双方的信任要求有利益抵押，品牌承诺就是"以品牌抵押为经济担保"，一旦承诺无法兑现，"用作担保的抵押品牌即将在市场上面临信任破产的危机"，经营者的利益自然会受到极大伤害。由于违反品牌承诺将破坏信任妨碍后续交易，所以"品牌担保才成为促进交易活动的有效媒介"。而对于消费者而言，抵押和信任是"两位一体"的关系，没有抵押就无法信任对方，因此"抵押品牌的价值高下，直接决定了品牌承诺是赢得信任，还是半信半疑，抑或一纸空文"。[①] 由此可见，正因为品牌的抵押在促进信任中的作用重大，而且一旦失败品牌拥有者付出的代价极高，所以出版品牌形象宣传不能与出版品牌承诺相背离，经营者应该设法使两者取得平衡，至少不存在明显的冲突。然而，在营销实践中一些出版企业为了获得短期利益，常常会使用过分浮夸、虚假粉饰的做法，这些行为对于出版品牌形象造成的影响是负面的，不利于读者信任的获取和维持。其负面影响主要有：

首先，出版品牌形象宣传中的浮夸虚饰会让读者对出版企业传播的信息产生不信任，进而在消费决策时放弃参考这些信息。一般而言，出版品牌形象宣传中涉及的信息包括品牌的定位、图书的价格、产品的档次、产品的特色、售后服务的内容等。这些信息是读者消费决策的重要参考，它们应该是全面的、客观的、透明的，如果出版企业在宣传中做不到实事求是，那么就会误导读者的消费决策，损害读

---

① 张敏：《品牌广告与品牌承诺》，《新闻界》2006 年第 3 期，第 94—95 页。

者的正当权益。当然，从虚假广告管制的角度看，相关部门应根据法律法规对于此类行为进行监督和制裁，以维持正常的市场竞争秩序。若仅就个体读者而言，这种不实的宣传只会让读者心生反感，同时愤怒和不满会使读者停止购买该品牌的出版物，并传播不利的口碑信息给身边的熟人和朋友，从而使得出版品牌形象大受影响。此时，出版企业再想通过品牌承诺及相应的营销组合满足读者，获得生存和发展的机会将变得困难重重。

　　其次，出版品牌形象宣传中的浮夸虚饰会堵塞交易双方正常的沟通渠道，出版企业的购书建议等信息将无法顺利到达读者，从而导致读者购买次数和数量减少，出版品牌资产因此而大幅缩水。以读者信任为核心的品牌资产是出版企业"持之以恒的技术创新、审美设计、质量优化、整合营销等体系化运作"的结果，通过面向公众的"全方位、多渠道、有计划、长时间的媒体传播和公关运作"，出版企业希望获得"广为人知、深入人心"的社会形象。① 然而，读者信任的基础是出版企业兑现承诺的能力和善意，如果承诺过高、标榜太甚，一旦无法兑现，则读者将会认为品牌信息是不客观的、不准确的、不公正的，从而对之失去信任。比如，书评中某些无限制的吹捧和肉麻的歌颂，就让书评失去了应有的"导购"功能和公信力。各类"畅销书排行榜"、名人推介也因内部操作而失去号召力，大肆泛滥的"必读""最佳""传世""空前"等字眼，充满了庸俗的商业气息，让读者倍感厌烦。这与西方出版商重视信誉，将信誉看成商业成功重要因素的做法相比，孰优孰劣，不言自明。② 出版品牌形象宣传是读者与经营者沟通的一部分，出版企业一厢情愿的自夸并不能欺骗读者，读者最终是会通过阅读消费来鉴别许诺的真伪的，在网络迅猛发展的前提下，网民之间的交流更为简单，读者的信息更为灵通，分析辨别能力更发达，因此，真实的、适度的宣传和郑重的、谨慎的承诺才是出版企业的理性选择。

　　此外，出版品牌形象宣传的浮夸虚饰还会导致出版经营者产生功

---

　　①　张敏：《品牌广告与品牌承诺》，《新闻界》2006 年第 3 期，第 94—95 页。
　　②　杨涛：《中美书评之比较》，《出版发行研究》1992 年第 2 期，第 55—57 页。

利、浮躁心理，企图通过炒作概念、不实宣传等"表面功夫"获得高额利润，这会干扰出版企业内部资源的科学配置，降低出版物产品和服务的品质，甚至引发恶性循环，导致出版营销重心的偏移，从而毁掉成长中的出版品牌。文化体制改革以来，出版企业越来越重视商业理念的引入，这本身并无不妥，然而凡事"过犹不及"，如果经营者过分强调广告宣传，希望借助媒体鼓吹，获取可观的利润，这种思路短期内或许可以收效，但长期看来却没有价值。因为读者信任始终建立在产品和服务卓越品质的基础上，一味强调广告宣传的促销作用，就会走向极端，产生不良后果。一方面，读者在阅读中可能会因为出版物的品质与期望存在差距，导致购后评价不高，影响再次选购的概率，另一方面，读者信任的关键在于出版企业真正做到"读者为本"，尊重读者、关怀读者、以诚取信，围绕阅读需求这个核心开展营销活动。如果出版企业只着眼自身利益，滥用宣传促销，那么读者一旦发觉出版企业根本没有诚意，就会放弃购买该品牌。因此，出版企业内部的资源应该用于读者调研、编辑策划和制作发行等环节，设法提高让渡给读者的价值，这样，出版品牌管理才不会脱离读者信任的主线。

除了上述三点，夸张虚饰的出版品牌形象宣传还会产生其他负面影响，比如导致管理部门对出版企业不信任，从而不利于该出版企业获得与政府有关的资助和机会，以及干扰出版物市场秩序、降低出版资源整合效率，等等。在网络等通信基础设施和数字沟通技术蓬勃发展的今天，读者获取信息的渠道不断增多，有关出版物价格比较、性能评价的网站越来越多，读者私下进行阅读经验的交流也变得异常方便，所有这些因素都决定了出版企业在营销传播方面必须坚持诚信原则，将透明、全面、真实、可观的产品和服务信息告知给读者，让读者根据自己的理性和判断去选择产品和品牌。总之，从长远发展的角度出发，出版企业品牌管理的终极指向只能是读者信任，这就要求出版企业在宣传中务必坚持实事求是原则，客观、公正、准确、及时地传播品牌信息，尽力将失误和歧义降至最小，不拔高自己、不贬低对手、不隐瞒、不夸张，通过令人信服的宣传，配合实力积累和持续创新，获得和维持读者信任。

二　出版品牌管理是"内力工程"而非"面子工程"

一个颇富戏剧性的事实是我国的"品牌管理专家"大多是广告策划出身，这其实对应着一个事实，即在营销实践中，人们常常将品牌管理误解为"面子工程"，因此强调广告宣传、打折促销等便不足为怪。类似地，在图书业出版品牌管理就陷入一个误区，即出版企业的关注重点不在读者需求和关系维系，而将注意力和资源主要放置到广告宣传上，这种本末倒置的做法不利于出版品牌健康发展。出版品牌管理是一个动态地满足读者需求的连续过程，由于读者的阅读需求是复杂多变的，因此，这种"发现读者需求—满足读者需求—保证读者满意—获得读者忠诚"的过程在出版品牌管理活动中是不断循环进行的，在出版企业不懈地改善读者让渡价值的基础上，读者和出版企业双方的关系得以良性发展，读者对出版企业的忠诚度日益提升，此时，出版品牌管理才是成功的。广告宣传和打折促销则只是出版企业与读者互动沟通的一部分，它在出版品牌管理活动中的地位并不是很高，对于定位高档的出版品牌，频繁地宣传和促销反而对出版品牌形象的塑造是有害的。

由以上分析可见，出版品牌管理是一个复杂的系统工程，涉及出版物的策划、编辑、复制和销售的整个流程，出版企业与发行商、零售书店及其他利益相关方的配合，竞争对手的价格、附加服务等策略安排，阅读方式的嬗变等要素都是出版品牌管理活动必须要监测和控制的对象，也就是说，出版品牌管理贯穿于出版发行的整个流程，因此对出版品牌管理做简单化理解和对待是彻底错误的。作为驱动出版品牌管理绩效提升的核心要素，读者信任在出版品牌管理中的作用至关重要。但是，读者信任的获取和维系并非易事，需要出版企业在各个营销环节优化创新，同时要整合分散的营销行动，协同配合以最大限度地满足读者的需求，通过连续性地提供优质产品和服务，获得读者的满意和认同。也就是说，读者信任的获取一方面需要出版企业及时地进行管理创新，通过流程再造、价值链重构等方式提高产品和服务的品质，比如在数字出版环境下，读者希望出版企业能够进行资源集成，提供"一站式"知识信息服务，出版企业就应该和其他同行结成战略联盟，通过共享需求信息、共同研究开发等，联手配合重构产品框架，才能更好地满足读者需求，同时成功的战略联盟能为出版企业节约成本，促进合作伙伴之间的互相学习和协同创新，帮助联盟成员获得更强大的市场力量或政治力量。[①] 从这个意义上讲，未来的出版品牌竞争将从单体出版企业之间的竞争发展到出版企业联盟之间的竞争，而要赢得这场竞争，显然不是通过简单地放大某个环节（广告、促销等）就可以实现的，价值链中不同环节的协调、配合才是成功的关键所在；另一方面，面对日益复杂的变化，出版企业必须设法提高应变能力，塑造富有弹性的"动态核心竞争力"。即出版企业的核心能力表现为一系列"能力模块"组成的开放系统，在市场变化和需求嬗变的情况下，根据战略柔性的需要，进行重组融合，为读者提供个性化的知识信息服务。此时，出版品牌的价值就表现为一种高度发达的应变能力和整合能力，这种能力的建构要求出版企业必须和读者、作者、供应商、分销商、竞争对手、政府机构、媒体和其他利益关系方建立良好的互动关系，进而借助这种关系在更广的范围内整合资源和寻求合作，这个目标显然也不能单纯地通过宣传炒作来达成。此外，读者的日益强势还要求出版企业要真诚地代言读者的利益诉求，比如在自身能力和资源无法有效地满足读者的需求时，无私地为读者寻找和介绍合适的供应商，即便这个供应商是自己的竞争对手，而要真正地成为读者的利益代言人，显然必须将读者的利益放在首位，真诚地对待读者的利益诉求。

以上分析表明，未来图书营销活动将呈现出复杂化、精细化、整合化的特征。这就意味着急功近利式的"面子工程"的观念和做法是无法在市场博弈中获胜的。出版品牌管理的成功需要以长时间的、扎扎实实的日常营销活动为支撑，基于这种考虑，管理者应该从更大的格局出发，着眼于读者信任，尽量做到适度承诺并积极兑现承诺，以诚信和能力赢得认同，避免华而不实的宣传和炒作。

---

① 张延锋、刘益、李垣：《战略联盟价值创造与分配分析》，《管理工程学报》2003年第2期，第20—23页。

三　出版品牌承诺的适度性及有效兑现

出版品牌承诺是出版企业与读者沟通的重要内容之一，出版品牌承诺是在品牌认知期传递给读者的，在出版品牌延伸过程中，出版企业可以根据具体情况适当地调整品牌承诺的内涵。品牌承诺是读者对出版企业形成初步印象的主要信息来源。因此，出版品牌的健康发展需要的是出版企业慎重而适当的承诺。就原则而言，出版品牌承诺会影响到阅读选择和品牌信任，因此在出版品牌承诺过程中，出版企业要考虑读者感知风险、主观评估等心理感受。具体分析，适度的出版品牌承诺应该做到以下几点：

第一，出版品牌承诺应该主要从出版企业的可信度（trustworthiness）和专业能力（expertise）方面突出自身特色，[1] 其他方面的品牌信息如无必要，可以适当地从略。"言多必失"，许多冗余信息会影响核心信息的接受，而且会引起误解或造成过高期望，对于读者形成正常的品牌认知会产生干扰，这是因为读者对出版企业提供物的价值评判主要是根据消费预期和实际感知价值的比较做出的，如果实际感知价值高于或者大致等于消费预期则读者会给出版企业以正面的评价，否则读者就会感到不满，所以出版企业在设法提高产品和服务的性价比之外，还要适当地约束读者的消费预期，避免读者形成过高的消费预期。具体地，出版企业在可信度方面应该凸显自身的服务理念、善意的态度等，在专业能力方面则要强调自身的核心优势能力，尤其是与同行的差异性，这种差异性可以来自独特的不可复制的经验和积累，也可以来自成功的战略联盟带来的协同优势，比如集团化发展过程中，不同区域和类型的出版社组建大型出版集团，强社之间合并后产生协同效应和新的特色就成为出版品牌竞争力的新来源。对于没有充分把握，以及可能引发误解的信息，则要避免列入传播内容的范围之内。此外，可信度方面的传播内容要保持稳定性和一致性，以保证读者获得统一的印象。而专业能力方面的传播内容则可以在突出

---

① Tülin Erdem, Joffre Swait, "Brand Credibility, Brand Consideration, and Choice", *The Journal of Consumer Research*, Vol. 31, No. 1 (Jun., 2004), pp. 191–198.

核心能力的同时，适当地将出版企业在专业能力方面的最新突破告知给目标读者，在读者心目中留下持续创新、追求卓越的正面印象。

第二，出版企业与读者之间沟通的内容和方式应该坚持客观的原则，不能承诺自己无法兑现的服务内容，否则就会陷入信任危机，使得出版品牌管理陷入困境。品牌承诺是出版企业和读者沟通的重要内容，在沟通过程中，读者通过出版企业传递的信息，对出版企业形成初步印象，继而通过消费体验（主要是阅读图书和享受服务）来印证自己的判断，从而产生信任或者不信任的态度。因此，虽然在沟通渠道的选择、承诺内容的表达、交流时机的确定等方面可以根据具体情境灵活权变，但是在承诺内容限度方面则要恪守适可而止的原则，不要承诺超越能力范围的内容。当出版企业所承诺的多于其所能实现的，读者信任就减少了，所以控制读者的期望在协调双方关系中至关重要，[①] 而要控制读者期望就必须量力而"言"，传递给读者的信息必须是真实、透明、完整、可靠、公正的，能做到几分就承诺几分。在数字传播环境下，认为读者无法获得充分的信息，大量的广告宣传可以诱导读者按照经营者的意愿做出选择的假定是无法成立的，这是因为互联网的发达让读者可以通过很多渠道获得充分的交易信息，普遍接受教育则让读者可以理性地鉴别出版物产品和服务的品质，草根之间的频繁交流使读者更容易从众多竞争者中选择最佳的替代性品牌，因此，出版企业最明智的选择就是坚持以诚取信，在出版品牌承诺方面更应该严肃、客观，不误导、无欺骗。

第三，在保证读者准确地接受并理解品牌承诺之后，出版企业应该通过精细的营销努力使得读者认知价值与品牌承诺相一致，或者使得前者高于后者，从而让读者相信与出版企业的交易是可以重复的，合作关系值得长期维持。从博弈的角度来分析，读者在与出版企业博弈中具有后动优势，也就是说在参与动态博弈的过程中，读者是后采取行动的一方，读者先观测到出版企业的行动，进而据此进行决策是否要采取行动以及采取什么行动，在对出版企业不满的情况下，读者

---

① ［美］汤姆·邓肯：《整合营销传播：利用广告和促销策略建树品牌》，周洁如译，中国财政经济出版社 2004 年版，第 45 页。

还会在博弈中增加新的局中人，即增加备选供应商的数目。因此，出版企业的营销行动具有维护自身信誉的功能，特别是在出版"企业所得等于各个子博弈支付的总和或平均值"的无限重复博弈中，出版企业"没有任何动机要偏离采取守信策略的子博弈完美均衡状态"，[①]也就是说，出版企业应该倾向严格守信，进行信誉投资，维系读者信任。出版企业的信誉涉及读者和其他利益相关方对经营者的营销绩效、提高物的品质、内部秩序和员工士气等的综合性知觉和评价，但是企业组织信誉最核心的内容来自客户的反应，因此，出版企业除了谨慎、可信的宣传之外，还必须在提升读者感知价值方面塑造相对优势。

总之，出版品牌承诺应该坚持客观、适度的原则，有选择地传播完整的、可信的品牌信息，让读者可以根据出版品牌承诺有效地获取阅读消费方面的建议，同时在准确传播品牌承诺信息的基础上要尽力通过营销行动兑现承诺，让读者形成出版企业"言行一致"的印象，唯有如此，方能赢得和保持读者信任。从组织管理方面分析，出版企业对外公开发布信息，尤其是与品牌形象、品牌承诺有关的营销信息，应该有专门的机构负责计划、审查和协调以及联络媒体，避免由于管理不当引起的沟通问题。

第二节　出版品牌延伸的随意性、盲目性与读者信任的冲突

出版品牌延伸是出版营销活动常见的现象，在品牌延伸过程中产品（系列）的延伸是主导的，因此在这里笔者主要讨论产品关联度与读者信任的关系问题。出版品牌延伸在一定程度上意味着出版物产品和服务的多元化，在此过程中，读者信任如何同步"平移"或"重构"成为出版品牌管理的核心问题。在营销实践中，部分出版企业受短期利益的诱惑，在出版品牌延伸过程中存在一定的盲目性和随意性，跟风出

---

① 翁君奕：《企业信誉体系的动态博弈分析》，《经济学家》1996 年第 1 期，第 76—82 页。

版、低级模仿的现象比较严重，这些行为都会伤害读者信任，对出版品牌的长远发展不利。具体的原因和对策分析如下：

一 出版品牌延伸中产品关联度的现状及问题

在我国出版业，出版品牌延伸中读者信任危机的根源来自产品之间的关联度过低。由于信息不对称和读者理性的局限，会使辨识延伸产品和服务的品质等成为新的挑战，面对这个困境，读者是继续信任该出版企业的能力和诚意，还是对之提出质疑，在一定程度上取决于读者对延伸产品和原产品之间关联度的认知。由于受到鉴别能力的限制，读者不可能对延伸产品的内容、形式等进行全面的考察、判断，因此通过比较延伸产品和原产品的相关性和相似性的高低，可以就延伸产品能否置信的问题进行尽可能理性的求解。也就是说，读者假定出版企业在生产和销售相似主题和类型的出版物方面的能力可以保持一致，而在关联度过小的延伸产品的供给中出版企业的能力是否足够则值得怀疑。虽然究竟在新旧产品关联度多大的前提下，读者才愿意继续信任出版企业却需要严格的论证，但是可以肯定的是，一旦延伸后的产品与原产品之间关联度太小，读者的态度和行为就可能发生不利于出版企业的变化。因此，出版企业作出品牌延伸决策必须慎重。在数据挖掘技术和趋势分析工具日益成熟的前提下，出版企业应该投入资源建设读者数据库，收集与读者有关的人口学数据、心理特征数据、联系方式和购买记录等相关资料，然后利用数据挖掘技术等管理工具分析读者的需求及其变化，进而根据读者阅读需求的变化进行产品开发和品牌延伸，这样才能有效地避免盲目延伸对品牌声誉和组织声誉造成的负面影响。

简要而言，读者信任可以大致分为对出版企业诚意的信任和对出版企业能力的信任两个维度。读者对延伸品牌的不信任主要来自对经营者专业能力、技术经验等的怀疑。具体而言，我国出版企业大多都属于国有企业，拥有较长的历史，文化体制改革之后，出版行业建立了足够稳定、清晰的产权制度，[①] 出版企业之间的自由竞争有了长足

---

① 张维迎、何荣住：《信任及其解释：来自中国的跨省调查分析》，《经济研究》2002年第10期，第59—70、96页。

发展,单体出版企业无法依靠垄断地位来回避读者对"失信行为"的"惩罚",因此,尽管可能存在道德风险,读者依然会认为出版企业一般是有诚意的。换言之,一般情况下读者对出版企业诚意的信任比较容易"平移",读者大多会认为经营者的责任感和诚信度是比较稳定的,因此,出版品牌延伸后经营者的服务态度不会有太大变化。而对于出版企业的专业能力,读者认知则存在各种差别。比如,在出版企业随便进入从未涉足的领域时,读者则会认为这可能带来产品和服务质量的问题,也就是说继续置信是有风险的。如果此时读者继续置信,而出版企业的专业能力不能满足读者期望,则读者就不得不忍受劣质产品、服务带来的时间损失、货币损失、情感损失等较高的成本,同时失去使用替代品牌获得较高效用的机会。这些损失叠加的总和就代表读者继续置信的机会成本。反之,如果出版企业的延伸产品可以满足读者期望,那么继续置信的机会成本为零。问题的关键是有关出版企业能力的信息的分布是不对称的,读者无法全面获知这些信息,所以读者就会根据新旧产品的关联度作为替代性判断标准,作出是否继续置信的决策。新旧产品(系列)之间关联度高的就继续置信,反之,则保持观望或不予授信。读者的这种普遍反应决定了出版企业在决策和执行品牌延伸策略时,必须从读者的角度出发考虑问题。

目前,我国出版企业在品牌延伸过程中普遍存在的问题是品牌延伸流于盲目和随意,新旧产品之间关联度不高,甚至毫无关联,这就容易造成读者认知上的困惑,信任关系无法有效维系,从而导致品牌资产积累无法稳步推进,品牌管理效率降低。出版品牌延伸的误区通常表现为,重复出版、跟风选题愈演愈烈,许多出版企业在短期利益的诱惑下,追"热"成风,"继《谁动了我的奶酪》热卖之后,相关的'奶酪'图书占据了财经图书市场;《水煮三国》刚受到各方好评,各种'水煮'类图书就层出不穷地出现在各种图书卖场",这些现象会造成出版行业的泡沫化和平庸化。[①] 究其原因,主要是"利"

---

① 李寿春、吴培华:《警惕中国出版业的空壳化现象》,《中国出版》2006 年第 9 期,第 26—29 页。

字作怪，导致出版企业盲目延伸，进入自己并不擅长的出版领域，造成延伸图书产品创新不足、品质下降，进而影响读者阅读，导致信任危机爆发。这种低级模仿的现象反映了我国出版企业在面对市场化经营模式时的短视和功利，在读者需求的调查和趋势研究工作普遍不到位的情况下，简单地通过销售情况反推读者需求及其演变，缺乏创新的意识和能力，这种操作模式长期持续下去，损害的不仅仅是读者的兴趣和热情，也是出版企业的品牌声誉和组织形象，甚至对整个出版产业的发展都会产生不良影响。因此，从长远发展的角度出发，出版企业应该在品牌个性和品牌风格的培养方面投入更多的营销火力，通过引导读者参与等方式，鼓励读者与出版企业进行价值的共创和分享，降低出版品牌延伸带来信任危机的概率，争取实现读者与出版企业双赢的目标。

二　出版品牌延伸的产品关联度与读者阅读需求演进的动态契合

以上分析得出的结论是在出版品牌延伸过程中，要维系和深化读者信任，必须在慎重选择选题开发和产品创新方向，避免延伸产品（系列）与原产品（系列）之间隔离度太大，造成读者认知和接受上的障碍。但是，必须明确的是，出版物产品的生命周期比较短，出版企业开拓新选题的频率非常高，所以从较长的时段考察，新旧产品关联度的动态演变是非常正常的，也就是说，新旧产品之间的关联是相对的而不是绝对的。毕竟，社会、政治、经济、文化的形势巨变，会驱动读者思想意识和阅读兴趣随之变迁，如果此时出版企业囿于成见不及时开拓创新，那么读者也会放弃该出版品牌。概而言之，出版品牌延伸过程中的产品关联度的调整应该与读者阅读需求演进实现动态契合。

根据品牌研究的相关结论，影响读者对出版品牌延伸认知和评价的主要因素有品牌的影响力和延伸前后产品的相似性。[①] 对于自己信赖和喜爱的出版品牌，读者对其延伸产品会给予特别关注，这主要是

---

① Susan M. Broniarczyk, Joseph W. Alba, "The Importance of the Brand in Brand Extension", *Journal of Marketing Research*, Vol. 31, No. 2, Special Issue on Brand Management (May, 1994), pp. 214 - 228.

由读者对于品牌的既有认识决定的，而至于是否接受、是否试用、是否认同等，则与延伸产品与原产品的关联度有关。也就是说，为了提升品牌延伸绩效、维系和强化品牌信任，产品关联度是出版品牌延伸决策中重要的参考标准，但是这并不意味着出版品牌延伸要受制于产品关联度。一方面，延伸产品与原产品之间相似性和相关性较高，读者信任容易"平移"到新产品上去，给延伸产品以较高评价，所以有必要将产品关联度当成决策的依据之一，在新旧产品之间保持一定的关联度，并在营销传播过程中突出这种关联度，以争取读者的认同和消费；另一方面，出版品牌延伸的根本原因在于读者需求的动态演变，因此当读者需求发生重大转变时，出版品牌延伸可以不受产品关联度的约束，但是此时出版企业必须谨慎考虑自己是否仍有能力提供符合新需求的出版物产品，如果新的阅读需求超越了出版企业的资源和能力所能达到的限度，那么出版企业就不能随意地延伸到该领域，而如果出版企业有能力满足读者的新型需求，那么出版企业自然可以趁此机会开发新的产品，甚至拓展到新的细分市场中去。要而言之，出版品牌延伸与否、出版品牌如何延伸等问题的决策应该坚持以读者需求的演变为中心，同时要考虑出版企业的战略目标、资源、能力、竞争格局等要素，在各方面条件都具备的情况下进行品牌延伸才是理智的营销创新行为。

当然，出版品牌延伸与读者需求演变并非亦步亦趋的"刺激—反应"关系，出版企业在外部条件和能力资源允许的情况下，要前瞻性预测和发现新型阅读需求，引导读者的购书和阅读行为，在大众图书的出版领域，编辑作为意见领袖可以借助自身的知识储备、人格魅力、思想深度等优势对读者起到一定引导作用，逐步地提升读者对高雅文化的兴趣。阅读需求具有潜伏性，在缺乏外部刺激的情况下，读者自己也可能意识不到存在某方面的需求，此时，就需要出版企业大胆创新，通过积极探索赋予出版品牌以拓展的动力，例如可以在即时通信技术的支持下，引导读者参与选题开发和内容编校等环节，利用读者头脑中的知识和创意，提高产品创新的对准率和成功率。当然，值得指出的是，如果出版物产品和服务创新度较高，读者"延伸联想"就可能遇到障碍，此时出版企业在营销传播方面就需要重新调整，设计更合理的沟通方案，在不同的产品类型之间构建促进"品牌联想"的交互性关联信息，让读者接受和认同延伸产品的价值。在双方沟通的过程中，出版企业要诚恳地告知读者新产品的价值所在，它能给读者带来哪些效用满足，然后让读者自主地做出消费选择。

三　出版品牌延伸中的读者认同与企业利益的兼顾

出版企业在品牌延伸过程中要做到产品关联度适中，能够继续得到读者的信任，其关键在于要正确处理读者认同和企业获利之间的关系。在图书市场中，读者的目标和利益与出版企业的目标和利益之间是存在矛盾的，各自的出发点存在差异，读者阅读是为了获得知识信息、接受教育、娱乐消遣等精神满足，而出版企业除服务读者、满足阅读需求之外，还有盈利和竞争的压力，因此如何在两者之间寻求平衡就成为出版品牌延伸成功的关键。出版品牌延伸失败的许多实例都和出版企业没有处理好双方利益矛盾有关。比如，单纯考虑出版企业盈利，随意进入不熟悉的出版领域，跟风出版热销主题，但是由于编校力量、能力经验欠缺等因素的限制，产品和服务品质不能满足读者的期望，由此导致读者认同度降低，影响到出版品牌的良性发展。这种出版品牌延伸失败的关键就在于没有将读者需求及其变化放在第一位，而是仅仅以短期盈利为目标，这样一旦遇到经营风险就很容易走向失败。因此，从根本上说，出版企业应该兼顾读者满意和出版企业获利，通过符合需求的营销组合贴近读者、取悦读者，让读者产生满意感，维系读者对出版品牌的信任，这样，才能保证出版企业具有比较稳定的市场前景，获得持续盈利的能力。

以"整合营销传播"的思想享誉全球的营销学家唐·E. 舒尔茨（Don E. Schultz）认为，由于技术创新、民主进步等不可抗御的力量的驱动，企业应该以顾客为中心，一对一地进行营销和传播，将客户目标和企业目标有机结合起来，唯有如此，营销活动才能取得较好绩效。[①]舒尔茨敏锐洞悉到的这一趋势，在信息技术迅速跃迁的今天变

---

① Don E. Schultz, "The Inevitability of Integrated Communications", *Journal of Business Research*, Volume 37, Issue 3, November 1996, pp. 139 – 146.

得更为重要和迫切，因为信息技术的发展使得营销信息变得相当透明，让读者可以在大量的供应商中自由进行选择，加上读者受教育程度的提高，理性鉴别能力逐渐增强，试图通过大量轰炸式的广告宣传和虚假浮夸的品牌承诺来刺激销量的做法已经变得非常不现实，所以，真正有效的营销战略将是坚持诚信原则，通过个性化的、高品质的产品和服务取悦读者，在交易双方之间建立和维持融洽的合作关系。出版企业在品牌延伸过程中，通过提供新的出版物或其他相关服务赢得读者认同，这本身就要求品牌延伸行为应该建立在读者需求演变的前提下，如果出版企业仅仅为自己获利，而阅读需求没有重大变化或出版企业在新领域并无专长，这将会导致读者信任存量的剧减。因为读者信任由以产生的基础是出版企业的一切经营活动都应该以读者利益为核心，而不是将自己的盈利放在优先地位。所以，出版企业首先应该转变出版品牌管理的观念，彻底地接受以读者为本的理念，然后在包括出版品牌延伸在内的所有经营环节中，将读者的利益诉求放在首要地位，通过无私地为读者的利益代言获得读者的认同和信任。

从具体操作角度分析，出版企业需要建立读者数据库，收集和整理读者的相关信息，比如个人资料、购书历史、反馈信息、品牌忠诚度、联系方式等。通过数据挖掘技术等趋势预测工具对上述资料进行分析研究，在读者需求发生变化或者即将变化的情况下，根据出版企业的战略定位和资源实力，选择是否进行品牌延伸，以及品牌延伸的具体方向和范围，出版企业的品牌延伸在集团化、数字化和跨媒体等趋势的驱动下，呈现比较复杂的状态。比如，产品延伸方面可能会出现数字出版物，而这种数字出版物的生产极有可能是由出版企业和阅读器生产商、软件开发商、网络运营商合作完成的，因此，在这种情况下所谓的出版品牌延伸既有产品线的扩张，也有跨行业经营的特质。出版企业在组建出版传媒集团以及上市之后，能够筹集到大量的资金，这些资金可以支撑出版企业利用强势品牌进行规模扩张和多元化经营，但是在进行出版品牌延伸时出版企业依然要注意业务之间的相关性，尽量围绕核心业务和核心能力去开展多元化经营，读者的心理接受能力等也是品牌延伸过程中必须解决的问题，同时多元化延伸往往暗藏着许多市场风险，一旦不慎就有可能让出版企业陷入困境难以自拔，这也是出版企业不得不察的一个问题。在出版品牌延伸过程中，及时保持与读者的沟通，获取读者反馈，及时调整新产品和服务的内涵，使之最大限度地符合读者的需求，这种动态优化的原则是出版企业时刻需要坚持的。上述策略如果能得到有效落实，则可以保证出版企业在满足读者的同时获取一定的利润，同时驱动出版品牌资产的稳步积累，促进出版企业的可持续发展。

第三节　出版企业并购中的品牌转移与读者信任的再获取

自 2002 年 11 月党的十六大做出深化文化体制改革、发展文化事业文化产业的战略部署以来，出版企业之间的并购越来越频繁，越来越多的出版企业通过组建大型出版传媒集团的方式扩大了经营规模，丰富了业务内涵。出版企业之间的并购是中国出版业实现"做大做强"战略目标的必然要求，也是国际传媒业发展历史得出的经验启示。在出版企业并购的过程中，出版品牌的名称和内涵都会发生一些变化，因此，变化后的出版品牌能否继续维系读者信任或者重新获取读者信任，是经营者必须面对的重要议题之一。换言之，并购活动给出版品牌管理带来的效果并不一定是正面的，读者对出版品牌的信任可能会因为并购决策失误、并购后缺乏协同等问题而遭到腐蚀。

一　改制过程中出版企业并购行为的普遍性

从经济学的角度分析，并购是市场经济发展到一定阶段之后，由资本的趋利本性所形成的产物，是当前国际大型传媒集团规模扩展的主要路径。[1] 并购是企业兼并和收购行为的总称，它具体包括兼并、合并和收购三种形式。根据公司法等相关法律的规定，公司合并可以采取吸收合并和新设合并两种方式。吸收合并具体是指一个公司吸收

① 朱静雯：《形成出版集团竞争优势的路径分析》，《出版发行研究》2004 年第 11 期，第 25—27 页。

其他公司，被吸收的公司宣告解散。新设合并则是指两个以上的公司合并设立一个新的公司，合并各方解散。我国出版企业的合并以吸收合并为主，出版企业的品牌名称大部分得到了保留，当然也存在使用组合型品牌名称或使用新的品牌名称的现象。我国出版业通过并购主要为了实现如下几个目的：冲破国家和地区之间的贸易壁垒，获取系统内或地域内出版发行资源整合的规模效益；实现跨媒体、跨行业的多元化经营，丰富原有的经营内涵；通过规模扩大尽快取得协同效应，高效地超越竞争对手；抵御国际传媒集团的冲击；等等。① 由于出版行业涉及上层建筑、意识形态和文化安全，所以出版业天然具有政府干预较多、政治色彩浓厚、地方保护严重、行业分工僵化、规模普遍较小等"先天不足"。这些因素对于出版企业提高生产力，参与国际传媒业竞争，支持国家经济发展，提高服务水平等都会产生负面影响，因此，通过并购增强出版企业的核心竞争力、克服条块分割的弊端就成为中国出版业改革重要的战略选择。例如，高等教育出版社对中山大学出版社、大连理工出版社的并购，② 就利用高等教育出版社在教材出版领域的优势，整合不同地方出版企业的资源，实现了跨地区的合作，通过产品线之间的取长补短完善了原有的产业链，扩大了出版企业的市场辐射能力，增强了出版企业的核心竞争力。由于上述"先天不足"在我国出版业中大量存在，所以利用并购的形式来实现出版企业增长模式的跃迁成为较为普遍的路径选择。

出版业改革的逻辑是以提升出版生产力和行业竞争力为出发点和归宿点的。中国作为文化资源相当丰富的国度，应该通过经营模式的创造性变革来释放潜在的出版生产力，在国际文化产业竞争中取得应有的地位。在计划经济时代，我国政府主管部门主要从上层建筑和意识形态的角度出发考虑问题，对出版业的产业效率缺乏充分的考虑，"保本微利"的发展思路虽然对出版机构履行教育和文化服务职能提供了一定的支持，但是也约束了出版机构及出版从业者的创造力，限

---

① 伊静波：《关于我国出版产业集团化的思考》，《出版科学》2011 年第 1 期，第56—59 页。

② 朱静雯：《形成出版集团竞争优势的路径分析》，《出版发行研究》2004 年第 11期，第 25—27 页。

制了出版生产力的正常发展。根据目前的政策导向和产业状况，中国的出版企业之间并购行为具有一定的必然性。其主要原因有：我国各省（自治区、直辖市）都有人民社、教育社、科技社、少儿社等，同类型出版机构的重复设置造成大部分出版企业规模不大、竞争乏力的局面；出版企业之间低级竞争严重，缺乏合作的意识和习惯，不同社之间跟风出版、重复出版问题严重，竞争水平较低，资源浪费严重，产业整体效率不高；出版企业与其他媒体之间的合作较少，选题资源挖掘深度不够，错失了巨大的商机，这显然不符合媒体之间相互渗透、融合的发展趋势和国际潮流；国际传媒集团的进入不可遏制，国内出版企业规模太小，无法应对国外竞争对手的挑战和威胁；等等。这些问题决定了中国出版企业不得不通过并购等方式组建大型出版（传媒）集团，通过"聚合"来提高和增强出版产业的核心能力。目前，出版业内集团化的现象越来越多，全国大多数省（市、自治区）都成立了出版（传媒）集团，部属的中央出版社也纷纷成立或者更名为出版集团，中国出版业已经步入了"集团化"时代。

　　由此可见，在文化体制改革的过程中，出版企业之间并购现象频繁出现，为出版资源的优化整合、出版企业营销绩效提升创造了条件，比如在资金筹集、高新技术、管理机制、知识共享、销售渠道等方面的合作就让并购后的出版企业获得了前所未有的优势，可以迅速地提升出版企业的规模和地位。同时，并购也给管理者提出了许多新的课题，读者信任的重新获取就是其中之一。简言之，出版集团的建立可能会影响到读者信任的维系，也就是说，读者对并购之前的出版品牌产生了一定的信任感，甚至已经是某个出版企业的忠诚读者，但是并购后的出版集团是否值得信赖，则值得进一步的考察和权衡。并购之后的出版集团如果内部管理不善，资源整合效果不佳，则无法在产品和服务上令读者满意，那么在这种情况下，读者信任的丧失则是难免的。

二　读者信任在出版品牌联盟中的作用分析

　　出版企业之间的并购实质上是通过品牌、技术、资本等要素的联盟，以"创新能力和战略增长点的培育"和核心竞争力的增强为导向的一种优化配置资源的市场行为。① 出版企业之间的并购是一种复杂的交易活动，涉及政府监管、企业战略、法律法规、产业升级、知识共享等多种因素，考虑到股市的传导作用，出版企业的并购还会影响到普通投资者的利益。如果仅仅从出版品牌管理的角度来考量，则出版企业并购可以视为一种"品牌联盟"行为，即不同品牌经营者之间根据协同发展的需要而进行的战略联盟。品牌联盟在我国出版企业集团化的过程中经常出现，但是从并购效果来看，部分出版集团并没有取得预期的优势，并购后的经营效率没有得到大幅度的提升。从并购结果看，Poter（1987）和 Young（1981）的研究表明，公司并购的失败率非常高，接近50%的并购对被收购方经理而言是不成功的。Ravenscraft 和 Scherer（1989）的研究也证明了同样的观点，他们发现，被收购企业的利润实际上在并购后下降了。② 既有研究认为，综观全球资本市场中风云诡谲的企业并购行为，分析经验教训可知，并购后"系统的整合规划和有效的整合执行"是决定并购成败的关键。③ 换言之，要改变并购高失败率这个严酷的现实，企业并购决策必须审慎而理性地进行，并购后的资源整合更应该引起重视，特别是组织人事方面的协同更值得给予充分的重视。就品牌而言，在企业并购过程中，收购方一般在品牌方面占据优势，被收购方同意并购大多会考虑品牌效应的共享问题。比如，通过借助对方品牌的影响力提高新产品（品牌）的消费者认同度。但是，读者信任会自动转移到新的出版品牌之上吗？甲出版企业品牌值得信任，这能够证明被并购的乙出版企业的产品和服务也是可信赖的吗？这些质疑是读者在决策过程中会遇到的问题，正视这些问题并寻求合理的应对方案是出版企业并购活动中品牌管理的核心环节。简言之，读者信任是出版企业品牌

---

①　朱允卫：《2001 年全球企业并购新动向及其启示》，《世界经济研究》2002 年第 3 期，第 28—31 页。

②　Deepak K. Datta, "Organizational Fit and Acquisition Performance: Effects of Post – Acquisition Integration", *Strategic Management Journal*, Vol. 12, No. 4 (May, 1991), pp. 281 – 297.

③　黄速建、令狐谙：《并购后整合：企业并购成败的关键因素》，《经济管理》2003 年第 15 期，第 6—13 页。

联盟成功的关键驱动因素，具体作用机理分析如下：

首先，读者信任是并购后新出版品牌发挥协同效应的市场基础。并购后的出版企业会根据各方的协议，采用新的出版品牌开展营销活动，此时，如果新企业可以获得读者的认同和信赖，则新旧出版品牌就可以顺利地完成"身份转换"，使得出版品牌资产迅速增值。读者信任可以让出版企业顺利地实现品牌转移，降低品牌联盟的交易成本，比如广告宣传的合作、渠道管理的统一、终端促销的配合、交叉销售等活动的实现都可以取得良好的效果，而且费用可以分摊，减轻了经营者的财务负担。而且读者信任可以让出版企业在协调并购与被并购企业的关系时获得特殊优势，尤其是在被并购企业的原品牌不成熟的情况下，并购带来的好处，会让该出版企业在合作中表现得更为积极主动，减少了双方磨合的成本和时间。在被合并出版企业品牌比较成熟的情况下，读者对于双方品牌的信任可以强化并购后的品牌优势，实现"一加一大于二"的叠加效应，增强结盟后出版企业的竞争能力，这种强强联合的例子比较典型的就是由 12 家知名出版企业联盟组成的中国出版集团，该集团的市场影响力就远远超过 12 家出版企业单个影响力简单加总。当然，读者信任对于出版品牌联盟的作用必须依靠并购后的资源整合，其中包括管理制度、职责分工和组织架构等方面的协调和创新，尤其是人事方面的调整与配合尤为关键，上述因素处理得当则更易取得合作共赢的局面。在我国出版企业并购过程中，应该充分发挥读者信任的积极作用，以读者信任为引擎驱动品牌资产的增值，迅速提升出版企业的品牌竞争力和市场影响力。读者信任驱动成员企业之间产生协同效应的机理是，成员企业之间必须协同配合才能提高资源整合的效率，实现交易费用最大程度的节约，保证读者的利益诉求得到最大程度的满足，唯有这样，并购后的出版企业才能维持读者的信任，实现可持续发展。

其次，读者信任能为不同出版企业实现价值观的一致提供有力支持。在出版企业并购过程中，不同出版企业之间的价值观存在差异是常见的管理难题，价值观是企业内部文化氛围的核心要素，"各自为政"往往会导致协调和沟通成本居高不下，其结果是经营方式差异导致联盟难以为继。然而，读者信任可以让不同出版企业之间寻找到共同点，比如并购前的不同企业在品牌定位和产品特色方面存在差异，但是在服务的态度、方式、价格等方面却可以寻找共同点，并购后不同出版企业可以在产品特色方面存在差异，但是在价值观方面则可以提炼不同企业的赢得良好口碑的经验，通过充分的组织内部沟通达成一致，进而在各方公认的价值观的指导下，开展出版营销活动，将多种优势整合起来，提供更有价值的产品和服务给目标读者。在出版行业，品牌联盟还有让经营不善的出版企业进行"突围"的功能，也就是说通过输入新的价值观，让该企业实现管理理念和经营方式的转型。必须注意的是，并购过程中价值观要达成一致，需要坚持"容纳差异、取长补短"的原则，经过不同企业之间的协商、磨合，取得多方都可以接受的观点，这样才能保证价值观真正发挥指导经营的价值。从根本上说，无论成员企业的使命和远景存在多大的差异，客户关系的妥善处理都是营销战略的核心，因此，价值观的协同可以从读者关系管理入手，坚持以读者需求为中心，把为读者创造价值放在优先位置，以基于信任关系的获取和维系为基础就新价值观的塑造问题进行深度会谈，结合竞争定位和资源能力等实际情况确定适合出版集团发展需要的统一的价值观。

此外，以读者信任为导向的价值链管理创新可以提高出版品牌的价值。品牌联盟是"横向战略联盟"的一种形式，[①] 涉及价值链的分解与重构，在联盟过程中，通过价值链管理模式创新发挥品牌的共享价值，让出版企业最大限度地实现产品增值。而要进行价值链管理模式创新，首先要根据阅读需求的分析、预测的结果，将市场中许多"相互独立"而又"具有一定比较优势的增值环节"串联起来，通过价值链的重组，创造出适应竞争需要的分工协作方式，从而实现优势互补，获得更高的"增值效益"。[②] 必须指出，出版企业价值链的持续改进和管理创新，以及供应商、中间商和渠道的管理等，都要以读者感知价值为出发点，设计价值链分解和重构的详细方案，进而通过

---

① 王利明：《价值链管理与战略联盟》，《山西财经大学学报》2001 年第 6 期，第 52—53 页。

② 冯海龙：《价值链战略管理模式研究》，《经济管理》2002 年第 16 期，第 40—45 页。

执行该方案来改善读者对于出版物品质、价格、服务等的认知和评价，从而借此强化读者信任，提升品牌管理绩效，这是未来出版企业获取和保持竞争优势的必然要求。①② 以上分析说明，读者信任是出版企业并购后价值链管理创新的基础，没有读者信任的引导，价值链重构的方向就不明朗，而且价值链重构的效果也无法有效评估，因此读者感知价值的变化应该成为出版企业价值链管理的重要参考变量。在出版企业并购以后，适时地重构价值链是常见的经营思路，价值链重构成功的关键在于各合作方必须以市场变化为导向，寻找、培养和强化出版集团新的竞争优势，这种竞争优势的来源可以是价值链某个环节的改进，但更多的是价值链整体效率的提升，导致出版企业的价值链和其他竞争者的相比具有差异性或相对优势。而要达成这个目标，除了敏锐地观察和分析竞争环境的演变之外，出版企业应该分析供应商、分销商、合作伙伴、消费者和竞争者等因素，考察自身的价值链与整个价值系统之间的关系，选择合适的方式潜入理想的价值系统（或价值网）之中，通过更大范围的协作提供更高的让渡价值给读者，使读者信任能够大幅度地提升和强化。显然，这种价值链重构活动必须以读者信任的维系和强化为导向。

总之，读者信任在并购后出版企业的品牌管理中发挥着重要作用，每个嵌入新价值链的环节的升级、重组和优化，既离不开读者信任的驱动和支持，同时又必须以促进读者信任的深化为导向。无论是产品的升级换代还是流程的再造重组，读者信任的变化都是出版品牌联盟过程中必须时时关注的关键变量。

三 并购后出版品牌的再定位与读者认同

出版企业并购之后，原来各个出版企业的市场基础就发生了变化，其中相容的部分可以成为并购后的出版企业开展营销活动的新基点。但是，由于出版企业面临着阅读需求复杂变化、同行竞争加剧、

---

① 王乃静、杜涛：《顾客价值及顾客价值链的构建》，《价值工程》2004 年第 4 期，第 28—31 页。

② Robert B. Woodruff，"Customer Value：The Next Source for Competitive Advantage"，*Journal of the Academy of Marketing Science*，Volume 25，Number 2，Mar. 1997，pp. 139 – 153.

资源和能力结构改变等新问题，出版品牌的再定位成为提高并购成功概率的内在要求。一方面，出版品牌的再定位可以促进新的出版企业在价值观念和组织文化方面实现协调一致，进而促进不同企业之间联手合作、协同发展，特别是在资源和经验共享方面的协同，可以为增强整个集团的竞争优势提供有力支持。与无法调动外部资源的出版企业相比，经营者一旦能够选择优秀的合作对象结成战略联盟，那么竞争优势就可以迅速地建立起来。另一方面，读者的感知价值是动态演变的，结盟后的出版企业要更好地满足读者需求，必须在必要的时候进行出版品牌再定位，以新的产品和服务内涵去满足变化了的读者需求。如果把出版品牌看成一个有机体，那么出版企业结盟就是出版品牌更新的良机，组织架构和服务范围的变化要求管理者重新进行出版品牌定位，这客观上有利于防止出版品牌的老化，能适时为出版品牌注入新的生命力。出版品牌的再定位主要是为顺应市场环境变化，比如竞争对手的变化、读者偏好的转移等，是出版企业和环境因素交互作用的结果，一般情况下，出版品牌的再定位应该是对原出版品牌的扬弃，它必须根据对自身实力和竞争格局的再认识，重新确定出版品牌的内涵，同时在后续的营销过程中落实新的品牌内涵，为读者提供新的更有吸引力的让渡价值。以获得和维系读者信任为目标的出版品牌再定位，在实施过程中应该注意以下几个问题：

第一，出版品牌的再定位应该考虑读者认知问题。出版集团的品牌再定位要和原品牌联系起来，这样能让读者产生熟悉、亲切等心理联想，对新品牌的推广有利。一般来说，新的品牌定位应该保留原出版品牌的若干关键性识别要素，同时兼顾创新过程中诞生的新特色，这样既方便读者识别和记忆，又可以刺激读者的好奇心理，满足追求新鲜的心理诉求，比如将被并购出版企业的特色产品系列纳入原品牌旗下就是可以选择的方案。但是现实中依然存在部分经营者在品牌重新定位的决策和执行过程中出现失误，导致读者信任迅速丧失，失去了原有的市场，所以成功的重新定位应该慎重地对待读者认知问题，例如，在决策之前要进行充分的市场调查，获取有关读者价值观、消费理念、阅读方式、审美偏好等方面的数据，在分析上述数据的基础上再决定如何进行出版品牌的再定位，而在传播重新定位的过程中，则要注意读者的心理偏好、消费习惯和接受能力等问题，及时就新品牌的内涵和特质等与读者进行沟通。只有让读者认同和消费，出版品牌的再定位才是成功的。

第二，出版品牌的再定位涉及各合作方的利益，因此应该系统地规划和执行方案，保证利益公平共享才能取长补短、协调作战，同时要防止集团内部不同部门冲突，导致出版品牌的贬值，以及读者信任的丧失。在出版企业集团这个战略联盟当中，每个成员企业的地位存在差别，不同的企业在利益分享方面拥有的话语权并不对等，这就决定了可能存在部分企业利用优势地位而占有更多的利益。这种利益分享方式长期持续下去极有可能导致集团内部的冲突，对集团发展造成不良影响。在由不同出版企业组成的价值链中，的确需要有一个出版企业担任联络、沟通、组织、协调的角色，但是这并不意味着可以借此而为单个企业谋私利，各个企业作为合作伙伴应该按照对整体价值的贡献率分享利润，唯有如此，这种价值共创、利润共享的合作模式才能长久维持下去，否则无论出版品牌再定位的方案如何完美，执行的效果也会大打折扣。出版集团虽然在法律上是一个独立法人实体，但是如果内部各个成员企业不能做到协同一致，那么这个集团的品牌管理乃至整体营销活动的效率和效果就无法得到有效提升。

第三，出版品牌的再定位以维持和重获读者信任为导向，因此在定位过程中适时与读者沟通，引导读者参与品牌再定位的决策，是保证出版品牌再定位成功的关键。读者参与主要是指出版企业根据读者数据库中的资料进行分析和挖掘，选择具有参与意愿和参与能力的读者，引导他们就出版品牌的重新定位问题提出意见和建议，然后择优采纳，以此提高品牌再定位的成功概率。读者参与在网络和信息技术高度发达的情况下是比较容易组织和引导的，出版企业的编辑人员、营销人员和服务人员等都能够借助即时通信工具与读者随时进行沟通，同时对于读者的看法能够直接给以反馈。在这里需要注意的是，邀请读者参与出版品牌的再定位一定要考虑到读者的参与意愿、空闲时间等因素，出版企业要让读者掌握参与与否的主动权，在读者缺乏兴趣或不方便的情况下最好不要打扰读者，同时对于积极参与的读者要给予一定的价格优惠或赠送特殊礼物以表示感谢。

第四，重新定位后的出版品牌的内涵应该以合理方式传播给读者，同时坚持读者至上的原则，严格依照品牌承诺为读者服务，以系统性营销努力赢得和保持读者信任。只有真正做到尊重读者，读者为本，才能打动读者，获得读者认可，从而持久地改善双方关系。出版集团的组建虽然会在产品和服务内容方面有所变更，但是真诚的态度、合作的善意等是出版企业必须始终坚持的，这样，即便重新定位后的出版企业提供的产品和服务对读者不再具有吸引力，但是基于对出版企业服务态度的认知和肯定，读者依然会对出版企业保持友好的态度，至少不会产生不良印象。在出版品牌重新定位之后，出版企业的目标读者群可能会发生一些变化，原来的部分目标读者不再属于新企业的服务范围，对于这些读者的需求，出版企业应该在能力许可的范围内给予关怀，比如可以尽量帮助读者寻找最佳的供应商，或者推荐类似的替代读物给读者，等等。总之，读者的利益诉求应该得到出版企业充分的尊重和关怀，即便能力不济也要给出合理的解释，不能让读者感到自己受到了漠视和冷遇。

概而言之，为适应国际化和产业升级的需要，我国出版企业之间的并购越来越多，这就给出版品牌管理提出新的挑战。为维持和深化读者信任，在品牌联盟过程中，出版企业应该处理好重新定位和读者认同的关系，既要有所创新，也要顾及读者的认知和接受情况。同时，出版集团需要通过有计划的相互借力和优势互补，创造出不可替代性的竞争优势，以最佳的产品和服务组合满足读者，让读者在令人满意的消费体验中产生高度认同和长期依赖，促进出版集团品牌资产的大幅度增值。

第四节　网络环境下出版品牌危机的频发与读者信任的维系

互联网技术的快速进步不仅促进了出版业经营内容和方式的变迁，同时也给出版品牌管理提出了新挑战。信息技术对于出版营销活动的影响是方方面面的，就出版品牌而言，出版营销过程中每一个瑕疵都会被读者更快地知晓，从而为出版品牌的形象带来负面影响，这对读者信任的培养极为不利，因此管理者应该直面并妥善解决这个问题。网络环境下出版品牌危机的爆发更难预测，危机导致的负面影响更为严重，这些都要求管理者必须从预防机制和应对预案等方面做好充分的准备，同时对于读者信任的监测、引导和控制在出版品牌危机管理中也是必不可少的。

一　网络技术平台革新及其对出版品牌的影响

网络技术进步带来的最大改变是读者可以更便捷地获知有关出版企业及其品牌方面的信息。与传统出版环境相比，在网络等通信设施日益完备的今天，读者获取有关出版企业、出版物产品、品牌、价格等营销信息的渠道不仅更加多元，而且获取上述信息的成本几乎为零，同时草根阶层之间的私下交流越来越多，加上有关品牌比较、价格比较类的网站数量不断增加，所有这些因素的共同作用导致读者可以非常方便地获取有关供应商的正反两方面的信息。在购买和阅读图书的过程中，通过各种信息渠道了解出版企业及其产品和服务是阅读消费的必经环节，相关信息越是完整、客观，读者进行消费选择的效率越高。在信息技术迅猛发展的今天，在网络平台上完成这个环节成为普遍的选择。这种新的"路径依赖"对于出版品牌管理的影响是复杂的，一方面，出版企业可以通过网络传递营销信息，这种沟通方式及时、方便、廉价，还可以实现双方互动，进而个性化地获取读者反馈，实现精准营销。这无疑有利于读者和出版企业双方关系的良性发展。另一方面，网络传播中也存在虚假信息、负面信息等严重问题，面对海量真伪难辨的信息，读者的甄别能力明显不足，到底有关出版品牌的不利信息是否属实，读者难以有效做出判断，但是由此引起的质疑、犹豫、观望等却实实在在地影响着相关企业的销售前景。因此，如何发挥网络在出版品牌管理方面的优势，同时回避其不足，便成为出版企业必须解决的一大难题。

网络传播技术对于出版品牌管理的影响主要表现为：第一，网络传播速度快、范围广、影响大，一旦出现不利于出版品牌的负面信息，就会对品牌形象造成重大损害，出版品牌危机处理起来相当棘手。这就导致出版品牌危机的爆发更加难以预测，危机的恶化也会更快、更广，危机管理的难度更大。第二，网络传播具有很强的草根性，信息内容往往真假难辨，许多网民读者会将在网上获取的信息进行再次传播（包括网络传播和口头传播两种传播方式），而且对信息进行夸大、扭曲的概率极高，同时由于草根传播在读者心目中更具有可信性，所以网络环境下的品牌危机管理难度更大，读者由于负面信息而产生的厌恶、拒绝和敌视情绪更难转化。第三，网络传播具有复杂性和风险性，由于某个不确定事件的触发，出版品牌危机一旦爆发，在短时间内会迅速加重，如同推倒"多米诺骨牌"一样引发连锁反应，假如相关企业应对不当，就会使得以往资源投入全部付诸东流，回旋余地和反应时间非常有限。[①] 这些影响对出版品牌管理提出了严峻的挑战，出版企业除了严格进行质量管理、持续进行产品创新、协助主管部门打击盗版读物之外，还有树立品牌危机管理的意识，加强对品牌危机的预警和监督工作，同时根据出版企业的实际，设计科学合理的品牌危机应对方案。

总之，在网络环境下，出版企业的经营管理固然由于技术革新拥有了新的机遇，但是出版品牌危机出现的次数更多，预警和防范的难度更高，影响范围更广更深，对读者信任损害更大，一次偶发事故摧垮品牌形象的事件并非不可能发生。所以，出版企业在网络环境中应该强化品牌危机管理意识，建构科学的应急和后续处理的备选方案，这样，在品牌危机出现时就可以根据具体情况，选择合适方案，争取媒体和各方的支持，通过多种方法的联合作用，有效缓和、化解危机，修复受损的品牌形象。

二　网络时代出版品牌危机管理的重要性和复杂性

如前文所述，互联网的发展和进步给出版品牌管理带来的影响是两方面的，出版企业管理者对于互联网传播过程中随时可能发生的品牌危机必须给予充分重视。略述端由如下：

首先，由于网络结构的复杂性，出版品牌危机具有不同于传统出

---

① 刘延松：《网络时代处理品牌危机的新启示》，《经营与管理》2006 年第 1 期，第 16—17 页。

版的许多新特点。网络传播天然具有匿名性、交互性、去中心化等特征，由此导致网络传播不可避免地具有难以控制、秩序混乱等不足。虽然互联网世界"并非毫无规律可循"，它"无序中潜藏着有序",① 但是上述缺陷毕竟给出版企业的反应速度和反应能力提出了很大的挑战。一旦出版企业应付不当，就有可能由于一次危机而丧失原有的市场地位，毁掉原有的品牌声誉和市场影响力。我国的出版机构刚刚完成体制改革，实现了事业单位向企业单位的转变，因此，对于商业化经营模式的熟悉程度尚显不足，企业组织对外部环境变化的适应能力仍有待提高。在遇到出版品牌危机时，如何进行有效的管理对于刚刚适应市场化模式的出版企业而言无疑有着一定的难度。

其次，出版品牌本身就是一个交叉关联的系统，在整个出版品牌谱系中，某个子品牌出现危机就会导致整个出版品牌系统受到冲击，损害出版企业的整体利益。读者对于危机事件的归因不一定与事实完全相符，此时，如果出版企业没有合理地予以引导，就会导致品牌形象的大幅受损，影响整个出版企业的营销活动。这是因为在读者看来，即便是某个细节上的瑕疵，或者某种产品的缺陷，都是出版企业管理不善、质量意识不强导致的结果，经营者必须为此负责。由此可见，在网络环境下，出版品牌形象具有一定的脆弱性和易碎性，维护成本显著增加，出版企业的管理者不仅要关注整个品牌系统的健康发展，同时对于每个子品牌（比如某个系列产品）的营销细节都要给予充分的重视。

再次，多元媒介的参与让出版品牌危机管理变得更加困难。出版企业要协调各种媒介传递"一个声音"，在品牌危机没有发生之前就不容易做到，危机事件出现后则更是难上加难。尤其是在出版企业没有及时以清晰的措辞主动做出回应之前，媒体的报道很可能会不利于出版企业，但却无法消除其负面影响。在应急过程中，读者对于出版品牌的信任有助于其正确理解出版企业的反应,② 但是如果出版企业

---

① 薛可、熊文霞、余阳明：《复杂网络环境下的品牌危机处理策略》，《深圳大学学报》（人文社会科学版）2008年第5期，第91—95页。

② Niraj Dawar, Madan M. Pillutla, "Impact of Product - Harm Crises on Brand Equity: The Moderating Role of Consumer Expectations", *Journal of Marketing Research*, Volume 37, Issue 2, May 2000, pp. 215 - 226.

的回应是模糊的、迟缓的，则读者受到其他信息渠道的影响更大。因此，如何通过适当的、明确的危机处理方案改变读者的认知，让读者接受出版企业的道歉、解释，从而改变读者的态度和行为，就成为出版企业必须努力达成的目标了。

最后，与没有受损的竞争品牌相比，遭遇危机的出版企业的营销活动会失去吸引力。结果是不仅原有出版物的销售受到影响，而且后续的营销措施也会失去市场号召力。① 综合分析短期和长期效果可以发现，出版企业要想取得危机前的营销绩效水平必须实施包括残次产品召回、道歉、沟通等多种策略，否则对于长期发展和品牌资产将非常不利。换言之，一旦遭遇信任危机，就在出版品牌形象上抹上了"污点"，很难避免利益的损失。因此，出版企业必须树立较强的品牌危机预防意识，降低出版品牌危机爆发的频率。

由此可见，出版品牌危机在网络环境下会对图书营销造成更为严重的负面影响，其中既有短期销售量的下跌和利润的缩减，又有长期读者信任存量的减少和发展的受阻，对于出版品牌资产的积累十分不利，所以，出版品牌危机管理应该引起管理高层的充分重视。

三　网络环境下突发出版品牌危机的化解策略及读者信任维系

前文已经指出，在网络环境下，突发性出版品牌危机事件发生的频率明显增多，而且对出版品牌的健康成长影响极大。出版企业要长久地维持读者信任，就必须与读者进行交流，使读者更容易提出疑问、抱怨投诉、咨询困惑以及在需要时自由地提出建议和进行沟通，等等。② 根据出版业的具体情况和网络技术的发展趋势，现给出品牌危机化解策略方面的建议如下：

第一，大部分突发性出版品牌危机是可以预防的，出版企业应构建品牌危机管理预警系统，以尽早预测、发现、确认、处理品牌危

---

① Harald Van Heerde, Kristiaan Helsen, Marnik G. Dekimpe, "The Impact of a Product - Harm Crisis on Marketing Effectiveness", *Marketing Science Archive*, Volume 26, Issue 2, March 2007, pp. 230 - 245.

② ［美］汤姆·邓肯：《整合营销传播：利用广告和促销策略建树品牌》，周洁如译，中国财政经济出版社 2004 年版，第 45 页。

机。出版品牌的危机看似都是突如其来的，但是从管理的角度分析，出版企业还是可以通过采取某些措施降低危机发生的概率，或者在危机爆发前有效地加以预防。出版品牌危机预警系统的主要功能是"对预警对象、预警范围、预警指标和预警信息进行分析和研究，及时发现和识别潜在的或现实的危机因素，以便采取预防措施、减少危机发生的突然性和意外性"。① 具体而言，出版企业的品牌危机预警系统主要包括以下环节：信息收集子系统、信息分析和评估子系统、危机预测子系统、危机预报子系统、危机预处理子系统、总结子系统和恢复子系统。在实际运作过程中，出版企业通过该系统确认警源（出版物质量问题、突发性事件或招致读者不满的其他原因）、设立预警指标系统（比如，读者投诉次数、媒体负面报道、中间商反馈意见、服务人员的汇报等先兆性指标）、划分警度（例如可以将危机划分三个等级，不同等级处理方案存在差异），以此评估预警信息、及时发出警报，防患于未然，同时在危机处理之后要及时总结经验教训，恢复系统的常态运行，以及根据情况调整发展策略。②③ 出版企业的品牌危机预警系统建立之后，要定期进行系统的维护，同时对于同类出版企业面临的品牌危机进行密切的关注，尝试分析一旦本企业遭遇类似的情况该如何应对。

第二，突发性出版品牌危机的处理应该遵循科学的程序，按照危机管理的普遍性规律，结合危机事件的具体情境，安排和落实解决方案，减少危机造成的损失。一般来说，在确认出版品牌危机之后，对于出版品牌危机的原因已经有了一定程度的认识，此时，出版企业的归因不一定与读者的归因相同，所以在危机管理过程中，出版企业需要进行换位思考，考虑读者的立场和感受。从维护读者信任的目标出发，笔者认为出版品牌危机处理的流程可以参考如下模式：基于计算机技术和网络技术等平台搜集信息——分析和评估危机的等级——寻

---

① 朱磊、朱峰：《企业危机管理系统的构建》，《中国软科学》2004 年第 11 期，第 75—80 页。

② 同上。

③ 贺正楚：《论企业危机管理系统的构建》，《系统工程》2003 年第 3 期，第 34—39 页。

找危机的原因和症结——参考备选危机处理预案提出具体的解决方案——处理危机（包括迅速行动起来给读者道歉、解释、补救、更正等具体措施）——总结经验教训（主要是从危机中学习和通过沟通吸收有价值的建议，改进管理制度、模式和程序，使之更符合读者需求）——恢复到经营的常态。

以上给出的流程并非固定不变，出版企业可以结合品牌的成熟程度、出版企业的市场地位、危机的具体情况等调整危机处理的程序。比如，总结经验教训与处理危机可以交互同步，因为处理危机就是倾听并处理读者的投诉、抱怨、质询的过程，在沟通中双方通过对话改进产品和服务的品质，维护和加强信任关系，[①] 因此，处理危机的过程中及时地总结经验教训是改进管理效果的内在需要。在网络传播技术高度发达的今天，面对出版品牌危机，出版企业正确的态度应该是主动提供真实的、全面的、透明的信息，让读者可以准确地预测出版企业的行动表现，同时以真诚的态度和精细的营销努力最大限度地降低出版品牌危机造成的损失。

第三，突发性出版品牌危机的处理需要重视读者信任的积极作用，利用品牌声誉降低品牌危机造成的损失，减少处理品牌危机的成本。出版品牌危机意味着一些突发事件威胁到出版企业的声誉和形象。在面对出版品牌危机时，出版企业一定要将焦点放在那些与品牌内涵和品牌成功联系最紧密的要素上，斯蒂芬·A. 格雷瑟（Stephen A. Greyser）将其称之为"品牌的本质"（the essence of brand），即如果危机事件影响到出版品牌最具个性的特色，此时的品牌危机处理起来最为棘手。在具体的危机事件中，出版企业过去和现在的表现至为关键。撇开危机形势、源头和涉及对象等具体情况不论，出版企业理应坚持在沟通中坦率直言、澄清真相，同时以大量的可靠行动回应读者，向读者证明自己的个性、风格、品质等最本质的特征会持续下去，这样，才最有可能重获信任、挽救危机。

此外，在处理品牌危机的过程中，出版企业最重要的行为是花费时间建立一个"信誉蓄水池"（reputational reservoir）作为企业信誉的

---

① 王永贵：《服务营销》，北京师范大学出版社 2007 年版，第 502—507 页。

可靠基础。即在危机处理过程中，要以实际言行为品牌承诺的真实性辩护，通过不断地给"信誉蓄水池"注入信任流量，坚持以整个企业的行动来保持自身的可信度，长此以往，"信誉蓄水池"中的信任存量增至一定程度，就会产生出可资利用的读者信任。① 这种不断深化的信任感能让读者对出版企业产生高度的依赖感，然后无论出现什么情况，都会毫不犹豫地站在出版企业一边，做出对出版企业有利的消费行为或口碑传播。这个推断可以由现实市场中处于领导地位的品牌较少地受到信任危机的挑战的事实得到验证。

综上，出版品牌危机的发生看似突如其来，但是仔细分析其根源，却和营销活动以及日常管理活动中的疏漏息息相关，例如，出版物质量方面的瑕疵，出版企业的员工如果能严格执行质量管理制度，设身处地地为读者的利益考虑，精心地改进每一个细节，那么由于质量缺陷所导致的出版品牌危机就可以避免，所以出版品牌管理的成功需要经历漫长时间的点滴积累，尤其是要在工作中坚持"一次将事情做好"的原则，不要等到出现失误之后再来弥补。

本章小结

在系统分析和建构出版品牌与读者信任之间关系的概念体系和解释系统之后，为验证和推广本书的基本假说和主要结论，笔者结合出版品牌管理实践中常见的重要问题，就如何推广运用本书提出的核心思路解决实际问题进行了一些探讨。这不仅是运用实践验证理论的解释力和预见力的需要，同时也是进一步深化和丰满理论框架的内在要求。

第一，在信息不对称的竞争环境中，出版企业必须努力释放彰显自身特征的信号，特别是要传递自身"独特卖点"（Unique Selling Point，USP）方面的信息，以期获得有力的市场反应，因此，出版品牌形象宣传便成为出版品牌管理的重要环节。在经营实践中，许多管

---

① Stephen A. Greyser, "Corporate Brand Reputation and Brand Crisis Management", *Management Decision*, Volume 47, Number 4, 2009, pp. 590 – 602.

理者由于受功利思想诱导，常常在品牌形象宣传中浮夸虚饰，引发诸多负面效应。从本质上看，出版品牌管理是内力工程而非面子工程，需要出版企业系统性、长期性、规范性的营销努力，短期性的刺激方式虽能收效一时，却对出版品牌的可持续发展不利。出版品牌宣传应与出版企业的公开承诺相适应，否则一旦承诺的内容不能兑现，则会导致出版企业言行不相符的结果，从而丧失了读者信任赖以生成的基础，鉴于此，建议出版企业在进行宣传时应该突出服务的诚意和专业能力，坚持适度原则，控制读者的期望，同时在承诺后要通过实际行动严格兑现甚至超额兑现，由此方能获得和深化读者信任。

第二，出版品牌延伸在出版营销领域是常见现象。在品牌延伸过程中，出版企业常见的问题是品牌延伸盲目而随意，新旧产品之间关联度太小，导致读者对于其专业能力和服务诚意产生怀疑，难以在心理记忆结构上建立有效的关联，从而可能导致无法接受延伸后的出版物产品，甚至逐渐失去对原品牌的信任和支持。但是，出版品牌延伸并不是不需要，而是要与读者阅读诉求的演变相适应，要实现两者动态契合，在读者需求发生变化或者将要发生变化时，出版企业应该根据战略规划和自身能力，全方位考虑之后，再决定是否要进入新的业务领域以及如何进入，同时出版品牌延伸过程中要及时与读者互动沟通，争取读者的接受和认同。出版企业只有以读者需求的演变为转移，充分考虑战略、资源、能力等具体条件，然后再进行品牌延伸的决策，同时在执行过程中随时与读者保持互动，这样方能使出版品牌延伸成为强化品牌核心价值、增加品牌资产、提升投资效益的一次良机。

第三，文化体制改革以来，我国出版企业间的并购现象越来越多，涉及资产的规模也越来越大。文化体制改制过程中出版企业并购的普遍存在给出版品牌管理提出了新课题，即如何实现合作各方之间的协同配合，使读者顺利地接受联盟后的出版品牌。为了提高并购的成功概率，出版企业并购过程中必须发挥读者信任的积极作用。利用读者信任实现不同经营者的品牌之间的协同、内部价值观的一致和价值链管理的创新。为达成这个目标，并购后的出版企业应该重新进行品牌定位，在再定位过程中要考虑读者认知的调整，大度地将读者利益放在首位，同时要协调各方的利益，防止价值链系统中内耗发生，特别是联盟中的领导者更应该在利益分配方面做出适当的让步。在重新定位之后要及时告知读者出版品牌内涵的变化，通过沟通引导读者参与品牌的再定位，真正做到以读者为本，让读者在出版品牌管理中发挥建设性作用，唯其如此，方能让读者满意和认同。

第四，信息技术不仅使出版工艺从印刷时代过渡至数字时代，同时也颠覆性地改变了包括出版品牌管理在内的营销范式。网络传播固然有及时、互动、个性等相对优势，有效地解决了交易对象信息可获得性问题，但是也不免存在信息真伪难辨、鱼龙混杂等先天不足，尤其是谣言等不利信息的传播更是复杂多变、难以应付，出版企业一旦处理失当，就会令品牌声誉蒙受难以挽回的重大损失。各个子品牌之间交叉关联，一个子品牌出现问题，就会导致"多米诺骨牌"效应，致使整个出版企业的信任存量剧减。此外，多种媒体的参与和同行竞争使得品牌危机处理难度更高。网络环境下出版品牌危机的化解可以参考如下建议：坚持以读者信任的获取和维系为导向，提前建构出版品牌危机预警系统，及时预测和控制，做到未雨绸缪；遵循科学的危机管理程序，流程安排需符合客观规律，但又要审其事宜，注意执行的灵活性和能动性；利用读者对出版品牌的信任，通过坦率直言和可靠行动争取读者的认同，同时在日常经营中注重信任存量的积累，以备不虞之需。

本章将本书构建的分析框架应用于出版企业的品牌管理实践，探讨具体存在的若干问题，为实业界同人运用理论提升管理绩效提供了可资借鉴的实用性建议。其中的某些探讨为读者信任视角下出版品牌管理理论的深化和完善指出了创新的方向，希望能给出版企业管理者以有益的参考。

第六章　主要结论和研究展望

第一节　本书的主要结论

本书尝试从读者信任的获取和维系的角度透视出版品牌管理的本质,力图逻辑一贯地揭示出版品牌成长发育过程中必须遵循的规律。本书系统地分析和阐述了出版品牌发展过程中读者信任发挥的基轴作用,以及读者信任对出版品牌成长的正反两面影响,建构了两者关系的理论模型,认为出版企业应该从长远出发,以读者信任为轴心,培养强势出版品牌,在提供人性化出版物产品和服务的同时,提升出版品牌管理绩效,实现可持续发展。本书的主要结论可以简要概括如下:

第一,出版品牌管理的指导原则应该从积累资产、增加利润、拓展市场等功利性价值取向转变为争取与读者达成平等互信的合作关系。出版企业不能单纯地认为出版品牌只具有工具性价值,这是由出版业服务读者的行业责任和社会使命所决定的,出版人无论什么时候都不能忘记文化教育功能的追求。考虑到读者支持的基础性地位,出版品牌管理应该高度重视读者关系的核心价值,以读者信任为终极导向开展营销活动。也就是说,出版品牌管理必须嵌入读者关系经营的框架之内,立足于双方的沟通、互动,在细致地分析、充分理解读者利益诉求的基础上,从编辑策划、价格制定、物流配送,到品牌宣传、售后服务等环节慎重地观照和满足读者的消费体验和沟通交流等精神、感性层面的诉求,唯有如此,出版品牌才能获得坚实的市场基础。

第二，读者信任在出版品牌成长、成熟的每个阶段都发挥着重要作用，出版品牌管理越成功读者信任度也越高。这启示我们，如果从绩效提升的角度考虑，出版企业应该以获取和维系读者信任为中心开展品牌管理活动。无论是出版品牌管理理念的树立和调整，还是出版品牌管理策略的设计和执行，甚至出版企业的组织文化、领导风格等都应该以读者信任为思考和行动的核心主题，围绕信任关系的培养有序开展。品牌的实质是客户长期的认同和信任，因此图书营销必须注重读者消费心理和消费行为的分析，进而相机调整管理策略，通过不断沟通互动来获取和维系读者信任。简言之，读者信任和出版品牌之间具有紧密关联，应该合而观之，实现两者的动态耦合。

第三，读者信任的获得和维持需要经历长期复杂的过程，出版企业必须通过系统的营销努力方能达成这一目标。从出版品牌塑造和维护的角度入手，分析出版品牌从诞生到成熟的各个阶段赢得读者信任的具体策略，并就实践中偏离读者信任的若干误区进行"病灶"诊断，针对性地给出操作性的对治建议。出版品牌管理应该超越"利己算计型"的逻辑，突破单纯以企业利益为准绳的思维局限。长期可持续发展和文化教育使命都决定出版企业应该通过利他来利己，这种思路虽然一直广被提倡，但落实得并不尽如人意。反观书业历史，不难发现许多失败经营者所走的弯路都与出版企业单纯考虑自身利益、忽视读者需求有关。因此，笔者认为经营思路的颠覆性转变是出版品牌管理创新的关键。一切出版活动都应该以读者为本，将读者视为目的而非手段，通过精准把握读者诉求来实现双方利益冲突的根本性解决。

第四，出版品牌管理不能脱离具体的出版发行过程，流程再造、组织协调以及技术革新等要素在出版品牌管理创新中都发挥着重要作用，本书特别注意到管理策略设计的整体性和系统性。读者信任是出版品牌管理一以贯之的核心主题，是读者和出版企业一系列合约的联结，围绕这个主题整合资源、协调利益才能保证出版品牌和读者信任之间的动态耦合，在读者信任基础上整合要素造就卓越的出版品牌。出版作为文化与商务结合的一种社会活动，衡量其成败不能仅仅看商业方面的指标，以读者信任为导向的成熟品牌是恪守文化理念、服务读者大众的内在要求，这种使命的达成需要出版企业在经营过程中重视品牌的打造和维护，不断优化营销策略改善读者信任状况，通过长久不懈的投入垒筑自己的市场地位，最终实现自身的战略愿景。

第五，从被信任方可信性的角度分析，出版企业的资源实力、承诺与行动的一致性、产品和服务的可靠性、社会责任感、善意的动机等都是读者决策时考察的指标，出版企业应该释放信号，辅助读者决定是否授信。此外，读者信任的存量是变动不定的，经营者应该参考读者信任的变化，灵活进行策略选择和管理创新，诱使双方关系深入发展，唯有如此，才能保证出版品牌管理不会脱离读者信任的主线，或者出现其他失误。读者信任度的高低应该结合读者的态度和行为等方面的信息进行测度，在交互沟通的基础上了解读者反应，结合市场份额、发行量等其他指标，综合做出判断，以供决策参考之用。读者对出版品牌的信任是出版企业市场号召力的重要来源，因此，通过信任量的控制引导读者做出有利的消费选择是可取的管理模式。

第六，读者信任某个出版品牌可以节约搜寻、选择和监督交易对象、鉴别图书质量等交易成本，持续合作可以给读者带来安全感、亲切感以及其他情感诉求的满足，这些功能是本书的一条隐含线索。读者信任从根本上说是一种双边关系，这种对偶关系（dyadic relation-ship）的改良需要经营者投入大量资源和努力，通过言出必行给公众以亲和力与可靠感，同时也离不开读者的参与和互动。一方面，读者参与和互动可以减少信息劣势对于读者的不利影响。另一方面，读者头脑中知识、体验、感受、创意、建议等是需求发现、产品创新、关系管理的基石，读者不可复制的特殊经验可以为出版企业的营销创新提供可贵的新视角，通过交流分享和合作开发可以增加出版品牌的含金量。总之，在出版品牌塑造和维护的过程中，读者必须"在场"，既有权利和动力参与品牌管理，又能享受出版品牌带来的福利。唯有如此，才能使得出版品牌具有自身存在的合法性。

总而言之，本书认为读者信任的获取和维护是出版品牌管理的核心。出版品牌管理的逻辑起点、战略归宿就是获取读者信任。与读者协同合作建构和维系互信和谐的关系，是出版品牌管理绩效提升的必由之路，无论是从价值理念的树立，还是管理策略的选择角度考虑，读者信任始终都是出版企业营销决策和执行过程中应该高度重视的关键因素。读者关系处理的技巧虽然会随着市场环境和技术革新等不断变化，呈现出一定的复杂性，但是获得和强化读者信任却始终是出版企业开展营销活动的归依。

第二节　后续研究展望

本书聚焦于出版品牌与读者信任之间关系的建构和论证，在分析两者关系的基础上，对改进出版品牌管理绩效的理念和策略进行详尽的探讨。囿于本人学力和时间的限制，本书仅涉及出版品牌管理的部分问题，对于这个"学术富矿"，笔者认为应该有更多的后续研究。根据笔者掌握的资料和研究体会，该领域下一步可以朝以下几个方向深入挖掘：

第一，读者信任背后隐藏着复杂的心理机制，但是从读者态度和行为角度给以解释目前尚未形成热点，这一点有待重视。总体分析，读者信任源于读者对自身和他人先前消费经验的回归分析和归纳总结，具有"后验性"的特征。但是读者信任的形成有一个长期过程，其间读者心理和行为的变化相当复杂，如何结合社会心理学、消费者行为学、神经营销学等领域的最新进展，分析读者信任的形成和强化机理，诊断和解决出版品牌管理中的问题，是下一步研究的重要课题。同时，如果将本书提出的解释系统置于出版品牌管理研究的整体框架中来观照，则它仅仅是理解出版品牌管理的一条路径。出版品牌管理是一个复杂的学术论域，除了读者信任之外，还必须考虑其他因素，庶几能全面认识其实质，为实践创新提供理论支持。比如，出版企业与作者资源的关系，选题策划与文化思潮的互动，技术革命对内容整合的影响，通俗性与精致化矛盾的处理等，诸如此类的问题盘根错节、交相关联，要求研究者以问题为导向，融汇多学科的分析框架破解问题。笔者认为就以上问题深入探讨，有望取得有价值的结论。

第二，读者信任在一定程度上具有盲目性，从某种意义上说是一种大胆的"赌博"，但是这种冒险是理性考量之后做出的取舍，其基础在于读者对出版企业的态度、技术和能力有一定的认知，在出版企业承诺和行动一致的前提下，读者相信风险是可以预测和控制的，因而才授信给某些出版品牌。上述思路在逻辑上是自洽的，但是还需要来自中国图书市场和读者的详细资料的验证。此外，本书主要分析读者信任在出版品牌管理中的核心作用，认为出版品牌管理应该以读者信任为导向，通过改善顾客价值、售后服务、互动体验等多方合力作用来获致成功。然而，信任机制在营销中的作用非常复杂，它不仅可以提升品牌管理绩效，而且对于营销的其他层面也有积极影响。比如，可以促进发行渠道的解构与重构，可以改善作者资源的整合效率，可以获得金融机构更多的资金支持，等等。在后续研究中应该对信任机制的其他功能进行深入系统的探讨。

第三，读者信任作为建构强势出版品牌的秘密武器，其作用至关重要，但是除了那些信任出版品牌进而忠诚于品牌的读者需要优先考虑之外，其他读者在出版品牌建构过程中发挥着什么作用？这些读者出版企业如何去服务才能取得较好效果？品牌敏感度低的读者有没有可能转变为品牌敏感度高的读者？这种转变如何实现？不同类型读者关系投入资源的比例应该如何科学分配？企业组织的重要功能是比市场更好地利用分散的知识和能力，对于能力和个性具有明显差异的读者，经营者如何激励他们参与创新，贡献头脑中的创意和知识？这些课题对于补充完善本研究有重要价值，值得给予更多关注。

第四，在出版业国际化过程中，如何正确处理国际资本加盟和本土知名出版品牌保护之间的关系？人性化的出版产品和服务是赢得读者信任的关键，那么人性因素的注入如何与出版企业的盈利完美结合起来？特别是在阅读需求疲软、产业转型的特殊时期，出版企业如何在关注读者信任的同时取得商业成功，实现信任关系与出版品牌创新的双轨并进？读者信任与传统出版行业道德理念有什么关系？这些问题都需要研究者结合行业实际和具体国情进行进一步的探讨和分析，为丰富本书的理论体系提供更多的实证依据。

第五，数字出版时代的品牌管理问题应该引起充分重视。品牌和渠道是营销的两大支柱，出版物发行渠道研究已经相对成熟，而且随着互联网的进步，数字化出版发行模式消解了实体出版物必需的流通模式，出版物载体虚拟化在流通方面提出了其他挑战——读者下载文献的方便性、电子支付的安全性、需求回应的及时性、增值服务的创新性等。相比较而言，网络媒介的诞生和发展使得出版品牌在出版学研究中的重要性有所提升，同时品牌的塑造和维护由于虚拟交易缺乏直接人际接触、信息甄别难度增大而变得困难重重，这些都要求研究者投入更多精力进行深入探索。传统出版业对内容主题资源的挖掘力度不够，造成选题资源和获利机会的极大浪费，也限制了读者的选择范围和阅读方式。数字出版物形态的多元化发展预示着出版业跨媒体的经营模式在未来将非常盛行，那么在跨媒体经营过程中，原有的出版品牌资产如何防止被稀释？不同的传媒品牌形象之间如何相容？网络社交服务对出版品牌的建构和强化有何影响？上述问题也是后续研究的重点之一。

　　总而言之，尽管本书的理论框架具有较强的解释力，但是出版品牌管理毕竟是一个未完成的、开放的、多元延伸的学术场域，存在着丰富的可能性，亟待延续思考和不断探索。读者信任视角的引入为出版品牌管理研究提供了新的逻辑线索，鉴于此，笔者仅仅将本书视作一个开端，今后将继续关注和探讨出版品牌与读者信任的关系问题，力图逐步完善该框架的分析功能和预测功能，为该领域的进步做出更多贡献。

参考文献

中文类

［美］埃利奥特·阿伦森：《社会性动物》，郑日昌、张珠江、王利群、李文莉译，新华出版社2001年版。

［美］菲利普·科特勒：《科特勒市场营销教程》，俞利军译，华夏出版社2001年版。

［英］安东尼·吉登斯：《现代性的后果》，田禾译，译林出版社2000年版。

安齐：《"复旦博学"：一个出版品牌的诞生》，（2003年6月18日），2009年9月18日（http://www.sinobook.com.cn/press/newsde-tail.cfm? iCntno=890）。

白玉、陈建华：《品牌生命周期的形成机理及其管理控制》，《武汉理工大学学报》（信息与管理工程版）2002年第6期。

白长虹、廖伟：《基于顾客感知价值的顾客满意研究》，《南开学报》（哲学社会科学版）2001年第6期。

［波兰］彼得·什托姆普卡：《信任——一种社会学理论》，程胜利译，中华书局2005年版。

［法］波德里亚：《消费社会》，刘成富、全致钢译，译林出版社2000年版。

柴俊武：《品牌信任对品牌态度、契合感与延伸关系的影响》，《管理学报》2007年第4期。

柴俊武、万迪昉：《品牌延伸利弊与延伸绩效述评》，《预测》2004年第4期。

车凤成：《卢曼"复杂性理论"辩证——兼论其信任观之内涵》，《江南大学学报》（人文社会科学版）2008 年第 6 期。

陈宏志：《基于信任的战略思维架构研究》，知识产权出版社 2009
　年版。

陈丽：《图书品牌战略与实证分析》，陕西科学技术出版社 2003
　年版。

陈刚：《对出版社实施品牌战略的几点思考》，《新闻出版导刊》2003
　年第 8 期。

陈梅、侯丽萍：《网络出版品牌建设中的关键问题》，《中国出版》
　2004 年第 5 期。

陈昕：《数字出版中西对话四：培生教育内容优化与附加服务》
　（2008 年 6 月 25 日），2009 年 8 月 23 日（http：//203.208.39.
　132/search？q = cache：y8qXQobLBRUJ：www. epuber. com/% 3Fp%
　3D2378 + % E9% 99% 88% E6% 98% 95 + % E5% 9F% B9% E7% 94%
　9F% E6% 95% 99% E8% 82% B2% E5% 87% BA% E7% 89% 88&cd =
　1&hl = zh – CN&ct = clnk&gl = cn&st_ usg = ALhdy2995JyDbr50ExztX
　VwlqLy – Dq0i_ g）。

陈英毅、范秀成：《论体验营销》，《华东经济管理》2003 年第 2 期。

陈月明：《商品符号与符号消费》，《浙江社会科学》2006 年第 6 期。

程民选：《信誉：从社会资本视角分析》，《财经科学》2005 年第
　2 期。

迟晓英、宣国良：《价值链研究发展综述》，《外国经济与管理》2000
　年第 1 期。

崔鑫：《品牌竞争与社会资本关系研究》，《管理科学文摘》2003 年第
　9 期。

董广茂、李垣：《战略联盟、价值网络中关系形成的效用组合分析》，
　《中国管理科学》2004 年第 3 期。

董中锋：《关于出版品牌的研讨——出版品牌处理好几方面的关系》，
　《出版科学》2002 年第 3 期。

范军：《关于出版品牌的研讨——出版品牌与品牌延伸》，《出版科
　学》2002 年第 3 期。

范军：《浅论书刊品牌延伸的良性效应》，《出版经济》2002 年第

4 期。

范军：《试论出版品牌》，《出版经济》2002 年第 1 期。

范秀成、高琳：《基于品牌识别的品牌延伸》，《天津大学学报》（社会科学版）2002 年第 4 期。

冯英：《关于品牌化出版的思考》，《科技与出版》2003 年第 6 期。

冯海龙：《价值链战略管理模式研究》，《经济管理》2002 年第 16 期。

[美] 弗朗西斯·福山：《信任：社会美德与创造经济繁荣》，彭志华译，海南出版社 2001 年版。

符本清：《略谈打造出版品牌的 7 个策略》，《中国出版》2003 年第 12 期。

符国群：《品牌定位在市场营销战略中的地位》，《中国流通经济》2004 年第 4 期。

符国群：《品牌延伸研究：回顾与展望》，《中国软科学》2003 年第 1 期。

盖署光：《试论出版品牌策划》，《新闻出版交流》2002 年第 1 期。

高娟：《关于出版品牌的研讨——品牌战略中的读者意识》，《出版科学》2002 年第 3 期。

高玉林、杨洲：《中西信任结构之比较》，《河北学刊》2006 年第 4 期。

高忠义、王永贵：《用户创新及其管理现状与展望》，《外国经济与管理》2006 年第 4 期。

龚振、莫露樨、王琪：《品牌信任影响因素的三维度框架研究》，《商业时代》2007 年第 32 期。

龚艳萍、范书利：《品牌延伸对消费者品牌忠诚的影响——基于品牌信任和品牌象征价值的实证研究》，《软科学》2008 年第 3 期。

顾爱彬：《品牌打造：出版社"魅力"运营》，《出版广角》2004 年第 8 期。

郭国庆：《营销方式新进展：从 CRM 到交叉销售》，《管理评论》2003 年第 2 期。

郭晓凌：《消费者品牌敏感：模型与实证》，对外经济贸易大学出版社 2007 年版。

韩剑亮：《基于品牌——消费者行为互动的品牌关系结构研究》，《经济师》2007 年第 7 期。

韩经纶、韦福祥：《顾客满意与顾客忠诚互动关系研究》，《南开管理评论》2001 年第 6 期。

韩经纶、赵军：《论品牌定位与品牌延伸的关系》，《南开管理评论》2004 年第 2 期。

贺爱忠、李钰：《论品牌关系生命周期中消费者品牌信任与心理契约的建立》，《商业研究》2008 年第 11 期。

贺正楚：《论企业危机管理系统的构建》，《系统工程》2003 年第 3 期。

胡飞：《企业品牌延伸的误区及合理导向》，《商场现代化》2008 年第 23 期。

胡河宁、邰旻：《论品牌传播的受众导向策略》，《学术界》2005 年第 6 期。

胡全胜、潘正安：《图书品牌化出版的优势与专业化——浅谈图书品牌出版》，《出版发行研究》2006 年第 10 期。

黄磊：《顾客忠诚》，上海财经大学出版社 2000 年版。

黄英：《发扬〈现汉〉严谨求实、与时俱进的科学精神——访〈现代汉语词典〉第 5 版修订主持人晁继周、韩敬体研究员》（2005 年 10 月 15 日），2009 年 7 月 9 日（http：//203. 208. 39. 132/search？q = cache：8eEtCgiKFC4J：kyj. cass. cn/Article/1880. html + % E3% 80% 8A% E7% 8E% B0% E4% BB% A3% E6% B1% 89% E8% AF% AD% E8% AF% 8D% E5% 85% B8% E3% 80% 8B% E7% AC% AC% E4% BA% 94% E7% 89% 88 + % E7% 89% B9% E8% 89% B2&cd = 14&hl = zh – CN&ct = clnk&gl = cn&st_ usg = ALhdy2 – JauCE5eDjYKzJ0NLohjy Ei2x7dQ）。

黄建江：《基于顾客终身价值的关系营销策略分析》，《商场现代化》2007 年第 6 期。

黄开欣、张志华、江津、张慧彬：《出版品牌的构建与解读》，《中山大学学报论丛》2007 年第 3 期。

黄速建、令狐谙：《并购后整合：企业并购成败的关键因素》，《经济管理》2003 年第 15 期。

姜欣：《浅析出版社品牌的读者认同》，《编辑学刊》2006 年第 3 期。

姜奇平：《未来的出版业》，《互联网周刊》2007 年第 9 期。

［美］杰克·特劳特：《定位的来源与发展：四种战略形式》，《中外管理》2007 年第 B05 期。

金玉芳、董大海、刘瑞明：《消费者品牌信任机制建立及影响因素的实证研究》，《南开管理评论》2006 年第 5 期。

金玉芳、董大海：《消费者信任影响因素实证研究——基于过程的观点》，《管理世界》2004 年第 7 期。

《科特勒的品牌观》，《中国电子商务周刊》2007 年第 11 期。

蓝伯雄、郑晓娜：《电子商务时代的供应链管理》，《中国管理科学》2000 年第 3 期。

黎志成、刘枚莲：《电子商务环境下的消费者行为研究》，《中国管理科学》2002 年第 6 期。

李航、田辉：《产品概念的新视角：核心利益漂移》，《未来与发展》2007 年第 7 期。

李蓉：《浅析品牌图书的运作策略》，《出版科学》2006 年第 2 期。

李游：《用心理学概念诠释消费者品牌信任的形成》，《湖南财经高等专科学校学报》2008 年第 1 期。

李垣、刘益：《基于价值创造的价值网络管理（Ⅰ）：特点与形成》，《管理工程学报》2001 年第 4 期。

李瑞娥、张慧芳：《信心、信任与信誉：和谐社会的制度资本》，《西安交通大学学报》（社会科学版）2007 年第 1 期。

李寿春、吴培华：《警惕中国出版业的空壳化现象》，《中国出版》2006 年第 9 期。

李维安、吴德胜、徐皓：《网上交易的声誉机制——来自淘宝网的证据》，《南开管理评论》2007 年第 5 期。

林君：《出版社应努力提升出版品牌的文化内涵》，《编辑之友》2006 年第 1 期。

蔺全录、葛俊峰：《基于消费者心理的品牌定位模型设计》，《商业时代》2008 年第 22 期。

刘英：《关于出版品牌的研讨——明星作者与出版品牌》，《出版科学》2002 年第 3 期。

刘征：《试论出版品牌管理》，《出版发行研究》2001 年第 6 期。

刘凤军、雷丙寅、王艳霞：《体验经济时代的消费需求及营销策略》，《中国工业经济》2002 年第 8 期。

刘红梅：《如何预防品牌老化》，《品牌》2005 年第 6 期。

刘华军：《品牌经济学的理论基础——引入品牌的需求曲线及其经济学分析》，《财经研究》2007 年第 1 期。

刘建新、孙明贵：《顾客体验的形成机理与体验营销》，《财经论丛》2006 年第 3 期。

刘建新：《顾客信任的形成机理及其营销管理研究》，《经济问题探索》2006 年第 2 期。

刘锦东：《从出版社三类产品谈品牌战略》，《科技与出版》2002 年第 6 期。

刘晓丹、许力：《变"推"为"拉"的图书营销新模式——例谈出版社的网络营销》，《出版发行研究》2009 年第 5 期。

刘延松：《网络时代处理品牌危机的新启示》，《经营与管理》2006 年第 1 期。

刘志华、陈彩琦、金志成：《选择性注意的理论及其发展趋势——认知神经研究》，《心理科学》2003 年第 4 期。

卢泰宏、高辉：《品牌老化与品牌激活研究述评》，《外国经济与管理》2007 年第 2 期。

卢泰宏、黄胜兵、罗纪宁：《论品牌资产的定义》，《中山大学学报》（社会科学版）2000 年第 4 期。

卢泰宏、谢飙：《品牌延伸的评估模型》，《中山大学学报》（社会科学版）1997 年第 6 期。

卢泰宏、周志民：《基于品牌关系的品牌理论：研究模型及展望》，《商业经济与管理》2003 年第 2 期。

卢泰宏：《中国营销创新的 22 条军规》，《决策与信息》2005 年第 5 期。

［德］卢曼：《信任：一个社会复杂性的简化机制》，瞿铁鹏、李强

译，上海人民出版社 2005 年版。

罗永泰、卢政营：《需求解析与隐性需求的界定》，《南开管理评论》2006 年第 3 期。

罗紫初：《比较出版学》，武汉大学出版社 2006 年版。

毛润政：《专注个性与特色——论图书出版品牌化发展》，《中国出版》2007 年第 7 期。

欧阳彬、朱红文：《社会是一件艺术品——西美尔的"社会学美学"思想辨析》，《天津社会科学》2005 年第 2 期。

彭彪：《出版品牌的创建与维护》，《编辑之友》2002 年第 3 期。

彭致：《路金波谈策划：品牌落实靠技术细节》（2007 年 8 月 6 日），2009 年 5 月 27 日（http://www.chinabookinternational.cn/cn/info/infodetail.jsp？ID＝1847）。

彭泗清：《信任的建立机制：关系运作与法制手段》，《社会学研究》1999 年第 2 期。

[日] 清水省三：《不怕顾客来找碴》，李慈茵译，大众文艺出版社 2003 年版。

芮明杰：《管理学：现代的观点》（第二版），上海人民出版社 2005 年版。

桑辉、王方华：《顾客转换成本研究综述》，《哈尔滨工业大学学报》（社会科学版）2006 年第 2 期。

沈蕾、杨桂允：《论品牌忠诚度的作用及影响因素》，《消费经济》2001 年第 5 期。

苏华、肖坤梅：《品牌承诺：说到就要做到》，《中外企业文化》2009 年第 3 期。

孙明贵：《消费者行为的新趋向与企业的信任营销》，《南方经济》2001 年第 3 期。

孙习祥、吕永泽：《品牌管理的价值功能》，《光明日报》2009 年 7 月 14 日第 10 版。

孙曰瑶、刘华军：《选择与选择成本——品牌降低选择成本的机制分析》，《财经论丛》2008 年第 1 期。

孙曰瑶：《品牌经济学的任务、对象和若干基本问题》，《宁夏社会科学》2005 年第 6 期。

孙周兴:《我与书,以及汉译名著》,《中华读书报》2009 年 10 月 14
　　日第 5 版。

宋伟杰:《从娱乐行为到乌托邦冲动——金庸小说再解读》,江苏人民
　　出版社 1999 年版。

苏新宁、邹志仁、杨克义:《中国人文社会科学学术影响力报告
　　(2000—2004)》,中国社会科学出版社 2007 年版。

〔美〕汤姆·邓肯:《整合营销传播:利用广告和促销策略建树品
　　牌》,周洁如译,中国财政经济出版社 2004 年版。

唐炎钊、肖红军:《CRM 凭什么降低交易成本》(2009 年 2 月 24
　　日),2009 年 7 月 29 日(http://203.208.39.132/search? q =
　　cache: ARH40UWClykJ: industry. cio360. net/Page/1798/InfoID/292
　　418/SourceId/5871/PubDate/2009 - 02 - 24/Default. aspx + % E4%
　　BB% 80% E4% B9% 88% E6% 98% AF% E4% BA% A4% E6% 98%
　　93% E6% 88% 90% E6% 9C% AC&cd = 10&hl = zh - CN&ct = clnk&g
　　l = cn&st_ usg = ALhdy29nUynZgPVvKPfJfHcySMQsTi2FSw)。

〔日〕堤清二:《消费社会批判》,朱绍文译,经济科学出版社 1998 年
　　版。

童晓彦、杨虓:《中国图书出版业品牌化运作的理想模式》,《编辑之
　　友》2004 年第 2 期。

万方:《靠专业特色创品牌求发展——中小型出版社发展之路探讨》,
　　《出版发行研究》2007 年第 2 期。

汪哲:《剑桥大学出版社:百年品牌的中国推广之路》(2007 年 12 月
　　17 日),2009 年 7 月 16 日(http://203.208.39.132/search? q =
　　cache: ViDIjVCtK9sJ: www. 21stcentury. com. cn/story/38142. html + %
　　E5% 89% 91% E6% A1% A5% E5% A4% A7% E5% AD% A6% E5% 87%
　　BA% E7% 89% 88% E7% A4% BE + % E5% 93% 81% E7% 89% 8C%
　　E6% 8E% A8% E5% B9% BF&cd = 1&hl = zh - CN&ct = clnk&gl = cn&s
　　t_ usg = ALhdy2_ mnzQnzhJ1fwPXmVDM8vpuTjPVyw)。

汪应洛、李垣:《企业柔性战略:跨世界战略管理研究与实践的前
　　沿》,《管理科学学报》1998 年第 1 期。

王松：《论出版集团的品牌化生存》，《中国出版》2005 年第 7 期。

王海忠：《品牌测量与提升——从模型到执行》，清华大学出版社 2006 年版。

王利明：《价值链管理与战略联盟》，《山西财经大学学报》2001 年第 6 期。

王乃静、杜涛：《顾客价值及顾客价值链的构建》，《价值工程》2004 年第 4 期。

王文创：《交易成本经济学中的信任问题》，《湖北经济学院学报》2005 年第 5 期。

王文松：《消费者品牌信任及其营销对策》，《河南科技大学学报》（社会科学版）2007 年第 3 期。

王永贵、司方来、姚山季：《顾客创新研究回顾、整合框架与展望》，《南京社会科学》2009 年第 5 期。

王永贵、徐宁：《经营顾客资产的艺术：顾客抱怨的补救与转化》，南开大学出版社 2007 年版。

王永贵：《服务营销》，北京师范大学出版社 2007 年版。

王余光：《世纪之交读者阅读习惯的变化》，《图书情报知识》2005 年第 4 期。

卫海英、祁湘涵：《基于信息经济学视角的品牌资产生成研究》，《中国工业经济》2005 年第 10 期。

文建东：《诚信、信任与经济学：国内外研究述评》，《福建论坛》（人文社会科学版）2007 年第 10 期。

翁君奕：《企业信誉体系的动态博弈分析》，《经济学家》1996 年第 1 期。

翁向东：《品牌延伸的七大铁律》，《中外管理》2003 年第 3 期。

武红霞：《品牌管理学科的前沿动态》，《太原大学学报》2008 年第 1 期。

吴平：《不能毫无保留地拥抱市场》，《编辑学刊》2002 年第 5 期。

吴伟、李兆友：《国内外关于用户创新的研究综述及未来展望》，《东北大学学报》（社会科学版）2009 年第 1 期。

吴越：《蒋介石译成"常凯申"续：出版社停止发行并道歉》（2009

年 7 月 2 日），2009 年 7 月 30 日（http：//www. sciencetimes. com. cn/htmlnews/2009/7/221028. shtm）。

吴书杰：《出版社品牌策略新论》，《编辑之友》2006 年第 5 期。

吴新辉、袁登华：《消费者品牌联想的建立与测量》，《心理科学进展》2009 年第 2 期。

肖明超：《消费者品牌印记对品牌延伸和管理的启示》（2005 年 8 月 9 日），2009 年 9 月 20 日（http：//esoftbank. com. cn/wz/46_ 8162. html）。

谢不周：《疏离·高雅·小众——中国现当代女作家生存哲学研究之安妮宝贝》，《出版广角》2008 年第 8 期。

谢凤华：《消费者信任实证研究》，知识产权出版社 2007 年版。

刑晓芳：《依靠名校无形资产树立原创教材新品牌"复旦博学"系列海纳百川》（2000 年 12 月 21 日），2009 年 9 月 18 日（http：// www. rwfd. fudan. edu. cn/shuyuan/konggu/fudan. html）。

徐蕾：《出版品牌经营的实施路径》，《编辑之友》2007 年第 5 期。

徐丽芳：《网络出版的品牌策略》，《电子出版》2003 年第 10 期。

薛可、熊文霞、余阳明：《复杂网络环境下的品牌危机处理策略》，《深圳大学学报》（人文社会科学版）2008 年第 5 期。

薛可、余明阳：《出版社品牌力的五大构成》，《科技与出版》2008 年第 1 期。

杨林：《浅谈品牌传播如何跨越文化差异》（2007 年 12 月 18 日），2009 年 8 月 26 日（http：//wwwbig5. hljnews. cn/by_ xwcb/system/2007/12/18/010099843. shtml）。

杨龙、王永贵：《顾客价值及其驱动因素剖析》，《管理世界》2002 年第 6 期。

杨涛：《中美书评之比较》，《出版发行研究》1992 年第 2 期。

杨红卫：《出版品牌及其构建（一）：品牌的特点与类型》，2009 年 4 月 27 日（http：//www. shoudubook. com/Article/Article – 6876. html）。

杨红卫：《出版品牌及其构建（二）：出版品牌应该具有个性》，2009 年 4 月 27 日（http：//www. shoudubook. com/Article/Article – 6905. html）。

于春玲、郑晓明、孙燕军、赵平：《品牌信任结构维度的探索性研究》，《南开管理评论》2004 年第 2 期。

宇翔、路金波：《穿着畅销外衣的出版商》（2007 年 4 月 14 日），2009 年 5 月 27 日（http：//www. 8tops. com/113_ hljtlyx_ 985DB62ABEE04D8C856AB7800A9B6F5D. html）。

袁登华、罗嗣明、李游：《品牌信任结构及其测量研究》，《心理学探析》2007 年第 3 期。

袁登华、罗嗣明、唐春燕、江丽英：《品牌信任的前因后果驱动机制研究》，《心理科学》2008 年第 6 期。

袁登华：《品牌信任研究脉络与展望》，《心理科学》2007 年第 2 期。

袁登华：《品牌忠诚和品牌转换的心理动因探讨》，《心理科学》2009 年第 1 期。

袁晓兵：《出版产业的核心竞争要素研究——基于出版品牌视角的探讨》，《经济经纬》2008 年第 6 期。

曾果伟：《锻造出版品牌刻不容缓》，《出版广角》2000 年第 6 期。

张隽：《出版品牌改朝换代》，2009 年 4 月 27 日（http：//news. brand-cn. com/hypp/cb/200602/1574. html）。

张敏：《品牌广告与品牌承诺》，《新闻界》2006 年第 3 期。

张燚、张锐：《国内外品牌本性理论验机综述》，《北京工商大学学报》（社会科学版）2004 年第 1 期。

张辉冠：《解读出版品牌》，《出版广角》2005 年第 10 期。

张曼玲：《承诺与忠诚：出版品牌的内涵分析》，《北京印刷学院学报》2005 年第 4 期。

张曼玲：《出版品牌的类型及运作模式探析》，《嘉应学院学报》2005 年第 5 期。

张曼玲：《出版品牌运营初探》，《嘉应大学学报》2003 年第 4 期。

张维迎、何荣柱：《信任及其解释：来自中国的跨省调查分析》，《经济研究》2002 年第 1 期。

张维迎：《重建信任》，《经济世界》2002 年第 10 期。

张维迎、何荣住：《信任及其解释：来自中国的跨省调查分析》，《经济研究》2002 年第 10 期。

张维迎：《信息、信任与法律》，生活·读书·新知三联书店 2003 年版。

张新安、田澎、张列平：《顾客满意度测评模型》，《系统工程理论方法应用》2002 年第 9 期。

张延锋、刘益、李垣：《战略联盟价值创造与分配分析》，《管理工程学报》2003 年第 2 期。

张月莉、过聚荣：《基于产品生命周期的顾客忠诚意图动态演化模型研究》，《上海管理科学》2007 年第 3 期。

赵冰、涂荣庭、符国群：《服务失败情况下的消费者信任作用研究》，《中国软科学》2007 年第 2 期。

郑丽芬：《出版社的数据库营销》，《大学出版》2008 年第 1 期。

郑小鸣：《信任：基于人性的社会资本——福山信任观述评》，《求索》2005 年第 7 期。

郑也夫：《信任的简化功能》，《北京社会科学》2000 年第 3 期。

郑也夫：《信任——溯源与定义》，《北京社会科学》1999 年第 4 期。

郑也夫：《中国社会中的信任》，中国城市出版社 2003 年版。

周善：《一场颠覆性变革：出版编辑品牌建设》，《编辑学刊》2008 年第 5 期。

周吉友：《注意力经济与图书营销》，《出版广角》2003 年第 1 期。

周建新：《中外出版品牌创新比较》，《出版经济》2004 年第 11 期。

周晓光：《营销哲学论略》，《云南社会科学》2005 年第 1 期。

朱俊、陈荣秋：《不确定环境下的顾客关系管理》，《华中科技大学学报》（社会科学版）2006 年第 1 期。

朱俊、陈荣秋：《顾客参与产品创新的时机和方法》，《武汉理工大学学报》（信息与管理工程版）2007 年第 8 期。

朱磊、朱峰：《企业危机管理系统的构建》，《中国软科学》2004 年第 11 期。

朱德武、陈培根：《品牌延伸需要彻底的观念更新》，《管理世界》2004 年第 5 期。

朱静雯：《形成出版集团竞争优势的路径分析》，《出版发行研究》2004 年第 11 期。

朱巧燕：《畅销书模式和品牌模式的比较分析》，《出版发行研究》
2006 年第 8 期。

朱胜龙：《品牌竞争——出版竞争的制高点》，《新闻出版导刊》2002
年第 6 期。

朱允卫：《2001 年全球企业并购新动向及其启示》，《世界经济研究》
2002 年第 3 期。

英文类

Adamantios Diamantopoulos, Gareth Smith, Ian Grime, "The Impact of Brand Extensions on Brand Personality: Experimental Evidence", *European Journal of Marketing*, Vol. 39, No. 1/2, 2005.

Albert N. Greco, *The Book Publishing Industry*, NewYork: Lawrence Erlbaum Associates, 2004.

Anca E. Cretua, Roderick J. Brodieb, "The Influence of Brand Image and Company Reputation where Manufacturers Market to Small Firms: A Customer Value Perspective", *Industrial Marketing Management*, Volume 36, Issue 2, February 2007.

Arjun Chaudhuri, Morris B. Holbrook, "The Chain of Effects from Brand Trust and Brand Affect to Brand Performance: The Role of Brand Loyalty", *The Journal of Marketing*, Vol. 65, No. 2 (Apr., 2001).

Arrow. K. J., "Gifts and Exchanges", in Phelps (ed.), *Altruism, Morality and Economics*, NewYork : Russel Sage Foundation, 1975.

Birger Wernerfelt, "Brand Loyalty and Market Equilibrium", *Marketing Science*, Vol. 10, No. 3 (Summer, 1991).

Christine Moorman, Rohit Deshpandé, Gerald Zaltman, "Factors Affecting Trust in Market Research Relationships Factors Affecting Trust in Market Research Relationships", *The Journal of Marketing*, Vol. 57, No. 1 (Jan., 1993).

Chrysanthos Dellarocas, "The Digitization of Word of Mouth: Promise and Challenges of Online Feedback Mechanisms", *Management Science*, Vol. 49, No. 10, Special Issue on E – Business and Management Science (Oct. , 2003).

Chrysanthos Dellarocas, "The Digitization of Word of Mouth: Promise and Challenges of Online Feedback Mechanisms", *Management Science*, Vol. 49, No. 10, Special Issue on E - Business and Management Science (Oct. , 2003). Published by: INFORMS.

Colston E. Warne, "The Influence of Ethical and Social Responsibilities on Advertising and Selling Practices", *The American Economic Review*, Vol. 51, No. 2, Papers and Proceedings of the Seventy - Third Annual Meeting of the American Economic Association (May, 1961).

CO'Leary, S. Rao, C. Perry, "Improving customer relationship management through database/internet marketing", *European Journal of Marketing*, Vol. 38, No. 1, 2004, Issue 3/4.

Deepak Sirdeshmukh, Jagdip Singh, Barry Sabol, "Consumer Trust, Value, and Loyalty in Relational Exchanges", *The Journal of Marketing*, Vol. 66, No. 1 (Jan. , 2002).

Deepak K. Datta, "Organizational Fit and Acquisition Performance: Effects of Post - Acquisition Integration", *Strategic Management Journal*, Vol. 12, No. 4 (May, 1991).

D. Frisby, ed. , *Georg Simmel: Critical Assessment*, London: Routledge Press, Vo. 2, 1994.

David A. Aaker, Kevin Lane Keller, "Consumer Evaluations of Brand Extensions", *The Journal of Marketing*, Vol. 54, No. 1 (Jan. , 1990).

Don E. Schultz, "The Inevitability of Integrated Communications", *Journal of Business Research*, Volume 37, Issue 3, November 1996.

Don E. Schultz, "Integrated Marketing Communications", *Journal of Promotion Management*, 1540 - 7594, Volume 1, Issue 1, 1992.

Douglas Bowman and Das Narayandas, "Managing Customer - Initiated Contacts with Manufacturers: The Impact on Share of Category Requirement and Word - of - Mouth Behavior", *Journal of Marketing Research*, Vol. 38, No. 3 (Aug. , 2001), pp. 281 - 297. Published by: American Marketing Association.

Douglas M. Eisenhart, *Publishing in the Information Age: A New Management Framework for the Digital Era*, Westport: Quorum Books, 1994.

Elena Delgado – Ballester, José Luis Munuera – Alemán, "Brand Trust in the Context of Consumer Loyalty", *European Journal of Marketing*, Volume: 35, Issue: 11/12, Year: 2001.

G. Simmel, *The Sociology of Simmel*, Ed. by K. Wolff, New York: Free Press.

G. Simmel, *The Philosophy of Money*, London: Routledge, 1978.

George S. Low, Ronald A. Fullerton, "Brands, Brand Management, and the Brand Manager System: A Critical – Historical Evaluation", *Journal of Marketing Research*, Vol. 31, No. 2, Special Issue on Brand Management (May, 1994).

Gita Venkataramani Johar, Jaideep Sengupta, Jennifer L. Aaker, "Two Roads to Updating Brand Personality Impressions: Trait Versus Evaluative Inferencing", *Journal of Marketing Research*, Volume: 42, Issue: 4, Cover date: November 2005.

Granovetter, Mark, "Economic Action and Social Structure: The Problem of Embeddedness", *American Journal of Sociology*, Vol. 91, Issue3 (Nov., 1985).

Harald Van Heerde, Kristiaan Helsen, Marnik G. Dekimpe, "The Impact of a Product – Harm Crisis on Marketing Effectiveness", *Marketing Science Archive*, Volume 26, Issue 2, March 2007.

Jean J. Boddewyn, "Advertising Self – Regulation: True Purpose and Limits", *Journal of Advertising*, Vol. 18, No. 2 (1989).

Jennifer L. Aaker, "Dimensions of Brand Personality", *Journal of Marketing Research*, Vol. 34, No. 3 (Aug., 1997).

Jones, Michael A., Mothersbaugh, David L. Beatty, Sharon E, "Why Customers Stay: Measuring the Underlying Dimensions of Services Switching costs and Managing their Differential Strategic Outcomes", *Business Research*, Volume (Year): 55 (2002), Issue (Month): 6 (June).

Keller Lane Kevin, "Conceptualizing, Measuring and Managing Brand –

Based Customer Equity", *Journal of Marketing*, Vol. 57, No. 1 (Jan., 1993), Published by: American Marketing Association.

Leslie de Chernatony, "Brand Management Through Narrowing the Gap Between Brand Identity and Brand Reputation", *Journal of Marketing Management*, Volume 15, Numbers 1 – 3, April 1999.

M. Garcia – Murillo, H. Annabi, "Customer Knowledge Management", *The Journal of the Operational Research Society*, Vol. 53, No. 8 (Aug., 2002).

Michel Laroche, Chankon Kim, Lianxi Zhou, "Brand Familiarity and Confidence as Determinants of Purchase Intention: An Empirical Test in a Multiple Brand Context", *Journal of Business Research*, Volume 37, Issue 2, October 1996.

Michelle L. Roehm, Ellen Bolman Pullins, Harper A. Roehm, "Designing Loyalty – Building Programs for Packaged Goods Brands", *Journal of Marketing Research*, Vol. 39, No. 2 (May, 2002).

Myrna Wulfson, "The Ethics of Corporate Social Responsibility and Philanthropic Ventures", *Journal of Business Ethics*, Vol. 29, No. 1/2, Sixth Annual International Conference Promoting Business Ethics (Jan., 2001).

Niraj Dawar, Madan M. Pillutla, "Impact of Product – Harm Crises on Brand Equity: The Moderating Role of Consumer Expectations", *Journal of Marketing Research*, Volume 37, Issue 2, May 2000.

Normann R., Ramírez R., "From Value Chain to Value Constellation: Designing Interactive Strategy", *Harvard Business Review*, Vol. 71, No. 4, 1993 Jul – Aug.

Patrica Gurviez, Michael Korchia, *Proposal for a Multidimensional Brand Trust Scale*, 32nd EMAC Conference – glasgow Marketing: Responsible and Relevant, No. 5, 2003.

Paul Klemperer, "Competition when Consumers have Switching Costs: An Overview with Applications to Industrial Organization, Macroeconomics, and International Trade", *The Review of Economic Studies*, Vol. 62,

No. 4 (Oct. , 1995). Published by: The Review of Economic Studies Ltd.

Paul Klemperer, "Markets with Consumer Switching Costs", *The Quarterly Journal of Economics*, Vol. 102, No. 2 (May, 1987), Published by: The MIT Press.

Peppers Don, Rogers M. , Doff B. , "Is Your Company Ready for One to One Marketing", *Harvard Business Review*, No. 1 – 2, 1999.

Peter D. Bennett, Gilbert D. Harrell, "The Role of Confidence in Understanding and Predicting Buyers'Attitudes and Purchase Intentions", *The Journal of Consumer Research*, Vol. 2, No. 2 (Sep. , 1975).

Richard N. Cardozo, "An Experimental Study of Customer Effort, Expectation, and Satisfaction", *Journal of Marketing Research*, Vol. 2, No. 3 (Aug. , 1965).

R. H. Coase, "The Nature of the Firm", *Economica*, *New Series*, Vol. 4, No. 16 (Nov. , 1937).

Richard L. Oliver, "Whence Consumer Loyalty?", *The Journal of Marketing*, Published by: American Marketing Association, Vol. 63, Fundamental Issues and Directions for Marketing (1999).

Richard L. Oliver, *Satisfaction: A Behavioral Perspective on the Consumer*, New York: McGraw – Hill, 1997.

Robert M. Morgan, Shelby D. Hunt, "The Commitment – Trust Theory of Relationship Marketing", *The Journal of Marketing*, Vol. 58, No. 3 (Jul. , 1994).

Ronald E. Goldsmith, Barbara A. Lafferty and Stephen J. Newell, "The Impact of Corporate Credibility and Celebrity Credibility on Consumer Reaction to Advertisements and Brands", *Journal of Advertising*, Vol. 29, No. 3 (Autumn, 2000). Published by: M. E. Sharpe, Inc.

Robert B. Woodruff, "Customer value: The Next Source for Competitive Advantage", *Journal of the Academy of Marketing Science*, Volume 25, Number 2, Mar. 1997.

Robert M. Morgan, Shelby D. Hunt, "The Commitment – Trust Theory of Relationship Marketing The Commitment – Trust Theory of Relationship

Marketing", *The Journal of Marketing*, Vol. 58, No. 3 (Jul. , 1994).

Ronald E. Goldsmith, Barbara A. Lafferty and Stephen J. Newell, "The Impact of Corporate Credibility and Celebrity Credibility on Consumer Reaction to Advertisements and Brands", *Journal of Advertising*, Vol. 29, No. 3 (Autumn, 2000). Published by: M. E. Sharpe, Inc.

Rowland Lorimer, "Publishers, Governments, and Learning Materials: The Canadian Context", *Curriculum Inquiry*, Vol. 14, No. 3 (Autumn, 1984).

Stephen A. Greyser, "Corporate Brand Reputation and Brand Crisis Management", *Management Decision*, Volume 47, Number 4, 2009.

Stephen J. Hoch, John Deighton, "Managing What Consumers Learn from Experience", *The Journal of Marketing*, Vol. 53, No. 2 (Apr. , 1989).

Susan M. Broniarczyk, Joseph W. Alba, "The Importance of the Brand in Brand Extension", *Journal of Marketing Research*, Vol. 31, No. 2, Special Issue on Brand Management (May, 1994).

Thorsten Hennig – Thurau, Kevin P. Gwinner, Gianfranco Walsh, Dwayne D. Gremler, "Electronic Word – of – mouth Via Consumer – opinion Platforms: What Motivates Consumers to Articulate Themselves on the Internet?", *Journal of Direct Marketing*, Volume 18 Issue 1, Published Online: 30 Jan 2004.

Tom Duncan, Sandra E. Moriarty, "A Communication – Based Marketing Model for Managing Relationships", *The Journal of Marketing*, Vol. 62, No. 2 (Apr. , 1998).

Tülin Erdem, Joffre Swait, "Brand Credibility, Brand Consideration, and Choice", *The Journal of Consumer Research*, Vol. 31, No. 1 (Jun. , 2004).

Valarie A. Zeithaml, "Consumer Perceptions of Price, Quality, and Value: A Means – End Model and Synthesis of Evidence", *The Journal of Marketing*, Vol. 52, No. 3 (Jul. , 1988).

Vanitha Swaminathan, Richard J. Fox, Srinivas K. Reddy, "The Impact of

Brand Extension Introduction on Choice", *The Journal of Marketing*, Published by: American Marketing Association, Vol. 65, No. 4 (Oct. , 2001).

Wagner A. Kamakura, Bruce S. Kossar, Michel Wedel, "Identifying Innovators for the Cross – Selling of New Products", *Management Science*, Vol. 50, No. 8 (Aug. , 2004).

Wilson L. O. , Norton J. A. , "Optimal Entry Timing for a Product Line Extension", *Marketing Science*, No. 8, 1989.

Zhilin Yang, Robin T. Peterson, "Customer Perceived Value, Satisfaction, and Loyalty: The Role of Switching Costs", *Psychology and Marketing*, Volume 21 Issue 10. Published Online: 24 Aug 2004.

后　记

　　这本书由我的博士论文修改而成，博士毕业七年来我一直寻找出版机会，但是由于种种原因拖延至今，实在无奈！幸运的是本书探讨的是信任这个永远不会过时的话题，其学术价值不会随时间推移而衰减。由于博士论文对探讨范围和篇幅的严格限制，我没有涉及太多数字出版的内容，但是其中探讨的原理和规律，我相信在数字时代对出版品牌管理创新仍然具有较高的参考价值。

　　从批判理论家的视角看，消费社会中商人利用了太多的工具和手段去刺激购买，而在出版经营领域，书籍的特殊性决定了经营者不能一味模仿其他商业领域的做法，信任关系的建立与维系可以打破商业化操作的某些局限，为出版市场的健康发展和良性产业生态的形成发挥重大作用。信任是一个半衰期很长而渗透性极强的学术课题，我希望有机会将其拓展到数字出版领域甚至其他传媒问题的研究中去，也期待有兴趣的学界同人参与到信任问题的研究中来，我随时欢迎你们的合作与批评。

　　在该书即将付梓之际，我特别要将这本书献给我智慧善良的母亲，母亲四年前离世，她的一生对读书求学一直有着超乎常人的执着，没有她的精心规划和时时鼓励，我根本无法获得任何学业和科研上的成绩。

　　我还要特别感谢我在武汉大学的授业恩师罗紫初教授，感谢武汉大学出版科学系的各位老师的悉心教导。

　　2015 年 9 月到 2016 年 9 月期间，我在英国剑桥大学社会学系研修一年，指导教授 John B. Thompson 在科研和生活上多有帮助，在本书的修改完善方面也慷慨地给出了深刻独到的意见，我与教授对出版物市场、出版业转型的看法多有相似之处，一年来的交流轻松愉快而又深入心灵。此外，与剑桥大学社会学系系主任以及其他教师的交流，让我对学术事业的意义有了更加深刻的体认，让我见识到了更为广阔的世界，让我看到了西方国家知识分子的非凡担当，让我寻找到了自己人生的真正使命。

从 2010 年起任教于南京大学出版科学系以来，院系领导孙建军教授、张志强教授对我关怀备至，各位同事对我非常照顾。本书的出版得到了南京大学信息管理学院优势学科专项经费的支持，特此鸣谢。

本书的责任编辑张潜老师严谨高效，为本书的出版提供很多改进意见和专业支持，在此深表谢意。

妻子张玉梅在我工作期间承担了繁重的家务，孝敬父母，照顾孩子，父亲和岳父母也为了我的科研、教学工作承受着巨大压力。没有亲人的托举、支持，就没有我今天取得的哪怕是最微小的进步。他们的恩情我时刻不敢或忘！

衷心地谢谢所有给我养育、教诲和帮助的人们！

王鹏涛
2017 年 7 月